CW01177400

DESCENTRALIZAR PARA INTEGRAR

Una herramienta de Misión para el liderazgo eclesial del Siglo XXI

DESCENTRALIZAR PARA INTEGRAR

Una herramienta de Misión para el liderazgo eclesial del Siglo XXI

P P MORATAYA

Copyright © 2024 por PP Morataya.

Número de Control de la Biblioteca del Congreso de EE. UU.: 2024922132
ISBN: Tapa Dura 978-1-5065-5380-1
Tapa Blanda 978-1-5065-5381-8
Libro Electrónico 978-1-5065-5382-5

Todos los derechos reservados. Ninguna parte de este libro puede ser reproducida o transmitida de cualquier forma o por cualquier medio, electrónico o mecánico, incluyendo fotocopia, grabación, o por cualquier sistema de almacenamiento y recuperación, sin permiso escrito del propietario del copyright.

Las opiniones expresadas en este trabajo son exclusivas del autor y no reflejan necesariamente las opiniones del editor. La editorial se exime de cualquier responsabilidad derivada de las mismas.

Información de la imprenta disponible en la última página.

Fecha de revisión: 25/10/2024

Para realizar pedidos de este libro, contacte con:
Palibrio
1663 Liberty Drive
Suite 200
Bloomington, IN 47403
Gratis desde EE. UU. al 877.407.5847
Gratis desde México al 01.800.288.2243
Gratis desde España al 900.866.949
Desde otro país al +1.812.671.9757
Fax: 01.812.355.1576
ventas@palibrio.com
862405

ABSTRACTO

Descentralizar la misión de la iglesia para la integración de los inmigrantes hispanos/latinos en comunidades reales de participación.

El modelo de descentralización desafía el tradicional europeo-norteamericano. La iglesia, a través de este modelo tradicional, generalmente ha centrado su misión y sus programas dentro de los lugares de culto. Como el único pastor presbiteriano hispano sirviendo en la ciudad de Oakland, utilizamos a los miembros de la Primera Iglesia Presbiteriana Hispana como modelo para intentar poner en marcha lo que es descentralizar la misión de la iglesia. La congregación está orientada mayormente por la tradición de ser templo-céntrica pero la idea principal es motivarla a convertirse en una comunidad contextual orientada hacia la comunidad. Dado el hecho de que muchos de los miembros de PIPH han sido influenciados por el modelo tradicional, queremos crear puentes efectivos de integración basados en una teología relevante de discipulado, adoración y cuidado pastoral. Esos puentes consisten básicamente en conversaciones personales entre iguales, reuniones de narración de historias, implementación de diferentes oportunidades de adoración abiertas y cuidado pastoral centrado en la persona, en su totalidad. A través de estos medios, planeamos involucrar a la congregación local con los miembros de las comunidades inmigrantes hispanas/latinas. La práctica de esos principios permitirá, especialmente a los recién llegados/as, integrarse en el ambiente de una iglesia amistosa, amorosa, confiada y cariñosa.

PROPÓSITO

Como el único pastor presbiteriano hispano sirviendo en la ciudad de Oakland, utilizamos a los miembros de la Primera Iglesia Presbiteriana Hispana como modelo para intentar poner en marcha lo que es descentralizar la misión de la iglesia. La congregación está orientada mayormente por la tradición de ser templo-céntrica pero la idea principal es motivarla a convertirse en una comunidad contextual orientada hacia la comunidad. Dado el hecho de que muchos de los miembros de PIPH han sido influenciados por el modelo tradicional, queremos crear puentes efectivos de integración basados en una teología relevante de discipulado, adoración y cuidado pastoral. Esos puentes consisten básicamente en conversaciones personales entre iguales, reuniones de narración de historias, implementación de diferentes oportunidades de adoración abiertas y cuidado pastoral centrado en la persona, en su totalidad. A través de estos medios, planeamos involucrar a la congregación local con los miembros de las comunidades inmigrantes hispanas/latinas. La práctica de esos principios permitirá, especialmente a los recién llegados/as, integrarse en el ambiente de una iglesia amistosa, amorosa, confiada y cariñosa.

ADRADECIMIENTOS

Primero quiero agradecer a Dios por proveerme su gracia para completar este proyecto. También agradezco de manera especial a mi familia. En especial a mi esposa y a mis hijos por su comprensión y tolerancia mientras me dediqué a investigar y a escribir. A la Primera Iglesia Presbiteriana de Oakland por la oportunidad de servir y poner en práctica el aprendizaje durante el proceso para finalizar mi proyecto. A mi consejero Rev. Cal Chinn por la orientación atinada durante todo el proceso y a mis compañeros/as de estudio y colegas con quienes tuve la oportunidad de compartir y escuchar sus comentarios y críticas constructivas. A Dios sea la gloria.

ÍNDICE

Introduccion xv
El problema y la tarea xvii
Método xix

Capítulo 1: Mi propio viaje hacia norte 1
    Una separación forzada 1
    El punto de control más difícil, un reencuentro
      con lo divino 4
    La frontera de la muerte 10

Capítulo 2: Los desafíos de ser extranjeros/as (otros) 14
    La doble sensación de ser un héroe y un perdedor 15
    Seres humanos invisibles 19
    Productores rechazados/as 22

Capítulo 3: El impacto de la asimilación y la confrontación
      de la fe 28
    Resistencia, igual a fallar 29
    Aprender a no creer 34
    La fe cristiana, ligada a la cultura de los pueblos 36

Capítulo 4: Personas extranjeras en la Biblia 42
    Los elegidos como extranjeros/as 43
    La injusticia del pueblo elegido contra los extranjeros 46
    Los extranjeros como recipientes de la gracia de Dios 49

Capítulo 5: La diáspora judía 55
    La experiencia del desplazamiento 56
    El sufrimiento y la esperanza 61
    La bendición de la diáspora 63

Capítulo 6: El éxodo hispano/latino y la creación de una
nueva cultura 67
Un viaje de la Tierra Prometida a Egipto 73
Hispano/a Latino/a bautizado bajo las aguas para
cruzar el desierto 77
Resurrección a una nueva realidad 80

Capítulo 7: La explotación del patio trasero 86
La continuidad de la conquista europea 89
El impacto real de la globalización 93
El futuro es incierto 99

Capítulo 8: El mal del racismo y la incapacidad de aceptación 105
¿Qué significa ser una raza pura? 107
¿Qué significa ser un humano? 111
¿Es posible vivir en comunidad? 115

Capítulo 9: La imposición de la fe correcta y la suposición de
inferioridad 121
¿Qué es la verdadera Iglesia? 125
La Fe Correcta edifica, no destruye la comunidad 130
Diferentes, pero no inferiores 134

Capítulo 10: Hispanos/Latinos como fuerza de trabajo y
política, real y visible 139
Vienen aquí para sostener la economía 144
La indignidad de ser trabajadores 145
Marcando la diferencia en la arena política 150

Capítulo 11: La fe de la Iglesia Hispana/Latina como una
bendición y agente de cambio 153
Fe que abre caminos en el desierto 157
Sus dones son una rica contribución 159
Una fe que puede mover montañas 164

Capítulo 12: Teoría y aplicación del modelo de descentralización ... 169

El modelo de descentralización/integración de la comunidad 181
        El modelo de Descentralizacion y el discipulado 181
        El modelo de descentralización y la liturgia 184
        El modelo de descentralización y el cuidado pastoral . 186
Conclusiones teológicas 191
Apéndice A 197
Apéndice B 199
Apéndice C 203
Evaluación Del Modelo De Descentralización 205
Bibliografia 207

INTRODUCCION

Mi objetivo, a través de este proyecto es demostrar que nosotros/as, como presbiterianos, así como, otras congregaciones cristianas en la ciudad de Oakland, California, necesitamos redefinir el modelo por el cual estamos tratando de hacer ministerio entre las comunidades de emigrantes hispanos/latinos/as. Mi propósito, es presentar un modelo que consiste en la Descentralización de la Misión de la Iglesia para la integración de los emigrantes hispanos/latinos en comunidades reales de participación. Para establecer e implementar este modelo, la congregación particular/local tiene que crear un ambiente de verdadera Koinonía (ser y compartir como comunidad de reciprocidad), intencionalmente. La iglesia sería una congregación dispuesta a invitar a los latinos/as a su espacio físico y espiritual. Con un ambiente así, los emigrantes se sentirán recibidos/as y aceptados/as tal y como son; entonces se respetará su cultura, idioma y tradiciones religiosas. El modelo de descentralización tiende a conectar a la congregación con la comunidad a través de una conversación abierta de iguales, sin un sentimiento o suposición de superioridad e inferioridad. En este sentido, la conversación significa un cambio de comportamiento, un enfoque diferente de la vida, el comienzo de un seguimiento real del evangelio de Jesús.[1] El modelo de descentralización desafía el estatus quo de quienes nos sentimos cómodos/as todos los domingos en nuestros lugares de culto/servicio de adoración, ignorando que afuera hay muchas personas que también aman y merecen rendir culto a Dios, pero de alguna manera se sienten incomodas y son rechazadas dentro de lugares que no están diseñados para ellos/as. Nuestras propias percepciones humanas de la

---

[1] Gutiérrez Gustavo, *El Dios de la Vida* (Maryknoll, NY: Orbis Books, 1991). 118

religión, la cultura y el idioma nos impiden estar abiertos/as a aquellos/as que buscan una verdadera comunidad de compañerismo. El cristianismo tiene normas y preceptos, pero lo que debe caracterizar a los cristianos es que son capaces de ir más allá de lo que las normas y los preceptos postulan.[2] Como proclamaron los reformadores del Siglo XVI, nosotros/as, como presbiterianos y cristianos en general en la ciudad de Oakland CA, debemos volver a las Escrituras y reaprender lo que significa amar a Dios y amar al prójimo como nos amamos a nosotros mismos. No hay término medio, si intentamos detenernos en la práctica de uno de estos dos amores, perdemos ambos.[3]

---

[2] Ibíd., 136

[3] Ibíd. 139

EL PROBLEMA Y LA TAREA

El problema básico es el hecho de que la mayoría de las congregaciones tienden a mantener las mismas estructuras, modelos y teología misionera de las iglesias occidentales tradicionales que históricamente han dejado a los emigrantes hispanos/latinos afuera de sus espacios físicos y mentales en lugar de darles la bienvenida a la comunión de la iglesia. La teología y la estructura actuales en el modelo occidental de la iglesia todavía enfatizan los modos predominantemente eurocéntricos de liturgia; modelos organizativos y de alcance que no son fácilmente aplicables a la cultura de las comunidades hispanas/latinas. Esta realidad es evidente en el propio Presbiterio de San Francisco, donde la única persona hispana/latina que trabajaba en las oficinas hasta hace poco tiempo, era el conserje. Esta situación también se encuentra en el caso de las congregaciones de habla inglés rodeadas de latinos. Sin un modelo redefinido de hacer ministerio contextual entre la cultura hispana/latina, la Iglesia Presbiteriana se dará cuenta de que los nuevos emigrantes continuarán viviendo fuera del alcance de las congregaciones tradicionales que tratan de hacer un ministerio de evangelización en medio de estas comunidades. La mayoría de las congregaciones presbiterianas de habla inglés, por ejemplo, tienen la oportunidad de hacer ministerio con latinos/as porque estos hermanos y hermanas viven alrededor de sus lugares de culto/adoración. Desafortunadamente, viven físicamente muy cerca de los edificios de adoración, pero psicológicamente muy lejos de ellos.

Las iglesias hispanas están enfrentando las mismas luchas que la comunidad hispana en general en esta sociedad; Y las comunidades latinas de Oakland no son una excepción. Sus integrantes también sufren severamente, buscando ser tolerados e integrados como personas dignas que vienen aquí a trabajar duro y así contribuir al sistema económico de esta nación. Los hispanos no están aquí como mendigos, sino como una verdadera fuerza laboral, política, religiosa y cultural. La misión de la iglesia en medio de este ambiente es definitivamente un trabajo desafiante que solo se puede hacer bajo el poder y la acción del Espíritu Santo. El liderazgo y los miembros de la iglesia deben seguir la guía del Espíritu, si quieren sacudir las estructuras establecidas y cumplir con el llamado de Cristo de hacer discípulos de todas las naciones.

Para llevar a cabo esta misión difícil, pero necesaria, la iglesia necesita convertirse en una agencia de cambio. Ese cambio debe comenzar en el corazón del liderazgo. Para que dicho cambio ocurra, todos los participantes deben ser capacitados/as y equipados/as, como primer paso. Con respecto a la necesidad de llegar a ser relevantes, y hacer cambios en el ministerio de la iglesia, Peter Wagner afirma que en los Estados Unidos solo el 5% de los pastores/lideres inventan. Ellos/as son creativos, innovadores/as y pueden diseñar sus propios programas. Otro 15 % se adapta. Ellos/as tienen la capacidad de obtener principios y programas de otros y adaptarlos para aplicarlo a una determinada situación. Pero el 80% restante de los pastores/as se limita a adoptar. No están particularmente interesados/as en crear sus propios programas o introducir cambios en los existentes.

La implementación del modelo de descentralización puede enfrentar la resistencia de quienes prefieren la rutina y la misma forma tradicional de hacer misión; a pesar de que las comunidades en general han estado cambiando constantemente. Descentralizar la misión de la iglesia hacia los latinos/as inmigrantes no es solo un llamado urgente, sino el futuro de nuestra Iglesia Presbiteriana como otras denominaciones en esta parte de la ciudad de Oakland, y quizás de toda la nación. Por esa razón, la misión de PIPH (Primera Iglesia Presbiteriana Hispana de Oakland) consistirá en llevar a cabo un ministerio que, por un lado, guie a la comunidad hispana/latina a seguir el ejemplo de Jesucristo, y, por otro lado, equipe y potencie a la comunidad para experimentar un crecimiento integral, espiritual, social y político.

MÉTODO

Desde la perspectiva de la población hispana en los Estados Unidos, y, como parte de esas comunidades, he elaborado un relato histórico de los pueblos extranjeros en la Biblia, la diáspora judía, el éxodo hispano y su establecimiento en este país. Para profundizar en esta área, se ha realizado un análisis sobre algunas fuentes importantes como Galilean Journey de *Virgilio Elizondo*, Spirit in the Cities *de Kathryn Tanner y* Translation Nation, Defining a new America Identity in the Spanish Speaking *United States* de Héctor Tobar, entre otros. Llevé a cabo entrevistas con clérigos de habla hispana como de habla inglés, hombres y mujeres de diferentes denominaciones, líderes de diferentes organizaciones sociales y activistas laicos en el área, para obtener sus comentarios o ideas durante el proceso. Se llevó a cabo una capacitación especializada para ancianos y diáconos de PIPH, para brindarles las herramientas adecuadas para eventualmente llevar a cabo este proyecto. Se analizaron sus evaluaciones sobre cuáles podrían ser las fortalezas y debilidades de la propuesta. Se llevaron a cabo reuniones de narración de historias para escuchar las experiencias reales de los participantes sobre sus desafíos al ser parte del éxodo hacia el norte. También he basado mi argumento teológico en el proceso de este proyecto, centrándome en la Trinidad Divina como el mejor ejemplo de comunidad, y el ministerio de Cristo que, para manifestar el amor de Dios por el mundo, vino e hizo ministerio entre los seres humanos a partir de la situación en la que los encuentra en su momento.

Este Proyecto incluye cuatro secciones organizadas de la siguiente manera: **La SECCIÓN UNO** se basará en mi experiencia personal/pastoral, siendo parte del éxodo hacia el Norte y tratando con hispanos de diferentes nacionalidades. Es este contexto el que me ha llevado a centrarme en la descentralización de la misión de la iglesia. **La SECCIÓN DOS** revisará la documentación y las experiencias históricas de las personas extranjeras en las narrativas bíblicas, la diáspora judía y la diáspora latina, para situar el proyecto en el contexto del problema presentado. **La TERCERA SECCIÓN** presentará la resistencia política y eclesiástica del sistema eclesiástico dominante a la aceptación y tolerancia de las comunidades hispanas como parte integral de las instituciones. **La CUARTA SECCIÓN** se centrará en las luchas de las comunidades hispanas en el contexto sociopolítico y eclesiástico por la integración, y en la definición del modelo de descentralización y su aplicación contextual. Para cumplir con el objetivo de descentralizar la misión de la iglesia, el clero, el liderazgo y los miembros de la iglesia tendrán que volver a aprender cómo hacer un ministerio contextual y remodelar la teología centrada en el templo que ignora y rechaza a los que viven en los márgenes de la sociedad. En cambio, el desafío y el llamado es elaborar una teología relevante que emerja precisamente de los márgenes, los lugares físicos, emocionales y espirituales donde se encuentran e interactúan las comunidades necesitadas, especialmente las inmigrantes.

CAPÍTULO 1

Mi propio viaje hacia norte

Una separación forzada

El impacto del gran monstruo del movimiento de la globalización económica causa más daño que soluciones para los pequeños países de la tierra. Ese impacto negativo no solo fue evidente en la economía y el medio ambiente de nuestro país Guatemala, sino que también se sintió profundamente en la vida de Olga, mi querida esposa, Heidy, Pablo Jr. y Ludyn, mis tres amados hijos. Fue a principios de enero de 1991, cuando mi joven familia sufrió probablemente el mayor impacto económico y emocional que jamás hayan experimentado. Yo era un pequeño comerciante de granos de café en Palin, mi pueblo natal en Guatemala. En diciembre de 1990, los precios del mercado del café, dominados especialmente por los Estados Unidos, cayeron drásticamente. Las grandes empresas de mi país, que nunca pierden nada, anunciaron que todos los pequeños contratistas tenían que firmar nuevos acuerdos, si no querían seguir perdiendo dinero. Yo estaba devastado por la noticia. El futuro de mi familia volvía a ser incierto. En mi conversación con mi esposa solo vimos dos opciones viables: (1) vender nuestro único y pequeño patrimonio, que consistía en nuestra casita, o (2) seguir el camino que muchos otros habían tomado antes. Significaba dejar todo atrás y emigrar hacia el Norte.

Después de analizar las opciones emigrar al norte era la única opción viable. En el momento en que tomamos esa decisión, nuestros corazones estaban sangrando por varias razones. Por un lado, mi madre había fallecido apenas diez meses atrás. Todavía estaba procesando la partida de uno de los seres humanos más grandes de mi vida. Ella fue quien nos enseñó a mis hermanos y a mí los valores fundamentales de la fe cristiana. Siempre inculcó a sus hijos que los cristianos tienen que mantener sus valores y respetar las creencias de los demás en la comunidad y en todas partes. El día en que falleció fue para mi familia una reunión comunitaria. Tan pronto como el vecindario se enteró de la muerte de mi madre, vinieron a su casa y comenzaron a encargarse de todo. Prepararon la casa, prepararon la comida, las bebidas y todos lo necesarios para un funeral comunal. Esa querida comunidad hizo que el triste suceso fuera para nuestra familia más fácil de procesar. Por otro lado, mi propio padre estaba luchando contra una enfermedad terminal. Mis hermanos y yo estábamos esperando el momento en que nuestro padre iba a fallecer, lo que ocurrió casi un año después de la muerte de nuestra madre. Mi padre era un hombre increíblemente humilde que no pudo ir a la escuela para obtener una educación formal. Aprendió a leer y escribir español en casa de uno de sus tíos. A pesar de eso, se convirtió en uno de los mejores predicadores laicos que he conocido en mi vida. Él me inspiró a ser predicador desde que era solo un adolescente. Disfruté de nuestras conversaciones sobre la Biblia, la teología y otros temas relacionados con la fe cristiana. Mi padre impactó mi vida de tal manera que quienes lo conocieron dicen que cuando estoy predicando utilizo algunas de sus expresiones y gestos. Otra razón que causó dolor en mi vida cuando estaba a punto de dejar mi pueblo fue, por supuesto, mi Iglesia (Presbiteriana), donde fui formado como cristiano. Tenía muchos amigos en esa comunidad de fe y no podía despedirme de ellos porque cuando uno toma una decisión para emigrar de manera "ilegal", nunca sabe si va a llegar a su destino. Pero, por supuesto, la razón más importante y dolorosa era el hecho de que iba a dejar atrás a mi querida familia. No podía imaginar cómo iba a ser la vida para mí sin mi esposa y mis hijos. La profunda preocupación, el dolor y el sufrimiento no fueron menos para ellos. Pero, la decisión estaba tomada y estaba listo para emprender una de las aventuras más importantes, una aventura que marcó mi vida, así como la de mi familia para siempre.

 El coyote estaba listo a las 3:30 a.m. ese inolvidable martes de la segunda semana de enero de 1991. Mis hijos dormían profundamente.

Mi esposa, que estaba despierta, caminó hacia la puerta principal de nuestra casa y su declaración final y súplica fue: "No nos olvides, te amamos." Mi respuesta inmediata fue, por supuesto que no, yo también los amo. Fingí una sonrisa en mi rostro, pero mi corazón, al igual que el de mi esposa, estaba llorando y sangrando. Caminé lo más rápido que pude hasta la casa del coyote. Yo sabía y sentía que mi cuerpo se estaba alejando de mi familia y mi comunidad, pero mi corazón seguía allí. Por primera vez en nuestros siete años de matrimonio me vi obligado a separarme de mi familia. La carga se hacía más pesada cuando comencé a caminar junto con el coyote hasta el lugar donde esperábamos el autobús que nos llevó a la frontera entre Guatemala y México. De camino hacia México, mi ser se estremecía mientras encomendaba a mi familia a las manos de Dios. Una vez que llegamos a Tecún Human, una ciudad cerca de la frontera, supe que mi vida de ahí en adelante dependía solo de la misericordia de Dios. Ese mismo día, rodeados de mucha gente que buscaba la misma oportunidad de cruzar a Chiapas, estábamos listos para navegar por el Río Suchiate. Un hombre que tiraba de una "cámara", un nombre español para un pequeño bote compuesto de dos piezas de madera y una cámara de neumático cruzó a seis de nosotros al otro lado del río. Tan pronto como llegamos a la otra rivera, unos pocos hombres reunidos en la orilla nos saludaron. Cuando escucharon nuestro acento guatemalteco inmediatamente dijeron: "Estos tipos so mojados."

En mi propia comprensión teológica del sufrimiento, esa experiencia, en ese momento particular, fue para mí similar a un bautismo que me identificó con aquellos que optan por el camino del sacrificio para brindar a sus familiares mejores oportunidades de vida. Una vez que entramos en la Ciudad mexicana de Hidalgo, me di cuenta de que hablar el mismo idioma no era suficiente para que pudiéramos viajar sin dificultades. Empecé a sentir la sensación de ser un extranjero en medio de gente como yo. Me sentía solo y un poco inseguro. La letra de la canción de Ricardo Arjona, el canta-autor guatemalteco, se estaba cumpliendo literalmente en mi vida. Arjona afirma: "*El mojado quiere secarse, el mojado está mojado por las lágrimas que deja caer la nostalgia*". [4] Me di cuenta de que había muchas personas de otros países que también formaron parte de ese éxodo hacia el Norte. Fue una nueva experiencia de aprendizaje para mí, después de cruzar ese río. Me di cuenta también de que todos los centroamericanos y sudamericanos tenían más elementos en común entre sí que solo el idioma.

Uno de esos elementos era la esperanza de llegar al lugar donde todos suponen encontrar una solución a sus interminables problemas y necesidades. Como resultado de esa experiencia inicial, mi fe personal comenzó a cambiar de una manera inexplicable. Eso nunca había sucedido antes en mis años como cristiano activo en mi iglesia local. Mientras nos alejábamos de la frontera entre Guatemala y México, yo oraba en silencio, no necesariamente por mí, sino por mi esposa y mis hijos pequeños. Sus imágenes creaban en mí un poderoso sentimiento de esperanza, pero también de culpa al mismo tiempo. Sin duda, Dios me estaba dando la fuerza para vencer mi tristeza y mi soledad.

El punto de control más difícil, un reencuentro con lo divino.

De acuerdo con la explicación del coyote, habíamos pasado los primeros cuatro o cinco puntos de control migratorio mexicano sin problemas. El momento más difícil que habíamos enfrentado en ese momento fue cuando íbamos en taxi pasando Tonalá, Oaxaca. El oficial de inmigración detuvo el taxi. En lugar de hacerle preguntas al conductor, me vio directamente y me preguntó por mi ciudad de origen. El coyote que estaba sentado a mi lado respondió a las preguntas con tal habilidad que el oficial se vio limitado a decir: "adelante." Me sentí muy aliviado de esa horrible experiencia. Después de ese incidente, el coyote me dijo: "Tienes mucha suerte. Por lo general, cuando estos oficiales nos paran en este lugar y hacen preguntas a mis clientes, los sacan del auto, los envían a deportación y tengo que regresar para buscarlos

---

[4] Vea la letra completa de la canción sobre la experiencia de una persona que deja a su familia para ir al norte a cumplir sus sueños (traducido de una versión en español)
Arjona Ricardo, *http://letras.terra.com br/arjona-ricardo*

en la frontera con Guatemala." Con mi voz entrecortada le respondí al coyote, tal vez no tenga suerte, pero Dios nos está protegiendo de cualquier peligro. Mis sentimientos encontrados continuaron, pero mi fe se estaba volviendo más sólida. El primer día de viaje estaba a punto de terminar. Todo ese día estuve tratando de memorizar una lista de diferentes nombres e instrucciones que el coyote me dio para responder en caso de que la inmigración o la policía nos detuvieran. No pude concentrarme en esas importantes instrucciones que nos dio el coyote durante el camino. Solo una cosa estaba clara en mi corazón, no iba a volver a ver a mi familia ese día, y probablemente muchos días después. Mi vida en ese momento en particular fue un reflejo de la canción de Arjona que dice: "*Mojado, mojado de demasiadas lágrimas, sabiendo que en cierto lugar te espera un beso, haciendo una pausa desde el día en que te fuiste*". [5]

Eran alrededor de las 11:30 p.m. de nuestro segundo día de viaje cuando el coyote me dijo: "Tenemos que estar listos para pasar por el punto de control migratorio más difícil a la medianoche". Ese punto estaba ubicado en un lugar que no puedo olvidar, Jushitán, Oaxaca. Mientras estábamos en el autobús, me recordaba a mí mismo parte de la información que me dieron para esos eventuales momentos. Cuando el autobús llegó a ese punto, se detuvo y se subieron dos agentes. Yo estaba parado en el pasillo y uno de los oficiales me miró con mucha sospecha. Se alejó un par de pasos y luego regresó. Me pidió que mostrara mis documentos y le mostré un certificado de nacimiento falso que llevaba. Me sentía muy confiado, pero en lo más íntimo de mí sabía que algo malo iba a pasar. A aproximadamente la mitad de las personas que viajaban en el autobús se les pidió que salieran. Era obvio que los oficiales sospechaban que todos ellos eran ilegales. Los que eran mexicanos comenzaron a protestar contra ellos. El chofer y su ayudante, usando palabras muy fuertes les decían a los oficiales que ellos en lugar de trabajar y proteger a los ciudadanos mexicanos los estaban interrumpiendo y afectando negativamente. Una vez que salimos del autobús, los oficiales comenzaron a revisar documentos y a hacer preguntas sobre de qué lugares veníamos. Fue en ese momento cuando creo que tuvo lugar mi reencuentro con lo divino.

---

[5] Ibídem

Unos años antes de mi partida al Norte, tuve que enfrentar algunos desacuerdos con los líderes de mi iglesia. Lo que causó esos desacuerdos fue mi actividad en temas sociales y políticos. El consistorio (concilio) decidió aplicarme lo que llamaron una "disciplina". Es un término eclesiástico, que consiste suspender a los miembros de cualquier actividad en la congregación. Como no pude convencerlos de mis argumentos teológicos que apoyaban mis actividades, suspendieron todos mis privilegios. Continué asistiendo a los servicios de adoración y apoyando algunas actividades de la iglesia, pero decidí no involucrarme en absoluto formalmente. Además de eso, el pastor y el consistorio me negaron dos veces la aprobación para ingresar a los programas del seminario para iniciar mi educación teológica formal. El sentido de un llamado que tuve desde mi juventud se vio seriamente empañado por esas experiencias negativas. Pero de repente, algo extraordinario sucedió ese día en Jushitan. Cuando el oficial me preguntó sobre mi nacionalidad, simplemente seguí las instrucciones del coyote y dije que era de México. No me creyó por mi acento y mi ignorancia sobre la mayoría de las preguntas que me hacía. Me intimidaba todo el tiempo con un lenguaje fuerte y obsceno. Una de sus declaraciones más fuertes fue: "Una cosa es cierta, no puedes ser un indio chapín (chapín es un sobrenombre para los guatemaltecos)". Esto se debe a que la mayoría de los no guatemaltecos se aferran al estereotipo de que todos los guatemaltecos son o se parecen a los indios. En ese momento yo estaba muy asustado y el autobús estaba a punto de continuar su marcha. Los que eran mexicanos regresaron al autobús y los extranjeros fueron arrestados y ubicados en una pequeña cabina. Exclamé en mi corazón probablemente la oración más corta, pero más humilde y sincera de toda mi vida. Dije: Señor, tú sabes que no puedo volver a mi país. Si me libras de este problema, te serviré. El oficial a cargo de mí corrió hacia su jefe y le preguntó: "¿Qué podemos hacer con este hombre? Insiste en ser mexicano, pero no tiene ningún conocimiento de este país". El jefe se acercó y, con una mala expresión, me hizo una pregunta que yo si sabía. Me preguntó los nombres de los últimos cinco presidentes de México. Después de escuchar mi respuesta correcta, le dijo al oficial: "Déjalo ir, es mexicano". A partir de ese momento mi vida se transformó. Sentí una profunda confianza en que Dios estaba cuidando de mí y de mi familia. Empecé a pensar en cómo volver a servir al pueblo de Dios, especialmente en una tierra extranjera. Cuando el coyote vio que me permitían volver a subir al autobús para continuar nuestro viaje, me dijo: "No cabe duda de que Dios te ama."

Dada mi formación cristiana, esa mañana después de la experiencia de Jushitan y durante el resto de ese día, estuve reflexionando sobre mi relación con Dios y la razón de mi éxodo a una tierra extranjera. Muchas imágenes bíblicas vinieron a mi mente mientras pensaba en lo que yo llamo mi reencuentro con lo divino. Me acordé de los israelitas y su éxodo de Egipto, la diáspora judía durante su historia, el profeta Jonás que tuvo que predicar en una ciudad extranjera, el apóstol Pablo en su camino a Damasco y otros. Sabía que aún me quedaba un largo camino por recorrer antes de llegar a mi destino final. Las posibilidades de ser atrapado por los agentes de inmigración continuaron. Mi miedo a ser descubierto como un extranjero estuvo presente hasta llegar al Norte. Pero en mi corazón, estaba más preocupado por cómo racionalizar el hecho de que fui liberado justo después de hacer esa breve oración. Mis reflexiones suscitaron algunas preguntas como: ¿por qué una persona que nació y fue instruida en una familia cristiana tiene que sufrir estas circunstancias? ¿Por qué un hombre que ama a su familia tiene que dejar atrás a sus hijos cuando dormían, sin despedirse? ¿Por qué Dios está acompañando a una persona que decidió no tomar más responsabilidades serias para servir en la iglesia y la comunidad? A medida que continuaba en mi tercer día de viaje, el Espíritu Santo estaba confirmando en mi corazón que tenía un llamado a hacer algo diferente que simplemente quedarme sentado en las bancas de una iglesia. El Señor estaba usando incluso a los agentes de inmigración mexicana para recordarme el llamado que se me dio desde el día de mi bautismo. La separación de mi amada familia fue muy dolorosa, pero Dios estaba cuidando de ellos como de mí. El Espíritu Santo me enseñó desde ese mismo día cómo estar preparado para servir y amar a los demás en circunstancias similares a las mías.

En la noche de nuestro tercer día de viaje llegamos a Guadalajara, Jalisco. El coyote nos dijo de una manera muy tranquilizadora: "No se preocupen, si nada ha cambiado desde la última vez que hice este viaje, casi la tenemos hecha (llegaremos sin problema)." Lo que quería decir era que el resto del camino era muy seguro. A la mañana siguiente iniciamos nuestra aventura de tres días hacia Mexicali. Cuando subimos al tren ya estaba lleno. Algunas personas locales estaban vendiendo lugares para aquellos que querían viajar cómodamente sentados, y nuestro coyote tuvo que pagar para adquirir algunos para nosotros. Tardamos dos noches y tres días en llegar. Durante ese viaje experimenté claramente la compañía del Espíritu Santo. Para mí, tres señales diferentes fueron una confirmación de que el hecho de Jushitán fue una intervención divina. Primero, en una de las ciudades donde el tren tenía que detenerse, los oficiales de inmigración se subieron y comenzaron a pedir documentos. El coyote me aconsejó que estuviera tranquilo y hablara si era necesario con acento mexicano (después de tres días se supone que debes saber cómo hacerlo). Yo estaba sentado al lado de un ciudadano mexicano. Cuando vi al oficial que se acercaba a nosotros, solo dije en mi mente: ¡Señor, ayúdanos! Miró a nuestro alrededor y decidió pedirle al mexicano sus documentos. El tipo se enojó porque se supone que a los mexicanos no se les deben pedir documentos cuando viajan dentro de su propio país. En segundo lugar, en otra ciudad "la federal" (policía federal) subió al tren y comenzó a pedir documentos y a verificar si había drogas y otras cosas ilegales. Atraparon a algunas personas y el coyote pensó que los *federales* me habían llevado. Empezó a buscarme después de que los *federales* bajaron del tren. Pero para su sorpresa, yo estaba en el baño durante ese tiempo. Cuando me vio, inmediatamente me dijo: "Alguien te está protegiendo, Pablo". Sabía que era Dios quien estaba con mi familia y conmigo, todo el tiempo. En tercer lugar, en algún momento, una familia indígena mexicana se subió al tren. Me di cuenta de que nadie quería darles un lugar para sentarse. El resto de la gente los maltrataba por su raza. Fue entonces cuando volví a sentir ese fuerte deseo de justicia. Decidí permitir que la anciana (tal vez la madre) ocupara mi asiento. La interpretación para mí era que Dios estaba tratando conmigo y que el llamado de Dios estaba presente. Siempre quise defender a los indefensos en mis años de compromiso real con la iglesia de Dios. Ese deseo profundo era algo que yo sabía que venía del Espíritu Santo.

Llegamos a la ciudad de Mexicali tres días después de salir de Guadalajara. El coyote nos dijo: "Lo logramos. Solo tenemos que tomar un autobús e ir a nuestro último paso antes de llegar al Norte. No se preocupen, la inmigración quedó atrás." Cuando llegamos a Tijuana el coyote nos condujo a una humilde y pequeña casa. Una anciana amable se acercó a la puerta principal después de que la tocamos, abrió la puerta y entramos. Luego nos ofreció comida y nos permitió ducharnos. Cuando llegó la noche, se aseguró de que todos tuvieran un espacio para descansar. Después de que se fue a su habitación, le pregunté al coyote, ¿quién era esa mujer y por qué hizo lo que hizo? Inmediatamente reaccionó y dijo: "Ella es evangélica y no nos cobra por estos servicios". Me di cuenta de que ella solo aceptaba algunas donaciones para comprar cosas para la comida, lavar la ropa que proporcionaba a los *mojados* y otras cosas básicas. Cuando supe que ella pertenecía a una iglesia pentecostal independiente, mis prejuicios sobre los pentecostales en general comenzaron a cambiar en mi mente presbiteriana tradicional. Aunque he tenido muchos amigos entre los pentecostales, aprendí de mis líderes y otras personas adultas que estos hermanos y hermanas estaban más dedicados a creer solo en cosas espirituales basadas en emociones, y no siempre eran prácticos con sus creencias. Pero, ese día en Tijuana, Dios me dio una gran lección y me enseñó que los miembros de la iglesia de Cristo están diseminados por todas partes. El pueblo de Dios no consiste solo en un grupo exclusivo que pertenece a una denominación en particular. También recordé que aquellos que pertenecen al reino de Dios son los que hacen la voluntad de Dios al actuar de acuerdo con lo que el evangelio nos enseña, como dice el Sermón de la Montaña, en el evangelio de Mateo. Esa humilde mujer no tenía ningún título profesional, ni un reconocimiento público, pero estaba haciendo exactamente lo que se supone que deben hacer los verdaderos cristianos, amar a nuestro prójimo como nos amamos a nosotros mismos. Con sus acciones estaba mostrando la misericordia de Dios a los emigrantes. Fue un gran alivio para todos los que se preparaban para el paso final de su largo viaje hacia el Norte.

La frontera de la muerte

"La frontera entre México y Estados Unidos es como la guerra, como el infierno", dijo uno de los personajes de la película *El Norte*. [6] En efecto, lo es. La noche antes de que llegáramos a la frontera, el coyote y otras personas que estaban alojadas en esa pequeña casa que mencioné anteriormente, me mostraron lo que, según ellos, era el lugar donde iba a estar pronto. Supuestamente esa era la ciudad de San Isidro, California. Nuestro grupo de unos veinte estaba listo para partir hacia el otro lado de la frontera. Un joven se acercó y me ofreció un sorbo de una bebida alcohólica. Le dije, gracias, pero no bebo. Entonces me dijo: "Amigo, ¿sabes rezar?" Le dije, creo que sí. Luego me pidió que orara por él y con él, porque tenía que pasar esa misma noche después de haber fallado tres veces. Cuando entramos en el *cerro*, me sorprendió la cantidad de gente que intentaba llegar al norte. La experiencia más impresionante y triste para mí fue ver a algunas mujeres con sus hijos en medio de la oscuridad de la noche corriendo junto a todos los hombres. Había cientos de personas divididas en grupos. Todos ellos, bajo la dirección de coyotes comprometidos a lograr su objetivo final. Los coyotes a cargo de mi grupo nos conducían aparentemente por caminos seguros. Pero, de repente hicieron una señal y tuvimos que dejar de correr. Un helicóptero volaba cerca de nosotros y algunos de los carros de la inmigración estadounidenses patrullaban la zona. Según los coyotes, era inusual debido a la hora que eligieron para cruzar. Las instrucciones eran que nos escondiéramos detrás de unos arbustos y otros que entráramos en una cueva. Estuvimos escondidos en esa zona durante unas cuatro horas. Mientras permanecíamos allí, escuché a niños y mujeres llorando, y hombres tratando de consolarlos. Muy cerca de mí, una mujer embarazada gemía porque la punta de un arbusto le estaba hiriendo el estómago. Su esposo estaba con ella, pero no pudo hacer nada para ayudarla porque había otros alrededor que, dada la limitación del espacio, no permitían que esta pareja se moviera. A nadie se le permitió decir una palabra

---

[6] Mira la película El Norte para hacerte una idea de la odisea de estos hermanos que tras el asesinato de su padre y la desaparición de su madre a manos del ejército guatemalteco decidieron venir al Norte
Nava Gregory, *El Norte*, 1983.

mientras permanecimos en ese lugar. Entonces, decidí orar en silencio por esa mujer y por los demás que estaban sufriendo el frío de la noche y las circunstancias inseguras de ese lugar.

Eran alrededor de las 4:00 a.m. cuando los coyotes regresaron a nosotros. Dijeron: "La *migra* todavía está por aquí, pero tenemos que intentarlo de nuevo". Empezamos a correr siguiendo a los coyotes. Luego, después de unas dos horas, nos encontramos con una autopista. Antes de eso, mientras pasábamos por esa zona, vi algunas partes secas de seres humanos en el terreno. En la parte más profunda de uno de los cañones/zanjones, había una persona gritando aparentemente con una pierna rota. Desafortunadamente, nadie se detuvo a ayudar a esa persona. Cuando estábamos cruzando la autopista, un miembro de nuestro grupo sufrió un accidente. Fue un hombre el que se estrelló contra la valla de cemento que dividía la autopista y se fracturó la pierna. Los coyotes nos gritaban diciendo: "No dejen de correr; más adelante lo vamos a curar." No sé si volvieron para atenderlo más tarde. Una vez que estuvimos al otro lado de la autopista, comenzamos a saltar cercas y pequeñas paredes de cemento mientras tratábamos de llegar a la ciudad de San Isidro. La mujer embarazada estaba exhausta. Su esposo y otros familiares la ayudaron hasta que llegamos al sitio donde otros coyotes nos iban a recoger. Una vez que estuvimos en ese lugar, uno de los coyotes a cargo de nuestro grupo nos llamó para una breve reunión y le explicó al grupo: "Solo queremos decirles que las personas encargadas no vinieron a recogernos". De acuerdo con el plan, tan pronto como llegáramos aquí, íbamos a ser conducidos por otro grupo desde San Isidro a San Diego, California, y luego a Los Ángeles.

Esa mañana, uno de los coyotes nos dijo que el edificio de inmigración estaba a solo unas cuadras de donde estábamos ubicados en ese momento. Los coyotes prometieron buscar algunas formas seguras de trasladarnos a nuestro próximo lugar, que supuestamente era San Diego. Nos volvieron a amonestar diciendo que si la *migra* venía y preguntaba por nuestros países de origen, teníamos que decir que todos éramos mexicanos. Como teníamos el edificio de inmigración a solo unas cuadras de nosotros, un helicóptero volando por el área y los vecinos moviéndose de un lado a otro; casi todos en el grupo comenzaron a pedir la ayuda de Dios. Yo tenía mucha confianza y traté de contagiarla al resto del grupo. Algunos estaban muy desesperados/as porque dijeron que era la tercera o cuarta vez que intentaban saltar al otro lado. No podíamos hacer nada más que soportar y esperar probablemente un milagro. Después de una hora, los coyotes regresaron y nos mostraron algunos boletos. Nos dijeron: "Tomaremos el *trolebús* (un trenecito) que nos llevara a San Diego."

Tomamos el camino hacia la parada del trolebús cruzando jardines y cercas, temiendo que los vecinos pudieran hacer una llamada al departamento de inmigración. Cuando finalmente llegamos a la estación del tren, tuvimos que esperar unos treinta minutos, más o menos. Los coyotes nos dieron instrucciones muy estrictas sobre cómo comportarnos una vez que subiéramos al tren. Nos advirtieron que antes de llegar a la ciudad de San Diego, los agentes de inmigración solían subir al tren en busca de personas indocumentadas. Nos organizaron en parejas y nos sentaron en diferentes lugares. La estrategia era no ponernos a todos en riesgo. Si la *migra* se llevaría a alguien, el resto sobreviviría y los coyotes ahorrarían dinero. Mientras esperábamos, el hombre que me asignaron para subir al tren estaba muy nervioso. De repente, dos Testigos de Jehová se acercaron a nosotros. Asumieron que éramos indocumentados. Nos dieron un folleto en español y se ofrecieron a orar por nuestro viaje. De nuevo, como sucedió con la mujer pentecostal, vi en esos hombres a dos de mensajeros de Dios. Realmente motivaron nuestras vidas a pesar de la denominación de su iglesia. Les di las gracias y le dije a mi compañero que Dios nos iba a salvar de la migra. De hecho, eso sucedió. Cuando los oficiales de inmigración subieron al tren, pasaron al lado de nuestros asientos y fueron directamente a revisar diferentes lugares del tren. Cuando los agentes se bajaron del tren, los coyotes comenzaron a correr la voz diciendo que el peligro había pasado. Diez días después de haber dejado mi familia, amistades y mi pueblo llegue a Oakland, CA., que sería mi residencia por 20 meses.

Mi éxodo hacia el norte lo puedo definir como un viaje increíble. El sufrimiento que enfrentamos como familia sirvió para unirnos más emocional y espiritualmente. Crecimos y aprendimos juntos a apoyarnos el uno al otro con un profundo amor, incluso en la distancia. Personalmente, experimenté en carne propia lo que significa cruzar México y llegar a Estados Unidos como mojado. Entendí mejor a todos aquellos/as que se vieron impulsados por las circunstancias opresivas de pobreza y miseria tuvieron que huir al Norte en busca de mejores oportunidades para mejorar el bienestar de sus familias. Me encontré con muchas personas, especialmente centroamericanas, que se sentían extranjeras a pesar de que hablaban el mismo idioma. A pesar de venir de diferentes trasfondos de fe, la mayoría de nosotros/as fuimos bautizados a través de las mismas aguas y nos convertimos en un pueblo común cuyo destino final era el aparente país de las oportunidades. Mi fe y mi dependencia de la misericordia de Dios aumentaron a medida que avanzaba hacia la meta final. Además de esta profunda experiencia humana, de sufrimiento y esperanza, recordé mi llamado a servir a Dios y a su pueblo. El Espíritu Santo tocó mi vida y estuvo presente conmigo durante todo mi viaje. El Señor no solo afirmó mi sentido de llamado a hacer ministerio, sino que también reformó mi percepción teológica sobre otros cristianos no presbiterianos. Esto incluye a aquellos que, según mi propio prejuicio, pertenecían a diferentes tipos de fe. En el transcurso de mi viaje, Dios me mostró que su presencia es una realidad, no solo un concepto teológico. Emmanuel (Dios con nosotros) no se limita solo a los templos y lugares de culto. La presencia divina forma parte de las experiencias cotidianas de todos aquellos que tienen que dejar atrás la familia, la comunidad y la patria, para ser parte de un éxodo hacia el Norte que continúa, aparentemente, sin fin.

PREGUNTAS DE ANALISIS:

1. ¿Por qué emigrar hacia otro país tiene que tomarse como algo natural, aunque hacerlo provoque separación, desintegración y trauma?
2. ¿De qué manera la soberanía de Dios se pone de manifiesto en las experiencias migratorias?
3. ¿Como puede contribuir el tener que emigrar para fortalecer el carácter y reencontrarse con el llamado de Dios?
4. ¿Por qué los emigrantes pueden ser una fuerza evangelizadora en vez de objetos de evangelización?
5. ¿Como puede la experiencia migratoria ayudarnos a lidiar con los prejuicios "espirituales"?

CAPÍTULO 2

Los desafíos de ser extranjeros/as (otros)

"Para algunos de nosotros ser "otro" solo es molesto, para otros es debilitante, para otros es condenatorio. Muchos tratan de huir de la noción de ser otro asumiendo una condición protectora que les proporciona invisibilidad, ya sea de la vestimenta, del habla, de los modales o del nombre. Solo unos pocos afortunados lo consiguen. Para la mayoría, el ser otro está sellado permanentemente por la apariencia física. Por lo demás, la alteridad es traicionada por las formas de ser, hablar o hacer"[7] No importa cuán fuertes y productivos sean los inmigrantes en esta sociedad, siempre serán vistos como otros. No serán vistos como miembros integrados de la comunidad en general. En el caso particular de los inmigrantes latinoamericanos, pueden llegar a ser residentes o ciudadanos de este país, pero aun así siguen siendo latinos o hispanos solamente, desde la perspectiva de la sociedad de los Estados Unidos en general. Como diría Nilda Flores-González, "Citizens but not Americans."[8] (Ciudadanos pero no americanos) La mayoría de los centroamericanos y tal vez algunos

---

[7] Para ampliar la comprensión de lo que significa ser invisible y ser otro, lea el ensayo Missing People and Others de Arturo Madrid.
Andersen, Margaret L. y Collins Hill, Patricia. *Raza, clase y género, una antología, sexta edición* (Belmont, Thomson, 2007).19CAWadsworth

[8] Nilda Flores-Gonzalez. Citizens but not americans (New York: NY University Press, 2017)

sudamericanos tienen que negar su propia nacionalidad y fingir ser mexicanos para ser enviados solo al país vecino en caso de que sean deportados o expulsados. Algunos/as que tienen un buen dominio del idioma inglés, y poseen las habilidades adecuadas para realizar algunos trabajos, pasan a formar parte de instituciones y empresas importantes, pero aun así siguen siendo otros. Arturo Madrid al respecto afirma: "Algunos entramos a la vida institucional por la puerta principal, otros por la puerta trasera y otros por las puertas laterales. Muchos, si no la mayoría de nosotros, entramos y seguimos entrando por las ventanas. De los que entraron por la puerta principal, algunos nunca pasaron del vestíbulo; otros fueron conducidos a rincones y lugares escondidos (traducción personal)".[9] Esa es la realidad que los inmigrantes tienen que enfrentar en esta sociedad todos los días.

La doble sensación de ser un héroe y un perdedor

Una vez que una persona cruza la frontera entre México y Estados Unidos, experimenta una mezcla de sentimientos. Por un lado, la persona se siente como un héroe/heroína porque pudo saltarse la línea. Por otro lado, un sentimiento de perdedor/a invade a esa persona porque no puede ganar lo suficiente para mantener a su familia en su lugar de origen. La necesidad de sobrevivir y mantener a sus familiares es tal que las personas que intentan cruzar la frontera se aferran a la esperanza del éxito incluso frente a la muerte. Héctor Tobar, en su libro *Translation Nation*, a propósito de un mexicano que esperaba su turno para saltar la valla, afirma: "Creo que la frontera va a desaparecer antes de que perdamos las ganas de cruzar. Incluso si nos atrapan cien veces, vamos a entrar un día". [10] En realidad, eso es lo que les sucede a muchos inmigrantes que son atrapados/as, pero siguen intentándolo y tratando hasta que entran. Son capturados por la *migra* y suelen ser deportados a México. Pero, a pesar de esa fea experiencia, insisten en intentarlo tantas veces como puedan porque no quieren dar la impresión de que

---

[9] Ibíd., 21

[10] Tobar Héctor, *Translation Nation, Definiendo una nueva identidad estadounidense en el hispanohablante. United States* (Nueva York: Riverhead books, 2005). 32

son perdedores/as. En la mayoría de los casos, las personas no se sienten cómodas regresando a casa porque venden todo, y más aún, piden dinero prestado generalmente con intereses extremadamente altos, para pagar a los traficantes de seres humanos y hacer posible su viaje. Tobar señala que "es posible mirar hacia México y no saber que miles de emigrantes de lugares como Guerrero, Michoacán, Honduras y Guatemala, están deambulando por el centro de la ciudad, sin poder cruzar después de gastar la mayor parte de sus ahorros solo para llegar hasta aquí."[11] Para muchos, después de llegar a Estados Unidos, les toma mucho tiempo terminar de pagar sus deudas en sus países de origen. Por supuesto, algunos nunca lo hacen porque pierden la vida tratando de cruzar.

Mirando hacia atrás, en mi propia experiencia, puedo decir que realmente sentí esa sensación de ser un héroe y un perdedor al mismo tiempo. Nadie en mi familia se atrevió antes a hacer algo similar. Como cualquier otra persona, me sentí orgulloso de poder superar todos los obstáculos y lograr mi objetivo personal. Tan pronto como llegué a Oakland, mi amigo me permitió llamar a mi esposa. Al escuchar sus expresiones, era obvio que estaba orgullosa de mi exitosa odisea. Pero al mismo tiempo uno siente ese sentimiento de frustración. Se supone que uno debe hacer el mejor esfuerzo para proveer al bienestar de su familia. Los valores de la mayoría de las familias latinas son tales que uno aprende y cree que el matrimonio significa estar con su cónyuge e hijos para siempre. Además de eso, el concepto de "machismo" juega un papel importante. Se espera que cualquier hombre debe conservar unida a su familia y mantenerla al menos económicamente. Nadie quiere ser objeto de burla por parte de sus amigos por la incapacidad de no poder ser el proveedor de la familia. Desde la perspectiva de los que se quedan en el pueblo natal, los que logran su objetivo de llegar al norte son como héroes. Pero, aquellos que regresan pronto sin lograr su objetivo son perdedores/as. Todas las historias positivas que escuchamos sobre el éxito de los miembros de las comunidades hispanas que viven en los Estados Unidos crean la nación de ser la mejor posibilidad para lograr los sueños. Se crea en la mente de las personas una idea psicológica de "*sí se puede* ". No *es imposible*. Tobar afirma: "Todos los migrantes que conocí se aferraron a esta esperanza. Sí, había muchos agentes, y

---

[11] Ibíd. 33

sí, había una nueva valla y rumores de otros obstáculos en el territorio aparentemente abierto más allá, pero no "*es imposible*".[12] En realidad, los múltiples obstáculos a los que se enfrentan estos héroes solo sirven para producir más valor y convencerse a sí mismos de que no hay nada que pueda impedirles cumplir sus sueños. El clima, los caminos peligrosos, los animales salvajes, la falta de comida, la falta de agua y todos los agentes migratorios, son solo algunos de esos obstáculos. Es como una batalla espiritual. Se siente un poder sobrenatural que nos hace capaces de vencer lo que sea que se nos ponga por delante, impidiéndonos entrar en la tierra de las oportunidades.

Daniel G. Groody, en su libro *Border of Death, Valley of Life* dice: "Irónicamente, un muro de separación aún mayor y más peligroso está siendo fortificado a lo largo de la frontera de 1.952 millas entre los Estados Unidos y México."[13] Esta realidad refleja cuál es la intención de esta poderosa nación, en relación con sus vecinos. No es fácil dar una explicación lógica sobre la diferencia, en términos de poder económico entre Estados Unidos y el resto de los países de América Latina, excepto si nos vamos a las causas que crearon la riqueza de uno y la pobreza de los otros. La migración al norte, en la mayoría de los casos, no es una opción que la gente esté ansiosa por elegir. Tiene que ver básicamente con la injusta condición de miseria de la mayoría de la gente en América Latina. Esa miseria es creada por la explotación por parte de las naciones poderosas del mundo. En ese sentido Groody afirma que "El muro no es un muro de concreto, sino un muro de separación entre los ciudadanos de Estados Unidos y México."[14] Desde el punto de vista de este país (USA), en general, los que han muerto cruzando la línea fronteriza, son literalmente nada. Muchos simplemente piensan, sin ningún juicio bueno o reflexivo, que fueron infractores de la ley o criminales. Pero, por el contrario, los que perdían la vida intentando cruzar de Oriente a Occidente eran considerados héroes.[15] Si se quiere

---

[12] Ibíd. 35

[13] Groody G. Daniel. *Frontera de la Muerte, Valle de: Un viaje inmigrante del corazón y el EspírituLife* (Rowman & Littlefield Publishers, 2002).13Lanham, Maryland

[14] Ibídem

[15] Ibíd. 14

ser honesto y reconocer las condiciones que obligan a las personas a dejar atrás su entorno natural, a saltar más de una frontera en muchos casos, y a venir a los Estados Unidos a trabajar duro para proporcionar a sus familias mejores y más humanas condiciones de vida, la conclusión debe ser que todos estos emigrantes no son perdedores. sino héroes. La sociedad y las iglesias deben ofrecer oportunidades para ayudar a estos seres humanos a recuperar su dignidad. Necesitamos una mejor comprensión de las causas por la que estas personas deciden emigrar. Según Groody, "la pobreza, el hambre, la violencia, las condiciones intelectuales opresivas o el deterioro del clima económico contribuyen a la huida de las personas de un país a otro."[16]

Héroes o perdedores, los inmigrantes viven en los Estados Unidos como extranjeros y, en consecuencia, son simplemente otros. No se les considera prójimos como enseña la Biblia. Son simplemente extraños, o tal vez nadie. A pesar de esta cruda realidad de la vida, la crisis de los países de América Latina provoca que miles de personas sigan emigrando, incluso a costa de sus propias vidas. Todos los días, arriba de 4,600 inmigrantes saltan vallas, cruzan canales a nado y atraviesan desiertos a lo largo de la frontera entre Estados Unidos y México.[17] La mayoría de los emigrantes llegan a los Estados Unidos escapando de condiciones de vida miserables en sus ciudades natales. Muchos no tienen un vehículo, televisión a color y ni siquiera su propio lugar para vivir. Dado que el 80 % de la población se considera pobre, significa que ni siquiera pueden comer regularmente y con dietas saludables. Al ver las películas o ver las postales enviadas por amigos o familiares, muchos creen que toda la gente vive de esa manera relativamente opulenta aquí en este país. Ignoran el hecho de que el viaje a través de la frontera entre Estados Unidos y México significa un viaje a los márgenes mismos de la vida."[18] Pueden trabajar en restaurantes del centro de la ciudad, construir edificios importantes para la ciudad, hacer jardines en las colinas, limpiar casas lujosas, pero aun así sus vidas están muy distantes de la sociedad. Cuando llegan a estas comunidades, se adentran en

---

[16] Ibíd. 15

[17] Ibíd. 17

[18] Ibíd. 19

un territorio desconocido: social, cultural, lingüística, económica, política, legal e incluso espiritual.[19] Uno puede esperar que al menos la iglesia, tomando en consideración todas estas circunstancias, y cómo los inmigrantes aún sobreviven y contribuyen a la economía de esta nación, pueda hacer algo práctico para abrazar a estos héroes y heroínas y ayudarlos a procesar esos sentimientos de ser perdedores o culpables. Increíblemente, los emigrantes, ya sea que tengan el apoyo adecuado o no, están comprometidos/as a quedarse y trabajar duro para proporcionar alimentos a sus familias mientras mantienen esta economía a flote.

Seres humanos invisibles

La televisión nos muestra cómo atrapan a los emigrantes cuando intentan saltar la frontera, o cuando la policía persigue a una camioneta con indocumentados/as, o en las películas donde, especialmente, las personas de habla hispana interpretan a los personajes inferiores y más feos. Desde la perspectiva de los inmigrantes, ellos/as están en todas partes, pero desde la perspectiva de la cultura dominante son invisibles. En algunos lugares educativos, incluidos los seminarios, los hispanos suelen ser invisibles como estudiantes, miembros del personal o profesores. Cuando uno quiere encontrar latinos/as en esos lugares de formación teológica, regularmente tiene que visitarlos durante la noche, cuando estos seres humanos marginados/as están cumpliendo con sus deberes de limpieza. Incluso aquellos que solían ser profesionales orgullosos en sus países de origen son vistos aquí solo como parte de la comunidad latina/hispana común en general, sin ningún reconocimiento. Algunos de estos profesionales se sienten frustrados/as porque en América Latina eran alguien, pero en los Estados Unidos no son nadie, son invisibles. Al final, ¿a quién le importa quiénes son? Hay una lucha constante en estas comunidades entre la definición de tu propia identidad y aferrarte a tus propias raíces desde tu cultura de origen. Al respecto Ada María Isasi-Díaz, *en Teología Mujerista* dice: "Me siento en los Estados Unidos como una extranjera. Estoy atrapado entre dos mundos, ninguno de los cuales es totalmente mío, los dos son

---

[19] Ibíd. 26

parcialmente míos"[20] Es triste encontrarse con muchos inmigrantes cuyo primer objetivo era quedarse aquí solo dos o tres años. Y después de ese periodo de tiempo, en muchos casos, solo están terminando el pago de sus deudas en sus pueblos de origen, y el dinero que invirtieron para pagar los servicios del coyote. El sueño de comprar o construir una casita para sus familias en América Latina, suele llevar más tiempo del que predijeron antes de su llegada. Con esa experiencia ocurriendo en su vida cotidiana, los inmigrantes comenzaron a ser asimilados al valor cultural del consumismo en esta sociedad. Luego comenzaron a perder su propia identidad y a adquirir la impuesta por la cultura dominante. Los inmigrantes latinoamericanos ya no son mexicanos, guatemaltecos, salvadoreños, colombianos, etc., sino solo hispanos o latinos. Isasi-Díaz dice que la cultura hispana en los Estados Unidos no comienza desde adentro, sino que se impone desde afuera."[21] Desafortunadamente, en la mayoría de los casos, las comunidades inmigrantes no son definidas y valoradas por sí mismas, sino generalmente por otros/as.

Una cultura que no es valorada ya sea por ser ignorada, o por ser explotada comercialmente, corre el peligro de perder poco a poco sus ganas de vivir.[22] Un ejemplo de esta triste situación se puede encontrar en los niños latinos/as.

En sus escuelas, no hay programas que promuevan intencionalmente su propia cultura. Incluso cuando algunas escuelas tienen lo que llaman programas bilingües, el objetivo final es americanizar a todos los estudiantes sin tener en cuenta sus propias raíces. Algunos profesores pueden ser casi bilingües, pero no conocen a fondo la cultura de sus alumnos. Y obviamente, no basta con saber otro idioma para ser profesores eficaces. Es imperativo conocer el trasfondo cultural de un grupo en particular, si se quiere enseñar. Además, las escuelas de las comunidades pobres suelen tener profesores no calificados. No es parte de la filosofía, al menos no en la práctica, aprender de otras culturas que ya existen entre nosotros/as. Como resultado de esta realidad, los niños latinos/hispanos, cuyas escuelas suelen ser pobres, desean jugar fútbol

---

[20] Isasi-Díaz Ada María, *Teología Mujerista, una teología para el siglo XXI* (NY: Orbis Books, 2004).14

[21] Ibíd. 15

[22] Ibídem

americano como parte de la influencia de los medios de comunicación. Mientras tanto, los niños ricos, hombres y mujeres, juegan al fútbol soccer. La calidad de la infraestructura entre estos dos lados de la sociedad es obvia. Muchos niños latinos dicen que no les gusta el fútbol soccer. La realidad no es que no les guste, sino que no saben cómo jugarlo. Es bien sabido que la mayoría de los latinoamericanos adultos aman el soccer; De hecho, es parte de la cultura. Y se puede decir que para algunos países es como una religión. ¿Por qué sus hijos no quieren jugarlo? El factor principal tiene que ver con la ajetreada vida de los padres y otros familiares adultos que pueden enseñarles este deporte. Los padres deben dedicar la mayor parte de su tiempo a trabajar y no tienen tiempo para promover y enseñar este deporte a sus hijos. En consecuencia, sus hijos invierten más tiempo en la escuela, jugando videojuegos y viendo televisión. Estas realidades no solo separan a los inmigrantes del resto de la sociedad, sino que también los obligan a convertirse en seres humanos invisibles. Como resultado, no suelen formar parte de la agenda de las principales instituciones que rigen esta sociedad. En el caso particular de Oakland, la fachada de los barrios pobres ha cambiado considerablemente en términos de letreros comerciales y rostros de quienes tienen el control real de los negocios. En los últimos diez años, más negocios pequeños latinos/hispanos han llegado a la comunidad. Pero también, algunos de ellos se ponen la máscara por una apariencia externa de habla hispana para atraer a los consumidores latinos. Esos negocios suelen estar dirigidos por personas de corporaciones poderosas. Explotan a sus trabajadores/as pagándoles salarios muy bajos. La explotación, por supuesto, se practica no solo en la industria de los pequeños negocios y restaurantes, sino en general. Los inmigrantes latinos comparten con demasiada frecuencia el hecho de no hablar bien inglés y sobre todo no tener "documentos oficiales" se toman como excusas para pagarles dos o tres dólares menos por hora. ¿Pueden protestar contra quienes los explotan? Por supuesto que no pueden. Para estos hermanos y hermanas, no tener documentos es similar a no existir en absoluto. Explotarlos y no permitirles defender sus derechos, es una forma que los obliga a ser, o aparentar ser, personas invisibles.

Isasi-Díaz afirma que "Es difícil ver la crítica como constructiva cuando no somos valorados por la sociedad"[23] Las comunidades latinas/hispanas han evolucionado bajo la opresión de aquellos que tienen el poder y el control. Criticar los patrones de cómo otros ven y tratan a estas comunidades no ayuda mucho a lograr un cambio real. Hay un llamado urgente a la libertad, a la realización de la verdadera identidad de las comunidades y a la conversión de las diferentes culturas en una misión liberadora para todos/as. Hay que cambiar el discurso por dentro y por fuera. Las iglesias deben dejar de pensar solo en sus intereses locales. Deben estar más orientadas a la comunidad. La práctica de una verdadera Koinonía (ser y compartir en comunidad) es una necesidad urgente. Los inmigrantes también son seres humanos que son llamados por Dios a este país para enseñar a la sociedad, especialmente a aquellos que dicen ser cristianos, a volver a aprender lo que significa amar a los demás como Dios nos ama en Cristo. ¿Cómo pueden aquellos que explotan a los inmigrantes con bajos salarios, que los maltratan con lenguaje obsceno y los ignoran cuando están buscando trabajo en los lugares de espera, ir a sus templos y otros lugares de culto los domingos, pretendiendo que todos estos miles de seres humanos creados a imagen de Dios no existen? Pensar y actuar de esa manera no solo ofende a estas personas, sino que también ofende el nombre de Dios.

Productores rechazados/as

Las personas en riesgo suelen ser aquellas que no cuentan con una inspección oficial (término burocrático para las personas indocumentadas), los recién llegados, los niños y jóvenes, las mujeres y los hombres, y quien sean que pertenecen a un grupo minoritario. Por lo general, estas personas son vistas como muy buenas para producir, trabajar fuerte y los consumir, pero no lo suficientemente buenas como para integrarse en los sistemas sociopolíticos o, en muchos casos, religiosos. Las comunidades de fe en general necesitamos releer el evangelio de Jesucristo. Los patrones tradicionales de operar como iglesias ya no son eficientes pues están perdiendo su eficacia. Todas

---

[23] Ibíd. 25

las congregaciones cristianas (al menos las raciales-étnicas) deben asumir una postura a favor de los inmigrantes. Tienen que involucrarse en los problemas reales de las comunidades donde viven. Tienen que estudiar las posibilidades de convertirse en santuarios para los nuevos inmigrantes que están sufriendo. De lo contrario, las congregaciones no pueden ser relevantes en sus comunidades. Es irónico porque durante la semana los inmigrantes limpian las casas de los ricos, trabajan en restaurantes, en la construcción y en cualquier tipo de trabajo duro. Pero desafortunadamente, los fines de semana, son ignorados/as por las mismas personas que reciben ese beneficio por su arduo trabajo. Incluso las iglesias cristianas tradicionales segregan a los inmigrantes y los rechazan de sus lugares de culto. Cuando un grupo de inmigrantes desea usar una de esas instalaciones para celebrar su fe, tienen que usar el espacio en un día u hora diferente, en caso de que se les permita hacerlo. En la mayoría de los casos, ni siquiera los grupos de la misma denominación pueden compartir libremente las instalaciones como hermanos y hermanas. Algunos grupos de inmigrantes pueden ser bienvenidos a venir a visitar, pero no a permanecer en el mismo lugar con las congregaciones tradicionales.

¿Dónde está la esperanza de liberación para estas personas desplazadas y rechazadas? Es necesario que se levante una voz profética poderosa y relevante debido al crimen, el homicidio de hermanos y hermanas, y la condición de personas sin hogar, el abuso de mujeres y niños, y la persecución por parte de la policía de aquellos que tienen un rostro diferente. El sufrimiento de estos seres humanos creados para ser amados no está siendo reconocido por las comunidades eclesiales y también por la sociedad en general. Su voluntad de trabajar duro y mantener a sus familias con dignidad debe ser reconocida al menos por aquellos que decimos ser cristianos. La sociedad dominante tiene que entender que estos inmigrantes no son máquinas. Son seres vivos con alma. Al respecto, M. Shawn Copeland dice que "Ser humano es más que tener un manojo de deseos, hay mucho más en la vida que meras suposiciones" (traducción personal).[24] Una de las experiencias más tristes es que los inmigrantes son bienvenidos a producir y consumir con

---

[24] Tanner, Kathryn, ed. *Spirit in the Cities: Searching for soul in the Urban Landscape* (Minneapolis: Fortress Augsburg Press. 2004). 40

el fin de mantener esta economía a flote, pero no necesariamente son bienvenidos a compartir las ganancias. Como extranjeros sin inspección oficial, se les considera no cualificados o se les niega la oportunidad de recibir servicios sociales en general. Ser buenos trabajadores/as y apoyar la economía y el bienestar de los poderosos no significa que puedan tener acceso a servicios médicos y de otro tipo. Los trabajadores anhelan algo más que un aumento de salario, anhelan que se les muestre respeto y cortesía. Esperan oportunidades para ejercer la creatividad y la libertad, y el reconocimiento para sí mismos como personas.[25] ¡Qué importante es para una persona que tuvo que dejarlo todo ser tratada con respeto y dignidad! Si la mayoría de ellos han tenido la amarga experiencia de haber sido maltratados/as durante su viaje hacia el Norte, se debe esperar que aquellos que se han beneficiado de su arduo trabajo diario los reconozcan como personas valiosas.

La situación de los productores rechazados/as en esta sociedad es un claro signo de la indiferencia pasiva de la sociedad. La condición de los trabajadores refleja nuestra incapacidad para exigir el reconocimiento de su humanidad.[26] La ciudad de Oakland, California, además de la presencia "normal" de trabajadores latinos/as inmigrantes, tiene ahora un gran segmento de descendientes de las culturas mayas. Se trata de una comunidad que oscila entre los dieciséis y los treinta años. Tal vez ellos mismos ignoran el hecho de que la razón por la que están siendo desplazados de sus ciudades de origen ha sido causada por la globalización económica y el libre comercio. Ahora se puede ver un gran contraste en la calle High Street, en Oakland a solo una cuadra del popular Boulevard International. Por un lado, se puede ver la gran tienda latina Cardenas. Por otro lado, cientos de descendientes de mayas están esperando cualquier tipo de trabajo al otro lado de la calle. Ambos se encuentran ahora en el mismo lugar gracias al movimiento de la globalización económica. La diferencia es que los beneficios-ganancias de ser parte de un comercio libre están en manos de los dueños de Cárdenas. Muchos cristianos y no cristianos están disfrutando todos los días de las oportunidades de comprar productos frescos en Cárdenas pero están ignorando la realidad de aquellos que simplemente están

---

[25] Ibíd. 41

[26] Ibíd. 43

parados frente a ellos y que ni siquiera pueden entrar a esa gran tienda para comprar artículos para sus necesidades básicas. Es de esperarse que algunos cristianos entiendan la historia detrás de estos hermanos y hermanas y muestren compasión por ellos. Los indígenas (descendientes de los mayas) ya tienen la experiencia de ser rechazados y explotados por los *mestizos* (mezcla de españoles e indígenas) en sus países de origen. Los "dueños" de la tierra los han tratado como animales de carga. Y, por si ese trato no ha sido suficiente, ahora estos hermanos y hermanas se ven obligados/as a dejar sus pueblos natales y venir a vivir a este país. Siguen sufriendo y se enfrentan al mismo trato que recibían antes en sus países de origen. Por esa razón, aquellos que quieren desarrollar un verdadero ministerio entre estas comunidades necesitan aprender y comprender las luchas y los antecedentes históricos de los descendientes mayas. Estos hermanos y hermanas tienen una gran necesidad de aceptación y amor. Pero también tienen mucho que enseñar en términos de su resistencia y capacidad para sobrevivir a pesar de cómo los han tratado los demás. Una teología de la transformación social, entre varios grupos e individuos, es esencial. En medio de esta sociedad multicultural, la iglesia cristiana debe desarrollar una teología de transformación que incluya las voces de aquellos que continúan sufriendo. Ellos/as merecen la oportunidad de ser escuchados e incluidas como participantes activos en la misión de la iglesia.

Ser extranjero/a es una lucha constante para cada individuo en este país, independientemente de su origen, color, raza y religión. No importa cuál sea el estatus migratorio de una persona en particular, los inmigrantes, especialmente de América Latina, son considerados en general como otros, y, en consecuencia, son rechazados/as. Las personas tienen sus estereotipos e historias sobre ellos. Por ejemplo, en las parte planas (flat lands) de la ciudad de Oakland, es muy común escuchar a personas que describen a los residentes latinos y a los afroamericanos como parte de comunidades peligrosas y pobres. Generalmente, los problemas de drogas y pandillas están relacionados con los afroamericanos y los latinos/hispanos. Se dice que las personas que vienen a vivir y trabajar aquí, procedentes de Centro América han sido guerrilleros o soldados. De acuerdo con estas meta-narrativas, nuestras calles y parques están sucios porque los latinos son perezosos, y no porque la ciudad no invierta en comunidades pobres que (según el gobierno local) no devuelven mucho en términos de impuestos. Para iniciar un proceso de aceptación y alivio de la carga que los inmigrantes llevan todos los días, es necesario reconstruir una sociedad justa. Tal sociedad no es una mera estructura. Una sociedad justa es aquella sociedad que está constituida por hombres y mujeres justos que creen en la verdad, la bondad y la belleza de todos los seres humanos creados/as a imagen de Dios.[27]

La sociedad y la iglesia necesitan crear verdaderas comunidades de integración para proporcionar a los/as inmigrantes oportunidades de ser reconocidos como personas. Kerry Walters en *Jacob's Hip,* afirma que "la comunidad es el único lugar donde la personalidad auténtica y la relación satisfactoria pueden florecer".[28] El clero debe reevaluar su misión en sus lugares de misión. Una coalición interreligiosa de libertad podría influir en las fuerzas del poder para que presten atención a las comunidades más necesitadas. En las comunidades reales de participación, donde los inmigrantes pueden ser aceptados; ambas partes deben concientizarse en renunciar a algo. Por un lado, los inmigrantes necesitan ser capaces de abrir sus vidas y permitir que la sociedad establecida aprenda a comprenderlos y a quererlos. Por otro lado, la sociedad establecida necesita aprender a ser humilde y amar a los inmigrantes de manera sincera y activa. Por supuesto, dar y recibir amor implica vulnerabilidad. En ese sentido, Walters señala que comunidad significa compartir un profundo sentido de vulnerabilidad.[29] Este sentido de comunidad va en contra de la filosofía del individualismo, que está muy arraigada en la vida de esta sociedad. En las comunidades con esta mentalidad individualista, la norma es recibir, no dar. De ahí que las personas que tienen esa mentalidad suelen sospechar de quienes les rodean. Para Walters, en comunidades rotas que son rígidamente excluyentes, los extraños a menudo son despreciados, siempre sospechosos. A veces también son demonizados y perseguidos por el colectivo.[30] Es urgente desarrollar una dependencia total del Espíritu

---

[27] Ibíd., 46

[28] Walters Kerry. *Jacob's Hip, encontrando a Dios en una época de ansiedad* (Maryknoll, NY: Orbis Books, 2003). 57

[29] Ibíd., 58

[30] Ibíd., 63

Santo y de una aplicación del evangelio de Cristo para la transformación de la mentalidad del rechazo y la sospecha. Las comunidades de fe están llamadas a seguir el ejemplo del Buen Samaritano y a desarrollar una teología relevante de la compasión. Este tipo de teología no se practica necesariamente solo dentro de los lugares de culto, sino también en las calles. Y es precisamente en las calles y lugares marginales donde viven e interactúan los rechazados/as. Es allí donde luchan por ser reconocidos como seres humanos reales. Han sido vistos como adversarios, extranjeros, extraños, otros, sin rostro y anónimos. Tratarlos como verdadera creación de Dios es ponernos en riesgo; es invitarlos a nuestra propia zona de seguridad de paredes altas, arriesgarse al aterrador compromiso del amor verdadero, afirma Walters.[31] Los presbiterianos y otros cristianos de esta ciudad necesitan abrir sus corazones y crear oportunidades para proporcionar a los inmigrantes al menos algo de alivio a sus heridas. La incapacidad de aceptar a los demás es también un medio para dañar sus vidas. Es una clara indicación de falta de amor y compasión.

PREGUNTAS DE ANALISIS:

1. ¿Cuáles son los factores principales que contribuyen a desarrollar una resiliencia ejemplar en la mayoría de migrantes?
2. ¿Como se puede canalizar esa resiliencia para orientarlos/as hacia una vida productiva en la iglesia y la sociedad?
3. ¿Qué necesita hacer el liderazgo eclesiástico para ayudar a los migrantes a que encuentren su propio valor y dignidad a pesar de la indiferencia de la sociedad dominante?
4. ¿De qué manera la fe y la Biblia pueden contribuir a que las comunidades inmigrantes desarrollen una identidad propia como creación de Dios?
5. ¿Cuáles son los desafíos que debe sortear la iglesia para crear espacios de inclusividad que permitan a las comunidades inmigrantes crecer en su espiritualidad mientras practican sus dones?

---

[31] Ibíd., 65

CAPÍTULO 3

El impacto de la asimilación y la confrontación de la fe

La asimilación es el proceso mediante el cual un grupo minoritario adopta gradualmente las costumbres y actitudes de la cultura predominante.[32] Los inmigrantes centroamericanos, en particular, experimentan el impacto de la asimilación de dos maneras particulares. Primero, cuando pasan por México, uno de los requisitos es aprender a ser y a hablar como mexicanos. Es interesante que, a pesar de hablar el mismo idioma, existen muchas expresiones diferentes. Nombran muchas comidas, frutas y verduras de diferentes maneras. Por ejemplo, los centroamericanos dicen autobús o camioneta y los mexicanos lo llaman camión. Los centroamericanos dicen banano a lo mexicano llaman plátano. Si uno conoce las diferencias, entonces es fácil identificar a los centroamericanos que viven en este país usando muchas expresiones mexicanas, pero aun así manteniendo su propia identidad cuando hablan entre ellos. Para los inmigrantes latinos no mexicanos, aprender expresiones/modismos mexicanos es una exigencia. Al usar esas expresiones, los centroamericanos y otros pueden ser contratados para trabajar en lugares donde generalmente la mayoría son mexicanos. Además, en caso de que sean capturados/as por los oficiales de inmigración, serán deportados solo al país vecino. En segundo lugar, la mayoría de los inmigrantes, entre otras cosas, aprenden muy rápidamente de esta sociedad a ser buenos consumidores/as. Pronto se

---

[32] *http://www.thefreedictionary.com/assimilation*

ven seducidos a cambiar su dieta habitual limitada, pero saludable, por la comida rápida. Sin darse cuenta de las posibles implicaciones de salud de esas comidas, se sienten muy felices consumiendo hamburguesas y pizza. Muchos/as, desafortunadamente, y por muchas razones, no aprenden el idioma local (inglés) en absoluto, pero aprenden lo suficiente como para comprar productos estadounidenses. Pero, a pesar de ese rápido proceso de asimilación que convierte a las comunidades inmigrantes en grandes consumidores/as, hay algunos ciudadanos de la cultura dominante que creen lo contrario. Estos ciudadanos hacen comentarios negativos sobre los inmigrantes. En el ensayo *Etnicidad y nacionalidad,* Lillian Rubin afirma: "Ellos (los emigrantes) vienen aquí para aprovecharse de nosotros, pero en realidad no quieren aprender nuestras costumbres. Viven diferentes a nosotros, es como que viven otro mundo. Se encierran en sí mismos y ni siquiera intentan aprender inglés".[33] Personas como Rubin simplemente ignoran el hecho de que los inmigrantes, especialmente los latinos, son grandes consumidores/as también. Un ejemplo de esta situación son las multitudes de latinos en los días festivos y los fines de semana, consumiendo en los centros comerciales y las pulgas (Flea market). Estos ciudadanos negativos también ignoran la contribución que estos hermanos y hermanas brindan para sostener la economía de este país por medio de su arduo trabajo.

Resistencia, igual a fallar

Si los nuevos emigrantes deciden mantener sus propios principios y resistir las múltiples presiones para ser asimilados a este sistema de valores, la consecuencia lógica para ellos es el fracaso. Virgilio Elizondo, autor *de Viaje a Galilea,* dice: "La conquista, el poder y la riqueza eran los signos evidentes de la elección de Dios. La pobreza y la miseria eran los signos de la pecaminosidad y el rechazo".[34] Esta ha sido la idea general que ha impregnado los corazones de la mayoría de

---

[33] Andersen Margaret L. y Collins Hill Patricia, *Raza, clase y género, una antología, sexta edición.* (Belmont, Thomson, 2007).193CAWadsworth

[34] Elizondo Virgilo. *Galilean Journey, The Mexican American Promise, Edición Revisada y Ampliada* (Maryknoll, NY: Orbis Books, 2000).14

los pobres de América Latina. La iglesia misma (con solo unas pocas excepciones) con su teología y mensaje muy conservadores ha creado en la conciencia de la gente el concepto de pobreza como un signo de pecado. Mientras tanto, está la comparación de la riqueza como un signo de bendiciones. Muchas personas siguen creyendo que cuanto más tienen, más bendecidos son, o significa que son personas dignas. Obviamente, hay quienes no soportan el mal impuesto de la miseria y deciden liberarse de esas cadenas que los mantienen cautivados. Por lo general, estos seres humanos están dispuestos a exponer sus propias vidas a la muerte para salvar a sus familias del cautiverio de la pobreza y la miseria. Las personas que deciden entrar en el proceso de liberación toman como mejor opción migrar hacia el Norte. Muchos, como sabemos, pueden alcanzar su destino final, pero otros simplemente sacrifican sus propias vidas en el desierto y otros lugares riesgosos. Es obvio que la mayoría de los inmigrantes emprenden sus viajes con ese sentimiento de resistencia y descontento contra los sistemas políticos, económicos, sociales e incluso religiosos de sus países de origen. Aquellos que cruzan la línea fronteriza tienen que enfrentar el desafío de, por un lado, continuar con sus propias tradiciones culturales y, por el otro, abrazar y aceptar los patrones de esta sociedad. Argumentando el caso de la experiencia mexicoamericana, Elizondo dice: "A muchos de ellos les parecía que la única manera de ser seres humanos libres era volverse como la Sociedad Anglosajona, olvidar su pasado y volverse lo más puramente anglosajón posible".[35] Esta imagen es exactamente lo que sucede con la mayoría de los inmigrantes que llegan a los Estados Unidos. Se comprometen a mantener sus valores culturales y religiosos desde el principio. Pero una vez que se enfrentan a los desafíos cotidianos de la sociedad, tienen que elegir entre mantener su centro de valores o seguir la opción de ser asimilados por el sistema dominante. Inmersos en esta realidad, parece que no tienen otra opción. No solo tienen que consumir, sino también pensar como personas de esta sociedad. Compran el concepto de acumular riqueza, lo que les causa frustración por la falta de herramientas y oportunidades para lograrlo. Elizondo sostiene que "a los conquistados se les dice que deben

---

[35] Ibíd. 16

abandonar sus caminos atrasados si quieren avanzar y humanizarse".[36] En el caso particular de los inmigrantes de hoy, son conquistados por la imposición del sistema dominante. Ya sea por iniciativa propia, o no, muchos prefieren ser asimilados al sistema dominante en lugar de luchar contra lo que parece imposible.

Basándome en mi propia experiencia y trabajando para una iglesia de inmigrantes, puedo decir que, para los recién llegados, tratar de establecerse en esta sociedad, no solo es una cuestión de confrontación cultural, sino también de fe. Es natural encontrar personas que, en los primeros meses de vivir en este país, están tratando de encontrar una iglesia similar a la que tenían en sus lugares de nacimiento. Pero se enfrentan al hecho de que incluso aquellas iglesias que pertenecen a la misma denominación que estas personas tenían en América Latina no son iguales en estructura o liturgia en estas comunidades. Muchos nuevos emigrantes suelen ver las iglesias en estos lugares como un poco más liberales o mundanos. Las congregaciones, en lugar de ser realmente familia-comunidad como las de sus pueblos, son más individualistas y poco acogedoras. En la mayoría de los lugares en América Latina los cristianos van a los templos tres o cuatro veces por semana. En muchos casos en los Estados Unidos, los cristianos más establecidos y maduros van a la iglesia solo los domingos, y en muchos casos no llegan a tiempo. En mi experiencia particular como recién llegado en 1991, encontré una pequeña iglesia según mi percepción, con una mentalidad muy liberal, al menos en su liderazgo, pero con una liturgia muy conservadora y clásica. Estaba confundido al ver cómo una congregación latina/hispana con un liderazgo liberal podía adorar de una manera tan clásica y aburrida. Mi fe personal fue desafiada por esta extraña dinámica, pero finalmente entendí que mi llamado era servir a los demás independientemente de sus puntos de vista o formas de adorar a Dios. Pero, por supuesto, ese no es el caso de todos los cristianos emigrantes. Por un lado, muchas personas simplemente optan por ignorar a la iglesia y no están dispuestas a aceptar las diferencias de los demás. Por otro lado, las iglesias no suelen estar preparadas para acoger a los recién llegados y amarlos tal como son. En cambio, generalmente tratan de imponer sus propias formas de hacer el ministerio y ser iglesia.

---

[36] Ibíd. 17

Frente a esta compleja dinámica, muchos latinos/as que solían ser devotos religiosos de sus propias iglesias en América Latina, ahora están tomando la opción de seguir, o de ser asimilados a lo que se llama el "mundo/fe secular." Un estudio realizado por Jay Paul para el New York Times muestra la siguiente historia real:

> Cuando era niño en Guatemala, el Sr. Chilín asistía a misa todos los domingos. Pero después de emigrar a los Estados Unidos hace 25 años, él y su familia perdieron el hábito de ir a la iglesia. "Rezamos a Dios cuando sentimos la necesidad de hacerlo", dijo, "pero cuando venimos aquí no sentimos la necesidad." Una ola de investigaciones muestra que un porcentaje cada vez mayor de hispanos está abandonando la iglesia, lo que sugiere a los investigadores que junto con la asimilación viene una medida de secularización.
>
> Varios estudios muestran que los hispanos son tan propensos como otros estadounidenses a identificarse como "sin religión" y a no afiliarse a una iglesia. Aquellos que se describen a sí mismos como seculares son, sin lugar a duda, una pequeña minoría entre los hispanos, como lo son entre los estadounidenses en general. Pero, en contraste con muchos de los estadounidenses no hispanos que se identifican a sí mismos como seculares, la mayoría de los hispanos dicen que alguna vez fueron religiosos.
>
> "Emigrar a Estados Unidos significa que tienes la libertad de crear tu propia identidad", dijo Keo Cavalcanti, sociólogo de la Universidad James Madison en Harrisonburg, Virginia, y coautor de un estudio reciente que encontró una tendencia hacia la secularización entre los hispanos en Richmond. "Cuando la gente llega aquí, se da cuenta de que mantener esa forma de religiosidad no es esencial para hacerlo bien."

Vienen, adoptan el estilo estadounidense, y parte del estilo estadounidense se está moviendo hacia ninguna religión", dijo Ariela Keysar, directora asociada del Instituto para el Estudio del Secularismo en la Sociedad y la Cultura en Trinity en 1994.[37]

Como pastor cristiano presbiteriano latino, mi conocimiento y experiencia se basa en ambos lados de la situación. Puedo decir que se necesita una reconversión dentro de la congregación local. Las congregaciones latinas no pueden presumir de estar compuestas, o de representar un entorno denominacional en particular. En una congregación hispana regular en casi cualquier comunidad, las iglesias no solo están integradas por personas de diferentes nacionalidades, sino también por diferentes trasfondos religiosos. El desafío para los pastores/as y líderes laicos es enorme. La tarea no puede centrarse en la insistencia de que los recién llegados se conviertan en copias de los miembros actuales de una congregación en particular; en cambio, el enfoque principal debe ser ministrar a sus necesidades con el amor de Dios. El clero generalmente se coloca entre dos mundos diferentes, y tiene como llamado a ministrar de manera efectiva en medio de esa complejidad. Desafiar los sistemas actuales implica coraje y riesgo. Pero para detener la desintegración de las comunidades y aliviar su dolor causado por el aislamiento, las iglesias latinas necesitan sacudir, sino cambiar las estructuras religiosas tradicionales proponiendo cambios reales y prácticos. Esos cambios deben llevarse a cabo principalmente en las áreas de discipulado, liturgia y cuidado pastoral.

Los hispanos que ya viven en los Estados Unidos también deben tener en cuenta que eventualmente, si siguen los mismos modelos tradicionales de iglesias existentes en este país, pueden convertirse en un grupo religioso dominante sobre los nuevos inmigrantes. A este respecto, el teólogo brasileño Leonardo Boff, en su libro *Santísima Trinidad, Comunidad Perfecta,* afirma: "Cada tipo de sociedad tiende a producir una representación religiosa adecuada a ella. La religión

---

[37] Para leer todos los detalles sobre este estudio lea el artículo completo de Jay Paul para The New York Times http://www.nytimes.com/2007/04/15/us/15hispanic.html, Por Laurie Goodstein Publicado: 15 de abril de 2007

dominante en un grupo es la religión del grupo dominante.[38] Los cristianos latinos están llamados a mostrar la voluntad de proporcionar oportunidades abiertas para la interacción, al menos con otros que profesan la fe en el mismo Dios. Las comunidades cristianas necesitan trabajar duro y juntas para hacer los cambios estructurales adecuados y crear verdaderas comunidades de amor y participación. Buscamos una sociedad que refleje mejor en la tierra la comunión trinitaria del cielo, y que nos facilite conocer el misterio de la comunión de la Trinidad.[39] Por supuesto, esa es la intención de Dios para este mundo pecador.

Aprender a no creer

Los cristianos latinoamericanos heredaron su fe y las formas de practicarla, de dos fuentes: (1) Los católicos romanos aprendieron de los conquistadores españoles que junto con la conquista trajeron la cruz y la espada a la América Latina. (2) Los protestantes evangélicos heredaron su fe de los misioneros que junto con el evangelio trajeron también la "democracia" y el capitalismo. Ambos sistemas de creencias se impusieron a los ciudadanos en aquellos días. Como resultado, lo que tenemos ahora es un sistema religioso que no necesariamente se puede aplicar a la cultura de los pueblos. Y, obviamente, los inmigrantes llevan ese sistema al Norte cuando decidieron emigrar o se vieron obligados a abandonar sus lugares de origen. También es justo decir que la religión latinoamericana en la mayoría de los casos es una mezcla de fe cristiana, prácticas indígenas y supersticiones. Obviamente, esta realidad, este sincretismo, no es totalmente reconocido, ni respetado por aquellos de mentalidad europea y norteamericana cuando cumplen con sus tareas teológicas. Miguel A. De la Torre en su libro, Handbook of *U.S. Theologies of Liberation* dice: "No es sorprendente que los conceptos teológicos explorados tuvieran un denominador común, se basaron en las opiniones e interpretaciones formuladas principalmente por teólogos

---

[38] Boff Leonardo, *Santísima Trinidad, Comunidad Perfecta. Maryknoll (*Nueva York: Orbis Books, 1988) XI

[39] Ibíd. XIV

occidentales, especialmente teólogos masculinos eurocéntricos".[40] Esa ha sido exactamente la norma durante siglos. Por ejemplo, muchos latinoamericanos que formaban parte de las iglesias históricas se sienten incómodos si no cantan los himnos clásicos europeas. También se sienten fuera de lugar cuando algunas iglesias multiculturales no siguen el modelo tradicional de liturgia durante sus servicios de adoración. La música que ha surgido de esas comunidades no tradicionales es vista como incorrecta. Estas personas y muchas otras necesitan volver a aprender sobre la propia cultura de sus comunidades, que está ligada a su fe. Al mismo tiempo, ellas, las comunidades no tradicionales, necesitan desprenderse de aquellos principios que no tienen nada que ver con su propia cultura y experiencia de vida. También necesitan saber que Dios les permite practicar la fe que surge de sus experiencias cotidianas y no necesariamente de las tradiciones occidentales. La cultura dominante necesita aprender sobre la fe de los inmigrantes mediante el estudio de sus propias creencias, cultura y teología. Confrontar, o ignorar ese hecho, no ayuda a la creación de una verdadera koinonía. Al respecto, De La Torre señala: "Era como si otros grupos simplemente no existieran, y si se mencionaban, sus contribuciones al discurso teológico general solían quedar relegadas a las notas a pie de página o a otras perspectivas interesantes." [41]

La fe que ha sido impuesta o asimilada por las comunidades de inmigrantes necesita ser remodelada. Los inmigrantes, por supuesto, no necesitan avergonzarse de sus creencias y sus ideas teológicas bíblicas. Es cierto que ellos, como cualquier otra cultura, necesitan aprender de otras perspectivas. Pero esa realidad no los coloca en una posición de codependencia de la manera tradicional de hacer teología. Es esencial tener en cuenta que cada cultura tiene su propio derecho a crear su propia teología de acuerdo con su experiencia de fe. De La Torre argumenta que la supervivencia y la autoexpresión creativa de las teologías de liberación llevadas a cabo en los márgenes de la sociedad estadounidense surgieron de la reflexión sobre las luchas de su pueblo por la libertad y el reconocimiento ontológico como beneficiarios, agentes e intérpretes

---

[40] De la Torre Miguel A. ed., *Handbook of U.S. Theologies of liberation* (Chalice Press, 2004).1Danvers, MA

[41] Ibídem

del amor y la providencia de Dios, en medio de su experiencia común de opresión.[42] El dilema de la fe racional/secular versus la fe espiritual no ayuda en absoluto a la religión de los inmigrantes. En el caso particular de los hispanos/latinos, creen que la fe surge del corazón, ya que es la base de todos los sentimientos, emociones e intenciones. Es precisamente en lo profundo de sus corazones donde experimentan que el Espíritu Santo se les manifiesta. Es allí donde el Espíritu les da poder para sobrevivir a la opresión, la discriminación y las actitudes poco acogedoras, incluso en los lugares tradicionales de adoración. Dios demuestra continuamente amor por su pueblo, afirma su justicia más allá de la voluntad de sus opresores y mantiene la soberanía de Dios sobre sus enemigos, afirma De La Torre.[43] La intención de Dios es que cada cultura pueda ejercer su propia fe cristiana, desarrollar su propia teología, adorar a Dios y servir a la comunidad de acuerdo con sus propios valores culturales y religiosos.

La fe cristiana, ligada a la cultura de los pueblos

Se dice que Jesús el Cristo no vino a destruir la cultura de la gente de su tiempo. El salvador del mundo respetaba y afirmaba los valores de aquellas comunidades donde predicaba y modelaba el evangelio. Cuando Jesús el Cristo compartió las buenas nuevas de la liberación, lo hizo comenzando donde se encontraba la gente, física, emocional y espiritualmente. El encuentro de esas hermanas y hermanos con su divino libertador tuvo lugar sobre la base de sus propios valores culturales. Jesús ni siquiera buscó la confrontación con los líderes religiosos de su época. Fueron ellos quienes decidieron confrontar las enseñanzas de Jesús con los principios de la Ley de Moisés. Esos líderes, por supuesto, tenían un malentendido de los principios de la Ley, como Jesús declaró muchas veces en los Evangelios. La intención de Jesús siempre fue enseñar a sus seguidores las buenas nuevas del amor de Dios. Jesús compartió el evangelio estando presente y morando entre los pecadores. Jesucristo mostró a sus seguidores que incluso los

---

[42] Ibíd. 9

[43] Ibíd. 12

enfermos, los poseídos por demonios y los gentiles podían ser miembros del reino de Dios. De hecho, los invitó a integrarse en el reino. El único requisito para aquellos que decidieron seguirlo fue mostrar fe y obediencia a sus enseñanzas amando a Dios y al prójimo. En contraste, los gobernantes de la religión judía habían descuidado mostrar el amor de Dios a los pobres y marginados. La gente religiosa mantenía a los impuros, llamándolos pecadores, fuera del sistema del templo. Se negaron a compartir espacio con los gentiles en el templo. Incluso consideraban a sus parientes samaritanos como personas inmundas. Pero Jesús vino a enseñar que era hora de aprender lo que significa amar al prójimo como nos amamos a nosotros mismos. Desafortunadamente, la forma occidental de interactuar con los demás en general va a la inversa, saben muy bien cómo amarse a sí mismos, pero no cómo amar al prójimo. Fernando F. Segovia, en *Interpreting Beyond Borders,* con respecto a la exclusividad de Occidente señala: "Parece seguro decir, sin embargo, que la dominación pasada de Occidente en la formulación de la dirección del cristianismo cederá gradualmente, pero inexorablemente, a una formación mucho más descentrada y diversificada".[44] El multiculturalismo de los Estados Unidos requiere un compromiso de todos. Ese compromiso consiste en comprometerse con un proyecto de comprensión mutua y respeto por cada cultura. Es un compromiso de ver las formas en que los demás ejercen su fe y adoración a Dios, como ricas bendiciones, y no como algo extraño e inferior. Los cristianos en los Estados Unidos tienen un llamado a desmantelar cualquier tipo de prejuicios culturales, meta-narrativas comunitarias y estereotipos que, en lugar de construir un sistema comprensible de valores comunes, destruyen e individualizan la fe en general. Es arrogante no reconocer la presencia de cristianos de diferentes países y culturas en todas partes de los Estados Unidos. Estas nuevas comunidades de fe, aunque parezcan diferentes, son la continuación de la iglesia en esta nación, donde especialmente, las denominaciones históricas en general están en declive. Segovia argumenta que esta formación no occidental del cristianismo se encuentra no sólo fuera de Occidente, sino también,

---

[44] Segovia Fernando, ed. *Interpreting Beyond Borders* (Sheffield: Sheffield University Press, 2000). 22

y cada vez más, dentro del propio Occidente.[45] Si esto es cierto, el futuro, al menos de las iglesias históricas, descansa en la formación y el crecimiento de las congregaciones de inmigrantes.

El multiculturalismo, que es una realidad de esta nación, plantea la cuestión de la fe y la pluralidad religiosa. El protestantismo europeo, o el catolicismo latino romano, ya no son las únicas fuerzas religiosas en esta sociedad. Con respecto a este importante factor, R. Stephen Warner, en su artículo *Pluralidad Religiosa* declara: "Los protestantes, judíos, hindúes y budistas en mis clases son más irregulares. Durante veinte años, dijo, he utilizado "excursiones", visitas a sitios religiosos, como método de enseñanza, y muchos estudiantes invitan a la clase a sus propios lugares de culto y, a veces, a sitios religiosos en sus hogares. Así, por poner sólo unos pocos ejemplos, los musulmanes de mi clase han celebrado la festividad judía de Sucot en la casa de un estudiante judío, los angloamericanos y los musulmanes han participado en la observancia del *"Día de los Muertos"* mexicano como parte de una misa católica romana, los estudiantes blancos latinos y árabes han experimentado de primera mano el poder de la adoración en una iglesia afroamericana. El efecto de estas excursiones suele ser engendrar respeto y compañerismo más allá de las fronteras religiosas, incluso cuando el idioma o el ritual son literalmente incomprensibles para los visitantes. Los estudiantes aprenden que la religión es algo más que doctrina y que para apreciar las religiones de los demás hay que hacer algo más que leer libros".[46]

Víctor David Hanson, en su libro *Mexifornia,* señala que, como historiador, acepta en abstracto que la cultura es inestable y siempre evoluciona, muchas veces radicalmente.[47] Esta es una realidad especialmente en Estados Unidos, una nación que históricamente ha sido habitada por diferentes culturas. La conmoción para casi todos los inmigrantes tiene que ver con la sorprendente necesidad de asimilación.

---

[45] Ibíd., 21

[46] Para ver la idea completa de Warner sobre la pluralidad religiosa, lea el artículo, ¿Qué diferencia hace la pluralidad religiosa? http://www.wcc-coe.org/wcc/what/interreligious/cd34-13.html

[47] Hanson Davis Victor, *Mexifornia, un estado de devenir* (San Francisco, CA: Encounter Books, 2003).2

Si no aprenden el idioma y la cultura de la sociedad dominante, no pueden sobrevivir. En esencia, no asimilan la cultura más amplia en absoluto, sino que se ven obligados a ser asimilados por las comunidades de inmigrantes actuales que ya existen en este país. Un reflejo de esa dinámica es el hecho de que muchos no ven la necesidad de aprender a hablar el idioma de este país con fluidez. Para ellos, entender y hablar un inglés entrecortado suele ser suficiente. Eso crea una barrera de comunicación que resulta en la falta de oportunidades de éxito. Además de eso, aquellos que profesan la fe cristiana, u otros tipos de fe, tienen que enfrentar problemas no solo para integrar las iglesias de habla inglesa cuando no hay ninguna en su propio idioma materno, sino también para ingresar a las instituciones educativas y otras. Hansen, argumentando desde la perspectiva de la cultura dominante, afirma: "He visto que la asimilación todavía es posible durante la actual embestida de inmigración si olvidamos las causas grupales y la retórica de la industria multicultural, y simplemente nos concentramos en proporcionar a los estudiantes interesados oportunidades que coincidan con sus aptitudes a menudo ignoradas".[48] Incluso cuando tenemos que reconocer que la asimilación a la cultura de la sociedad en general es la mayoría de las veces inevitable, esto no significa que la asimilación deba ser la norma. De lo contrario, faltamos el respeto a los valores de otros que también fueron creados no para ser una copia de una determinada cultura, sino para ser la imagen del Dios vivo. Los verdaderos cristianos e inmigrantes no pueden olvidar que los detractores se empeñan en presentar imágenes negativas sobre su participación y contribuciones. A este respecto, Hanson afirma: "Así como no estaba claro entonces si la California primitiva se hundiría en el caos emergido por sus trabajadores recién llegados, también nuestro propio futuro está nuevamente en duda"[49]

En términos de la fe en general, sería apropiado reconocer las diferencias en cuanto a cómo las personas practican lo que creen. Por un lado, los nuevos inmigrantes necesitan entender que algunas de sus creencias son solo parte de la cultura, y no necesariamente la absoluta palabra de Dios. Es necesario un proceso de reeducación. Las iglesias pueden desempeñar un papel mejor y más importante al prepararse

---

[48] Ibíd. 3

[49] Ibíd. 17

para brindar a los recién llegados, oportunidades de compartir sus propias historias sobre la familia, la cultura y la tradición religiosa. Por otro lado, las organizaciones religiosas e iglesias establecidas necesitan entender que sus modelos han sido quizás efectivos para ellos, pero no necesariamente aplicables a las nuevas comunidades de inmigrantes. Al respecto, David A. Ábalos en su libro *Latinos in the United States* señala: "No basta con describir la realidad; Tenemos que transformarla".[50] La fe de los latinos está arraigada en sus corazones. Se necesita tiempo para que comprendan que la fe, para muchos en esta sociedad, es algo que debe ser aceptable tanto para su mente racional como para su corazón. Su conversión tiene lugar en el corazón como centro de las emociones y sentimientos, no sólo en la mente. Ábalos, en su teoría de la transformación, dice que sólo los seres humanos, recurriendo a la fuente sagrada más profunda, pueden participar en la transformación sin un resultado preprogramado.[51] ¿Continuarán los latinos/as siendo asimilados a esta cultura y confrontados a los modelos tradicionales de hacer iglesia en esta sociedad, sin permitirles ejercer sus propios valores y creencias? Ábalos señala que las latinas y latinos han mantenido parcialmente su idioma, religión, cultura, aunque constantemente se les recuerda lo mucho que han perdido.[52]

PREGUNTAS DE ANALISIS:

1. ¿Como puede la iglesia contribuir para que los nuevos emigrantes no se conviertan en presa fácil de la asimilación y el consumismo?
2. ¿Como pueden las congregaciones inmigrantes convertir la diversidad de nacionalidad y denominacional en una bendición para el crecimiento y la evangelización?
3. ¿Por qué las congregaciones y su liderazgo deberían implantar modelos de inclusividad que provean una verdadera interacción entre hermanos/as?

---

[50] Ábalos David T., *Latinos en los Estados Unidos, lo sagrado y lo político, segunda edición* (Notre Dame, Indiana: Notre Dame, 2007).12Indiana

[51] Ibíd. 17

[52] Ibíd., 56

4. ¿Como pueden las congregaciones de habla hispana e inmigrantes llevar a cabo un discipulado efectivo sin imponer sus propias tradiciones?
5. ¿Por qué es importante seguir el modelo de discipulado de Jesús que empezó desde donde se encontraba la gente con sus necesidades de toda índole, para crear verdaderas comunidades de fe y participación

CAPÍTULO 4

Personas extranjeras en la Biblia

La ley del Antiguo Testamento distinguía entre el israelita nativo y varios tipos de extranjeros. La palabra clave es el término hebreo *ger,* que se traduce de diversas maneras en las versiones en Ingles de la Biblia como forastero. Dos tipos de extranjeros/as:

1. El extranjero asimilado, que eligió encajar en la cultura y la religión israelitas. (El Antiguo Testamento griego lo traduce con *proselutos*, de donde obtenemos la palabra prosélito).
2. El extranjero no asimilado, que, a pesar de haberse establecido en la comunidad, opta por conservar un sentido de identidad independiente. Este tipo de extranjero se puede dividir de nuevo, en el inmigrante individual que es llevado a un hogar israelita como invitado, y en el otro extremo, la tribu de extranjeros que se establecen en Israel en una relación normal con los israelitas. (La palabra hebrea nokrim, generalmente traducida como extranjeros, hace referencia a los verdaderos extranjeros que viven fuera del país.).[53]

---

[53] *Para más detalles sobre Alienígenas y Extraños en la Tierra de Israel, lea: El alcance del Reino y la lógica del evangelio por Brian Rosner, Aliens and Strangers, (www.matthiasmedia.com.au publicado en TEAR Target, 2002).*

Los elegidos como extranjeros/as

Es bien sabido en la Biblia que Israel fue el pueblo elegido por Dios según el Antiguo Testamento. Este pueblo elegido tuvo la experiencia, por ejemplo, de ser extranjero en Egipto. Ese fue un país donde florecieron las civilizaciones más antiguas y poderosas.[54] Según el Génesis, Yahveh escogió a Abrahán para que fuera el padre del pueblo escogido de Dios. En el capítulo doce de Génesis, el Señor llama a Abraham a salir de su propia tierra para ir a la que Dios le iba a mostrar (Génesis 12:1-2). Los descendientes de Abraham serían esclavos en una tierra extranjera *"Entonces el Señor le dijo: Sabiendo con certeza que tu descendencia será extranjera en una tierra que no es la suya, y serán esclavizados y maltratados cuatrocientos años"* (Génesis 15:13 - NVI) Servirían a una nación extranjera y serían afligidos allí.[55] Abrahán obedeció el mandato de Yahveh y lo dejó todo atrás para seguir el llamamiento divino. Al hacerlo, viajó como peregrino durante muchos años. Algunos intérpretes llegaron a la conclusión de que Abraham era hijo de un fabricante de ídolos, y que fue la primera persona en creer en un solo Dios, y que entre sus muchas virtudes estaba una extraordinaria generosidad para con los extranjeros.

Ninguna de estas cosas se menciona directamente en la Biblia, aunque cada una de ellas se basa en alguna pequeña peculiaridad del texto.[56] Abraham Se enfrentó a muchos obstáculos, entre ellos una hambruna. A causa de la hambruna fue a Egipto evitando la crisis, pero se enfrentó a un gran dilema: decir la verdad o mentir sobre su esposa, Saraí. Abraham optó por mentir, con el fin de preservar su propia vida a expensas de la de su esposa. Debido a ese hecho, el rey egipcio lo maldijo y lo expulsó del territorio de la ciudad. Con el tiempo, regresó, pero continuó siendo un extraño. Una vez que estaban en el territorio de Canaán, Abraham y su esposa envejecieron y sus almas

---

[54] *Matta Ampuero Victor E. (traductor),* **Comentario Bíblico Adeventisa del Séptimo Día, Tomo I** *(Mountain View, CA: Pacifc Press Publishing associations, 1981).109*

[55] **Ibíd., 194**

[56] James L. Kugel, (http://www.hup.harvard.edu/features/kugbib/preface.html-1997).

fueron afligidas porque no podían tener descendencia. Como resultado de su desesperación, Saraí decidió darle a Abraham su sirvienta para que intentara tener un hijo. *"Saraí, la mujer de Abram, no le había dado hijos. Pero ella tenía una sierva egipcia llamada Agar, y le dijo a Abram: "El Señor me ha impedido tener hijos". Ve, duerme con mi sirvienta, tal vez pueda construir una familia a través de ella"* (Genesis 16:1-2 NIV)

El pueblo elegido del Antiguo Testamento, guiado por los patriarcas, emigró de un lugar a otro. Abraham, Isaac, Jacob y José eran hombres de considerable riqueza y prestigio, pero aun así sufren las consecuencias de ser extranjeros.[57] Al igual que sucedió con los primeros cristianos de la Comunidad de la Iglesia Primitiva, los descendientes de Abraham surgieron y sobrevivieron entre otros grupos de personas existentes, que en muchos casos eran tribus muy bien organizadas. Cuando los patriarcas entraron en Palestina, no se encontraron con un vacío étnico. Varias tribus ya habitaban la tierra.[58] Según la narración bíblica, Isaac parecía ser el más estable de los patriarcas en términos de no tener que emigrar, o ser forzado a hacerlo. Pero en tiempos de Jacob y su familia, también tuvieron que emigrar forzados por una gran hambruna, como le sucedió con anterioridad a su abuelo Abraham. Esto ocurrió durante el período de tiempo en que José, el hijo de Jacob, servía como Vice rey de Egipto. Jacob y sus hijos restantes se establecieron en el distrito de Gosen.[59] El pueblo escogido tuvo un período de relativo alivio, y tuvo la oportunidad de crecer y alcanzar la prosperidad, al menos mientras José estaba vivo. No se mezclaron con los egipcios, sino que formaron su propia sociedad homogénea. Sin duda, aprendieron nuevas técnicas agrícolas, artes y oficios egipcios, que resultarían útiles después de volver a entrar a Canaán[60]

Al igual como sucede con cualquier grupo de extranjeros, el pueblo hebreo no solo se vio obligado a emigrar repetidamente, sino

---

[57] Pfeiffer Charles F., *Un bosquejo de la historia del Antiguo Testamento* (Chicago: The Moody Bible Institute, 1974) 30

[58] Ibíd. 37

[59] Ibíd., 42

[60] Ibídem

que también hizo algunas contribuciones significativas a los lugares donde tenían que vivir. En Egipto, independientemente de su condición de esclavos, representaban una gran fuerza de trabajo, construyendo ladrillos para el faraón. Al mismo tiempo, aprendieron las técnicas agrícolas para cooperar en la economía. Una vez que entraron en Egipto, también marcaron su presencia allí, con poesía y arte. El pueblo hebreo llegó como un conquistador extranjero a Canaán. Como tal, contribuye a las literaturas.[61] El monumento poético más notable es el Cantar de los Cantares de Débora (Jueces 5)

> Vinieron los reyes: lucharon.
> Entonces pelearon los reyes de Canaán,
> En Taanac, junto a las aguas de Meguido.
> No se llevaron ningún botín como la plata.
>
> Desde el cielo lucharon las estrellas,
> Desde sus cursos lucharon contra Siseara.
> El río Cisón se los llevó,
> El río de los valientes, el río de Cisón.

Los hebreos también trajeron su propia religión, que era la fe en un solo Dios. Era una religión que tendían a imponer a los cananeos y a otros. También tenían sus propias reglas y formas de organización. Pero, cualesquiera que fueran las reglas y regulaciones que los hebreos poseían en el momento de su entrada en Palestina, está claro que éstas no se ajustarían a las nuevas circunstancias que encontrarían.[62] Los cananeos habían estado desarrollando códigos para la vida palestina durante un milenio. A pesar de su aparente establecimiento en la nueva tierra, los hebreos, como extranjeros elegidos, enfrentaron muchas dificultades para permanecer como una comunidad unida. Estaban rodeados de enemigos y, finalmente, se vieron obligados a exiliarse. Este exilio fue la gran división de la historia hebrea. Fue a la vez la experiencia más terrible como también la más transformadora que

---

[61] *La Biblia de los Intérpretes, Artículos Generales, Volumen I* (Nashville: TN, 1978).177

[62] Ibíd., 178

le sucedió.[63] Los judíos se habían convertido ahora en "la gente del libro". [64] En una palabra, ocupaba una posición central en el Antiguo Cercano Oriente en aquellos días. Tenían una política de preservación de la integridad y la identidad de la nación, que era esencial debido a la naturaleza volátil y a veces bárbara del mundo antiguo.

La injusticia del pueblo elegido contra los extranjeros

Una lectura superficial del Antiguo Testamento podría dar la impresión de que los propósitos de Dios son estrictamente nacionalistas. El pacto de Dios con Abraham, la promesa de bendecir a sus descendientes, su elección, liberación y gobierno sobre Israel, sugiere que las naciones no son asunto de Dios, excepto negativamente, en la conquista de la Tierra Prometida cuando decreta su aniquilación. De hecho, se le dice que no sea como otras naciones. Los escritos de los profetas están plagados de oráculos aterradores contra las naciones de un juicio divino con la mayor severidad. Después del exilio, Esdras instruyó a los que regresaban a casa después del exilio a que se divorciaran de sus esposas extranjeras. De hecho, a lo largo de su historia es mantener una distancia segura frente a las naciones para proteger su propia identidad en términos de etnia, idioma, territorio, religión e instituciones políticas. Entonces, ¿nos quedamos con una visión negativa de las naciones en la Biblia? ¿Fomenta la Biblia la xenofobia sin saberlo? Los israelitas, en lugar de compartir el nombre de Yahveh con otras naciones, como se suponía que debían hacer, encapsularon a Dios solo para sí mismos e hicieron de Yahveh una fuente divina exclusiva para ellos. Desde el principio, Dios quiere que Abraham sea padre de muchas naciones (Gn 17,4-6) y bendición para todas las naciones de la tierra" (Gn 12,3). No fue simplemente para ellos como nación. Del mismo modo, debía cumplir un papel de mediador entre Dios y las naciones (Éxodo 19:4-6). De todas las naciones, tú serás mi preciada posesión. Aunque toda la tierra sea mía, vosotros seréis para mí un reino de sacerdotes. A pesar de las prácticas detestables de las naciones, Dios se preocupa por su

---

[63] Ibíd., 182

[64] Ibídem

salvación en escritos como Salmos (67:2, 98:2) Dios revelará su "justicia y salvación a las naciones" Isaías (52:10-15). El Nuevo Testamento es un claro testimonio escrito acerca de la intención de Dios para que el pueblo escogido de Dios haga justicia, y compartir las buenas nuevas, en lugar de oprimir a otros. El Nuevo Testamento anuncia el cumplimiento de estas profecías, ya que el ministerio ocasional de Jesús a los gentiles anticipa la predicación del evangelio a todas las naciones. No es de extrañar, pues, que el Señor resucitado comisione a sus discípulos que "vayan y hagan discípulos a todas las naciones" (Mateo 28:18-20). El libro de los Hechos registra el impresionante progreso y expansión de la predicación del evangelio a través de considerables barreras étnicas, relacionales y geográficas. Aunque no es decisivo por sí solo, el tema de las naciones en la Biblia subraya el amor de Dios por todos los pueblos y no nos da motivos para apoyar una perspectiva nacionalista estrecha o cualquier forma de racismo.[65] Una actitud exclusivista no es parte de la intención de Dios para este mundo. Por el contrario, Dios es un Dios inclusivo por naturaleza.

En el transcurso de esos años, los descendientes de Abraham se convirtieron en un pueblo escogido que a menudo era injusto. Olvidaron el principio de ser una bendición para otras personas y naciones. Uno de los ejemplos más claros de injusticia y explotación por parte de los elegidos contra una persona extranjera es el episodio entre Abraham-Sara y Agar. Agar fue traída por Abraham de Egipto después de ser expulsados por el faraón. Phyllis Trible y Letty M. Russell, en *Hagar, Sarah, and their Children*, presentan un punto de vista muy interesante sobre esta historia. Faraón expulsa a Abram y Sarai de Egipto así como YHWH expulsó al hombre y a la mujer primigenios del Jardín del Edén.[66] Al confirmar la orden del faraón, el narrador informa sobre el presente mientras alude al pasado y al futuro. "Y Faraón dio órdenes acerca de Abram a sus hombres, y ellos lo enviaron a su camino, con su mujer y todo lo que tenía" (Génesis 12:20). El verbo "despedir" (término hebreo slh), con el significado de expulsión, también apareció al final de

---

[65] Ibídem

[66] Trible Phyllis y Russel M. Letty, ed. *Hagar, Sarah, and their Children, Jewish, Christian, and Muslim Perspectives (Agar, Sara y sus hijos, perspectivas judías, cristianas y musulmanas)* (Louisville, John Knox KY Westminster Press, 2006). 37

Descentralizar para integrar | 47

la historia del jardín del Edén (Génesis 3:23), aseguran Russell y Trible. Para entonces, era obvio que Abraham había adquirido algo de fortuna. La frase "todo lo que tenía" bien puede incluir a Agar, quien con el tiempo tendrá dificultades con Saraí. Expulsado de Egipto, Abraham la lleva (Agar) consigo". Debido a su infertilidad, con el tiempo, Saraí decidió que Agar se convirtiera en madre sustituta. A pesar de que el plan de Saraí es legítimo en la cultura, desarrolla paralelismos inquietantes con el plan ilegítimo de Dios para Abraham y Saraí. El resultado del plan de Saraí fue una experiencia devastadora que la lleva a ser injusta con Agar. La esposa amada y exaltada disminuye, la esclava humilde crece. Como esposa de un patriarca rico, Saraí es a la vez poderosa pero impotente. Saraí comenzó literalmente a torturar a Agar. Y según los analistas, Agar se convirtió en la primera persona esclava de la Biblia que decidió liberarse de esa condición. No pudo resistir la opresión de la pareja elegida que, según el texto bíblico, iban a ser los progenitores del hijo prometido. Ninguna deidad libró a Agar de la esclavitud. Tampoco suplica a ninguno. En cambio, esta mujer torturada reclama su propio éxodo, convirtiéndose así en la primera persona en la Biblia en huir de la opresión, de hecho, se convierte en la primera esclava fugitiva.[67] Abraham, obedeciendo la voz de su esposa, envía a Agar y a su hijo Ismael al desierto de la muerte. Aunque Abraham puede estar angustiado por el asunto, las pocas provisiones que les da a Agar e Ismael contrastan marcadamente con su riqueza.[68] Russell y Trible hacen aquí otro paralelismo con la experiencia de Adán y Eva. Agar e Ismael no eran Adán y Eva. No han desobedecido a Dios. Por el contrario, son Sara y Abraham los que han desobedecido a Dios, y en el proceso han agraviado a Agar e Ismael. Sin embargo, esta vez, YHWH revierte el juicio divino. Irónicamente, la pareja desobediente se queda en el jardín mientras los frutos de su infidelidad son expulsados.[69] Esta narración bíblica es un claro ejemplo de cómo los extranjeros son explotados y maltratados por la "gente buena".

---

[67] Ibíd., 40

[68] Ibíd. 47

[69] Ibídem

Los extranjeros como recipientes de la gracia de Dios

Hay muchas evidencias bíblicas acerca de la intención de Dios de mostrar su gracia sobre todas las naciones. Una vez más, la promesa a Abraham es una señal de esa intención. La Biblia dice: "*Y todos los pueblos de la tierra serán bendecidos por medio de ti*" (Génesis 12:3b NVI). En el curso de la historia, incluso las personas bendecidas elegidas no mostraron misericordia y compasión a los demás. Es evidente que Dios ha hecho brillar su abundante gracia sobre todo el mundo. En el registro bíblico de una parte de Israel, encontramos muchos ejemplos de la intervención divina para bendecir a la gente de la tierra y usarlos para sus propósitos. Algunos ejemplos incluyen: Agar, Rut, la ciudad de Nínive, en el Antiguo Testamento, y Cornelio, Lidia, y Lucas en el Nuevo Testamento. La ley bíblica es notablemente generosa y solidaria con los extranjeros. Se reconoce que estas personas por lo general no tienen poder y que con frecuencia son pobres y necesitadas. Sin embargo, se les concede un trato justo y hospitalario. Asimilados o no, los extranjeros/as estaban protegidos de los abusos, especialmente los abusos derivados de la autoridad patriarcal. También estaban protegidos del trato injusto cuando eran empleados por los israelitas, y del trato injusto en los tribunales, incluida la justicia en la puerta de la ciudad.[70] Está claro y también respaldado por las narraciones bíblicas cuál es la intención de Dios para los extranjeros en medio de su pueblo. Pero, dado que el pueblo elegido no cumplió esta tarea divina, Dios actuó directamente bendiciendo y mostrando su gracia a muchos individuos, así como a las comunidades. En el capítulo 19 de Levítico, Yahveh llama a no maltratar a los extranjeros que viven en medio de ellos. El mandamiento es verlos y tratarlos como uno de ellos mismos. Eso tiene serias implicaciones de aceptación y de compartir mutuamente. Lo más notable de todo es que en el mismo capítulo 19 versículo 34 donde aparece el famoso y a menudo citado "ama a tu prójimo como a ti mismo", se ordena a los israelitas que "amen al extranjero." La definición del prójimo que debe ser amado parece extenderse incluso

---

[70] Brian Rosner, Aliens and Strangers, (*www.matthiasmedia.com.au publicado en TEAR Target, 2002*).

al inmigrante extranjero, sin la restricción de que puedan ser del tipo de asimilación menos objetable.

El tema de los extranjeros/as en la Biblia y cómo la gracia de Dios fluye sobre ellos, en momentos específicos de la historia, es fascinante. Uno de los acontecimientos más notables, y posiblemente el más antiguo que registra el texto bíblico, es una vez más la historia de Agar la egipcia y su hijo Ismael. Es la misma experiencia de vida que muchos tienen que enfrentar en el curso de la historia, bíblica y no bíblica. Hay extranjeros/as, que por lo general se ven obligados/as a vivir en circunstancias inhumanas, son explotados/as, abusados/as, oprimidos/as y luego ignorados/as como si no fueran útiles. Agar representa a todos estos personajes históricos, especialmente a las mujeres que fueron receptoras de la gracia de Dios, a pesar de las injusticias del mundo. Es expulsada de la casa de Abraham y enviada al desierto de la muerte junto con su hijo. Pero, Dios escucha el llanto de su hijo y llama a Agar; luego la bendice junto con su hijo moribundo. Savina J. Teubal, en su libro *Ancient Sisterhood (Hermandad antigua)*, describe un interesante argumento sobre la tradición perdida con respecto a Agar y Saraí. Cuando la sociedad otorga el más alto valor de una mujer a las relaciones conyugales y a la maternidad, la investigación tiende a atribuir a todas las mujeres que no son esposas ni madres los roles de concubinas o prostitutas, o en el mejor de los casos, las tratan como si fueran invisibles. Las mujeres de las narraciones del Génesis no han escapado a este destino.[71] La misma injusticia deshumanizante se ve en el caso de Rut la moabita. Rut es usada como un medio para redimir a la familia de Noemí. Su suegra literalmente la usa y la expone hasta el punto de que debe tener un hijo que no será su propio hijo. Al final de la narración, Rut desaparece de la escena y el vecindario no la reconoce como la madre del niño, sino que reconoce a Noemí. *"Entonces Noemí tomó al niño, lo puso en su regazo y lo cuidó. Las mujeres que vivían allí dijeron: Noemí tiene un hijo"* (Rut 4:16-NVI). Teubal, sobre Agar, dice: "La Agar matriarcal, al igual que su contraparte bíblica Saraí, jugó un papel importante en la génesis de la cultura hebrea. Sin embargo, ella ha sido condenada a permanecer en la conciencia contemporánea como

---

[71] Teubal J. Savina, *Hermandad Antigua, las tradiciones perdidas de Agar y Sara* (Athens, Ohio: Swallow Press, 1997).

un simple complemento del patriarca Abraham. [72] Agar representa a aquellos que a lo largo de la historia han desempeñado un papel decisivo en la evolución de las culturas y la civilización. Pero, por el hecho de ser otros, o extranjeros, nunca aparecen en los registros oficiales. El hecho más sorprendente concerniente a Agar, según el texto bíblico, es que ella nunca pronuncia una palabra. Teubal afirma que las únicas características personales que se le atribuyen son que es egipcia, en lugar de hebrea.[73] Los mismo pasa con las inmigrantes.

¿Era Agar realmente una esclava como asumían los autores bíblicos, o era una esposa de Abraham como lo fue Saraí? Aludiendo las fuentes escritas del Pentateuco, Teubal argumenta que hay un malentendido sobre los roles de Agar como la esclava y Saraí como la esposa en la narración del Génesis. "no se reconoce que el enfoque en este episodio es sobre el esfuerzo de dos mujeres por procurarse la sucesión para sí mismas.[74] Este argumento cambia drásticamente en cuanto a la tradición cristiana acerca de Agar como la madre del hijo no prometido. También desafía la alegoría de Pablo en el Nuevo Testamento sobre Gálatas 4:21-31, acerca de los descendientes de Saraí como hijos libres en comparación con los de Agar como hijos esclavos. Desde el punto de vista de los inmigrantes, las comunidades en el exilio y los que están bajo la opresión y la pobreza, la interpretación de Teubal sobre Agar aporta una luz divina a su propia condición de extranjeros. Los coloca en una posición de seguir el ejemplo de Agar y buscar su propia liberación. La interpretación de Pablo puede continuar llevando incluso a aquellos cristianos muy devotos a marginar a sus semejantes como otros, sin tener en cuenta que el llamado cristiano tiene que ver con amar al prójimo como nos amamos a nosotros mismos. Pablo argumenta que los hijos de la promesa pertenecen a la ciudad celestial. En yuxtaposición, los hijos de la esclavitud pertenecen a la ciudad terrenal. Pero para los pobres de la tierra, las personas de color y los pueblos indígenas, la promesa debe cumplirse aquí y ahora. No hay mañana para ellos en lo que respecta a la liberación. Tienen que reflejarse en lo que el libro de

---

[72] Ibídem

[73] Ibíd. xxi

[74] Ibíd., 76

Apocalipsis visualiza acerca de la Nueva Jerusalén, que es descender a la Tierra, no ascender a los cielos. Mirando hacia atrás a la historia de Agar y Saraí, y teniendo en cuenta la suposición de la esclava y la esposa, llegamos a ver que Saraí está enojada, no principalmente por un desaire personal, y ciertamente no por celos femeninos, como dice la tradición. Más bien, ella está enojada porque el carácter de Agar no respeta las leyes que Saraí honra.[75]

¿Fueron Agar y su hijo Ismael receptores de las bendiciones de Dios como lo fueron Saraí y Abraham? Si los lectores se acercan al texto bíblico buscando la gracia y el amor de Dios, es posible encontrar estos atributos de Dios, actuando incluso en las vidas de esos extranjeros sin voz. Muchas personas en la Biblia, y en la vida cotidiana, no tienen voz por muchas razones. Entre estas razones encontramos a los que están en el poder que no permiten que los inmigrantes alcen la voz porque no hablan el mismo idioma. Además de eso, quienes escriben la historia, decidieron no incluir sus voces. La concepción de Ismael se describe dos veces, lo que sugiere que fue un evento de alguna consecuencia. El nacimiento del hijo de Agar es claramente un evento significativo en las vidas de Agar, Saraí y Abraham.[76] En muchos casos bíblicos, como en este de Agar, Dios decide intervenir, darles voz y obligar a los autores a escribirlo. Dios aparece y bendice a Agar la egipcia, la otra, la extranjera en la casa de Abraham. *"Dios oyó el llanto del niño, y el ángel de Dios llamó a Agar desde el cielo y le dijo: ¿Qué te pasa, Agar? No tengáis miedo, Dios ha oído llorar al niño mientras yace allí. Levanta al muchacho y tómalo de la mano, porque yo haré de él una gran nación. Entonces Dios le abrió los ojos y vio un pozo de agua"* (Génesis 21:17-19). Esta es una clara indicación de cómo Dios cuida de todos los que necesitan ser levantados/as. La Matriarca del Desierto es como Saraí, por dos razones: (1) Ella es una mujer bendecida con una epifanía (2) cuyo hijo se convierte en la manifestación de su visión.[77] Agar tiene su propio encuentro con el Dios del desierto como aquellos inmigrantes que hoy experimentan un encuentro con el Dios vivo, mientras atraviesan el

---

[75] Ibídem

[76] Ibíd., 81

[77] Ibíd., 154

desierto antes de entrar en lo que se supone la Tierra de la Prosperidad. Agar, como hemos visto, no era una pobre esclava arrojada al desierto con las manos vacías, como causa involuntaria de la furia de Saraí. Se va con su hijo adulto, libre para encontrarse con un nuevo destino. Como Agar, todos los inmigrantes pueden tener la esperanza de encontrar un destino diferente para sus vidas. Dios aparece, incluso en medio del desierto. De hecho, esta siempre al lado y caminando con sus criaturas por el desierto.

El Dios vivo del desierto es el que trata a Agar e Ismael, no como esclavos, o personas expulsadas destinadas a morir. Por el contrario, Dios los trata como seres humanos que tienen derecho a vivir y a ser alguien. Fueron enviados al desierto de la muerte, pero fue en ese lugar aislado donde fueron encontrados por el Dios de la vida. Una característica interesante de Agar es que se convierte en el primer personaje de la Biblia en llorar. En ese sentido, se convierte en la madre de todos los que lloran.[78] Los inmigrantes que llegan al Norte pueden ser identificados con Agar cuando salen de su casa, o se ven obligados a abandonarla. La mayoría de ellos/as tienen que llorar en voz alta o en silencio. Pero, tanto para ellos como para Agar y su hijo, las aguas del llanto ceden ante el agua de la vida. Incluso cuando Agar es una de las figuras centrales de esta fascinante narración, la línea masculina prevalece como lo hace en casi toda la Biblia. La promesa es que Ismael, no Agar, será una gran nación. Al encontrar para Ismael una esposa egipcia, ella busca para sí misma un futuro que Dios le prometió.[79] La negligencia de cuidar y amar a los extranjeros que viven entre el pueblo escogido no es necesariamente el propósito de Dios. Este descuido tiene que ver básicamente con la incapacidad de los seres humanos para aceptarse unos a otros y vivir en comunidad y reciprocidad. El prejuicio de superioridad debido a un llamado supuestamente especial de Dios, y el maltrato a aquellos que no son considerados parte de pacto (divino), no solo destruye la vida de los demás, sino que también obstruye el plan de liberación de Dios para toda la humanidad.

---

[78] Trible Phyllis y Russel M. Letty, ed. *Hagar, Sarah, and their Children, Jewish, Christian, and Muslim Perspectives (Agar, Sarah, y sus hijos, perspectivas judías, cristianas y musulmanas)* (Louisville, KY: Westminster John Knox Press, 2006). 49

[79] Ibíd., 50

PREGUNTAS DE ANALISIS:

1. ¿En qué sentido el llamado a Abraham para dejar su tierra y familia e ir en busca de una tierra desconocida se parece al llamado de los inmigrantes?
2. ¿En qué sentido la vida aprendizaje de los hebreos en Egipto se similar a la de nuestras comunidades inmigrantes?
3. ¿Como podemos evitar los cristianos inmigrantes caer en el error de encapsular a Dios como algo que solo nos pertenece a nosotros/as? ¿Cuáles serían las consecuencias?
4. Normalmente la gente que pertenece a la cultura dominante cree que hace un favor aceptando las minorías. ¿Como puede la iglesia contribuir para que las comunidades inmigrantes no sean explotadas y abusadas como sucedió con Agar?
5. ¿Cuáles serían los resultados si las comunidades inmigrantes hispanas viviendo en los Estados Unidos escribieran su propia historia? ¿Qué papel podría desempeñar la iglesia en ese proceso?

CAPÍTULO 5

La diáspora judía

El término diáspora ha sido utilizado en la historia por los intérpretes bíblicos para ser aplicado a los judíos que viven fuera de Palestina. Pero en el transcurso de los años ese término también se aplica a casi cualquier grupo que vive fuera de sus propias fronteras. Los diccionarios, por supuesto, nos proporcionan algunas definiciones muy útiles de la siguiente manera:

> Diáspora: la dispersión de los judíos fuera de Israel, desde la destrucción del templo de Jerusalén en 587-86 a.C., cuando fueron exiliados a Babilonia, hasta la actual dispersión - propagación generalizada o expulsión de la diáspora - la dispersión o propagación de algo que originalmente estaba localizado (como un pueblo, lengua o cultura).[80]

> La diáspora se define también como: a. El asentamiento de colonias dispersas de judíos fuera de Palestina después del exilio babilónico. b. el área exterior colonizada por judíos. c. los judíos que viven fuera o modernos.

> El término 'diáspora' se toma prestado del griego (*diaspra*), que significa 'dispersión' o 'dispersión'

---

[80] *Diccionario en línea, http://www.thefreedictionary.com/diaspora*

(*diaspero*, '*esparcir*' o '*esparcirse* '). Tradicionalmente, el término se ha aplicado al exilio de los judíos lejos de su patria histórica y entre innumerables otras tierras de pueblos. Willian Safran ha clasificado a la diáspora judía como el "tipo ideal" de todas las diásporas.[81]

Así como los judíos durante los tiempos bíblicos habían estado viviendo en todas partes en este planeta debido a motivos económicos, políticos y religiosos, miles de personas de la misma manera, especialmente del llamado 'tercer mundo', viven hoy fuera de su propia tierra debido a las fuerzas de la globalización. La diáspora puede ser tanto una bendición como una maldición. Por lo general, es una bendición para los pocos que están conectados con los poderes económicos y políticos de este mundo. Pero es una maldición, para las mayorías, aquellos que están literalmente dispersos de su propio entorno, y tienen que buscar lugares que no les pertenecen para poder sobrevivir. La diáspora tiene que ver con estar fuera de la tierra de cada uno, y convivir ricos y pobres, en las mismas ciudades. Hoy en día, la diáspora global puede ser una unidad de nacionalidades y segregación al mismo tiempo.

La experiencia del desplazamiento

La idea de la diáspora supone que las comunidades globales tienen un centro, un lugar con el que los africanos en la diáspora africana, los irlandeses en la diáspora irlandesa y los mexicanos en la diáspora mexicana pueden identificarse y pensar, y tal vez incluso anhelar regresar.[82] La experiencia del desplazamiento tiene graves consecuencias para las personas cuyas vidas han sido desarraigadas de sus aldeas o comunidades. Parece que muchas personas de la tierra están destinadas a sufrir desplazamientos, y se ven obligadas a adaptarse a

---

[81] Segovia Fernando, ed., *Interpreting beyond Borders* (Sheffield: Press, 2000).14Sheffield University

[82] Aviv Caryn y Shneer David. Nuevos judíos, *el fin de la diáspora judía* (Nueva York y New York University Press, 2005) 3London

una nueva vida, que no es la que han soñado para sus familias. Aviv y Shneer señalan que, dentro de algunas culturas y memorias judías, la diáspora como *galut* (*equivalente más cercano a diáspora, pero término negativo*) ha significado una condición espiritual y escatológica demonizada, conectada con la idea negativa del exilio, la falta de hogar y el anhelo de un regreso a Sion bajo la guía del Mesías. Este sentido de pertenencia y no pertenencia a los lugares donde la gente vive en la diáspora, provoca algún tipo de desorientación. Tradicionalmente, existe la creencia de que el pueblo judío siempre ha tenido la idea de regresar a casa. Tiene sentido porque es el anhelo de cualquier persona o comunidad. En la situación particular de los judíos, la Biblia misma describe que tenían en mente la idea de sobrevivir y poseer un lugar permanente donde quedarse y vivir como pueblo de Dios. Aviv y Shneer afirman que Jeremías, el primer teórico de la diáspora, que presenció la destrucción del primer templo en 586-87 a.E.C., y el posterior exilio babilónico, sugirió una estrategia particular de supervivencia (Jer. 29). Los judíos necesitaban crear un concepto de diáspora que les permitiera estar en casa dondequiera que estuvieran, al mismo tiempo que mantenían un recuerdo de un lugar que los conectaba con Zion[83] En este sentido, los inmigrantes actuales, que viven en la diáspora en todo el mundo, y especialmente los que viven en los Estados Unidos, necesitan verdaderos profetas que los guíen para organizar y crear el concepto de hogar en los lugares donde viven. Mientras tanto, todavía pueden mantener el sueño válido de regresar a sus países de origen.

En la actualidad las potencias políticas y económicas, practican una estrategia de desplazamiento hacia las comunidades pobres. Con el pretexto de proveer progreso y seguridad a las comunidades, se implementan macroproyectos de construcción, centros comerciales y otros. A cambio de ello, las familias pobres son desplazadas de su hábitat natural para readaptarse a otros lugares donde tal vez nunca quisieron estar. Este movimiento de desplazamiento también incluye cierre de negocios creados por grupos minoritarios lo cual da lugar a nuevos comercios manejados por quienes ostentan el verdadero poder económico al servicio del gobierno local. Por ejemplo, hoy en día Oakland California vive un proceso de gentrificación/desplazamiento

---

[83] Ibíd. 4

muy agresivo apoyado por sus gobernantes. La alcaldesa Libby Schaff fue descubierta haciendo negocios privados, beneficiando a corporaciones y básicamente dándoles carta libre para seguir este despiadado proceso de falta de respeto a nuestras comunidades, a la vida de las personas pobres. En septiembre 2016 se anunció la llegada de Google al barrio de Fruitvale. Un barrio que se identifica por la alta concentración de familias de México y Centro América, con pequeños negocios familiares que han salido adelante por el apoyo de su propia comunidad que ahora está siendo desplazada. La misma comunidad que le ha dado a Fruitvale su aire de barrio, sus calles de familias indígenas caminando, panaderías, tiendas de esoterismo, curanderismo y pésimas de amor. El barrio de Fruitvale fue donde este sistema mato a Oscar Grant, donde nos han cortado festivales organizados por la comunidad para tener ahora cosas impuestas por el gobierno local en busca de hacer nuestros barrios más atractivos a los integrantes de la cultura dominante, para que traigan su privilegio y su ignorancia, apoyados por el gobierno y las corporaciones, para desplazarnos una vez más. Para hacernos sus sirvientes invisibles una vez más. La gentrificación es un acto criminal y debe ser visto como tal. Un acto criminal donde el gobierno, las corporaciones y el privilegio de unos cuantos arrebatan el derecho a una vida buena y tranquila que todos nos merecemos (https://www.lefthandrotation.com/museodelosdesplazados/colaboraciones/encinal/).

Estar conectado a un lugar sagrado requiere una práctica emocional, espiritual y de esperanza. Históricamente, los judíos experimentaron esa sensación de tener un lugar sagrado, no solo para elevar sus oraciones, sino también para regresar algún día allí, a su propio hogar. Salomón, cuando estaba dedicando el templo de Jerusalén, describe su visión y deseo por el pueblo de Dios. *"Y si cambian de corazón en la tierra donde están cautivos, y se arrepienten y te suplican en la tierra de su cautiverio, y dicen: "Hemos pecado, hemos hecho lo malo y hemos actuado mal, si se vuelven a ti con todo su corazón y con toda su alma en la tierra de su cautiverio, donde fueron tomados, y orad hacia la ciudad que has escogido y hacia el templo que he edificado a tu nombre, y luego desde el cielo, tu morada, escucha sus oraciones y sus súplicas, y defiende su causa"* (2 Crónicas 6:37-39). En la teología de

Salomón, Dios era un juez misericordioso. Si la gente comete pecado, puede ser esparcida a otras tierras donde vivirá en cautiverio. Pero, si oran y piden perdón a Dios, el Señor los escucha y los perdona de sus pecados. Con esto en mente, Salomón se está asegurando de que la nación mantenga una conexión con el lugar sagrado. De hecho, esa idea mantuvo a muchos de ellos fieles al único Dios mientras vivían en el exilio. Muchos comentaristas están de acuerdo en que los judíos estaban más comprometidos con Yahveh y su religión fuera que dentro de su tierra natal.

El mismo fenómeno ocurre con muchos inmigrantes que viven en los Estados Unidos. Es oportuno comentar que las razones para estar en el exilio, o cautivos en otra tierra; no son necesariamente los mismos por los que Salomón ora con respecto a su propio pueblo. Salomón afirma que las personas de poder pueden ser enviadas cautivas a otras tierras debido a sus pecados. Aquí, se supone que el pecado es cometido por aquellos que eventualmente son enviados al cautiverio. Pero muchas comunidades de inmigrantes que viven en los Estados Unidos se han visto obligadas a ir al exilio, no por su propio pecado, sino más bien por el pecado de aquellos que están en el poder y el control de las naciones. En ese sentido, su deseo y su oración no es necesariamente regresar a esos templos o ciudades bajo el control de los sistemas tradicionales, sino permanecer en el exilio antes regresar a sus propias comunidades amadas. Sus lugares sagrados ni siquiera son sus propias casas, porque en la mayoría de los casos no tienen una. En cambio, sus lugares sagrados son su entorno familiar-comunitario. Las personas que habitan esas comunidades son las que han jugado un papel significativo en su formación espiritual, social y política. Es por eso por lo que, para ellos, para sobrevivir como una diáspora de esperanza, necesitan un ambiente de aceptación de los demás y entre ellos mismos. Necesitan encontrar lugares donde puedan practicar su espiritualidad sin ser rechazados debido a sus propios valores culturales y religiosos.

La dispersión pone a las personas en posición de tomar decisiones serias sobre sí mismas. Esas decisiones suelen tener implicaciones en sus valores morales y espirituales. En la experiencia particular de los judíos, Avid y Shneer argumentan que, al vivir en el exilio, después de la destrucción del Segundo Templo en el año 70 E.C., los judíos rabínicos crearon una diáspora que los guio para estar en casa dondequiera que estuvieran, mientras mantenían las diferencias culturales de las otras personas con las que vivían.[84] No tenían otra opción. En consecuencia, tuvieron que desarrollar sus propias formas de sobrevivir y mantener sus valores y principios religiosos. Tuvieron que construir significados de hogar dondequiera que estuvieran en la diáspora porque ya no había una patria real para ellos.[85] Reflexionando sobre la experiencia judía, podemos ver cómo para los latinos/hispanos, también es un gran desafío crear un sentido de vida hogareña en los Estados Unidos. Desafortunadamente, ni siquiera las congregaciones cristianas en general, que existen en medio de esas comunidades tienen un sentido claro de lo que significa vivir en comunidad. Por lo tanto, estos hermanos y hermanas generalmente se sienten solos/as. Sus experiencias de cruzar la frontera, que en muchos casos ocurre más de una vez, antes de llegar al norte, lleva a los inmigrantes a crear una sensación de desconfianza en casi todas las personas, así como en las instituciones. Además de eso, se espera que el liderazgo posea una visión clara de cómo construir un sentido de hogar para los inmigrantes. Es obvio que los latinos en general tienen algo que aprender del modelo de la diáspora judía, particularmente aquí en los Estados Unidos. Dentro de una cultura moderna móvil, el símbolo de la mezuzá (rollo escrito a mano) arraiga a los judíos en los hogares y crea para ellos un sentido de comunidad. Desde el comienzo de la diáspora mítica, los judíos han creado rituales, construido estructuras y desarrollado relaciones que simultáneamente crearon un sentido de hogar en los lugares en los que viven y afirmaron las diferencias con respecto a quienes los rodean[86] En primer lugar, aprender a sobrevivir, y en segundo lugar, crear comunidades de intereses mutuos sin olvidar las propias raíces de las personas es muy importante y necesario. Estos dos elementos esenciales deben estar en los corazones y las mentes de aquellos que están comprometidos/as a hacer ministerio con y para las comunidades inmigrantes en esta nación.

---

[84] Ibíd. 5

[85] Ibídem

[86] Ibídem

El sufrimiento y la esperanza

La experiencia del dolor y el sufrimiento son parte de la naturaleza humana. Por supuesto, hay preguntas que deben plantearse sobre este tema. Por ejemplo, ¿Cuál es la fuente del dolor y el sufrimiento? ¿Es esa experiencia dolorosa algo que proviene naturalmente o es causada por las injusticias de este mundo? ¿Es ese sufrimiento infligido por otra persona? Reflexionando sobre la historia de Job en el Antiguo Testamento, podemos ver una experiencia que algunos intérpretes bíblicos llaman las dos dimensiones de la fe. El texto sagrado implica que Job no conocía la fuente de su desgracia. Simplemente estaba confiando en Dios. Sus respuestas a su esposa y amigos eran un reflejo de su fuerte fe en Dios, su creador. Pero, al mismo tiempo, Job también desafía a Dios poque no que cree ser merecedor del sufrimiento, el cual, el consideraba injusto. Así que la verdadera fe nos permite disfrutar de los momentos de felicidad, pero también nos permite hacer preguntas a quien tiene las respuestas correctas, Dios. En la experiencia de Job, Dios permitió que este hombre lo desafiara e hiciera preguntas. Ese proceso frustró a Job porque creía que era un hombre justo. Pero al final de la historia, Dios le proporciona el alivio que necesitaba y restauró su vida de tal manera que su condición postrera fue mejor que la primera. Los judíos, como cualquier otro pueblo del mundo, que viven en la realidad de la diáspora, también han experimentado el impacto del sufrimiento. Ellos, en muchas ocasiones han tenido que sufrir bajo las exigencias y amenazas de sus enemigos, como es el caso de Ester, otro personaje bíblico. Por esa época los judíos vivían en el exilio, según el texto bíblico; la judía Ester fue nombrada reina del imperio de Media y Persia, mientras que el trono era ocupado por el rey Jerjes. Amán, uno de los sirvientes favoritos del rey, concibió la malvada idea de exterminar a los judíos del reino. El edicto decía: *"Se enviaron correos a todas las provincias del rey con la orden de destruir, matar y aniquilar a todos los judíos, jóvenes y viejos, mujeres y niños pequeños, en un solo día, el día trece del mes duodécimo, el mes de Adar, y saquear sus bienes."* (Ester 3:13 NVI) Finalmente, por la intervención de Ester, el edicto del rey fue revocado (permitiendo a los judíos defenderse) porque Ester y su pueblo tenían fe en que algo grande iba a suceder a su favor.

La fe en lo divino es una realidad tan poderosa que incluso cuando no podemos ver con nuestros ojos humanos las evidencias del cambio, todavía creemos y esperamos que Dios responda con amor y poder. La soberanía de Dios es una indicación de que Él tiene el control de cada aspecto de nuestras vidas, sin importar cuáles sean las circunstancias. Esta realidad nos recuerda la experiencia de Daniel y sus amigos en el Antiguo Testamento, que también vivían en el exilio. El rey de Babilonia exigió a todos que adoraran a su propia estatua. Daniel y sus amigos fueron llamados a seguir y obedecer el mandato del rey, pero su fe en Dios creó para ellos la esperanza de que Dios tuviera el control, y decidieron no obedecer la orden del monarca. Aquellos que se negaran a adorar la estatua iban a ser arrojados a un horno ardiente. Pero, basándose en su fe en Dios, estos hombres son capaces de responder al rey con confianza. Ellos dijeron: *"Si somos arrojados al horno ardiente, el Dios a quien servimos podrá salvarnos de él, y Dios nos librará de tu mano, oh rey. Pero, aunque Dios no lo haga, queremos que sepas, oh rey, que no serviremos a tus dioses ni adoraremos la imagen de oro que has levantado"* (Daniel 3:17-18 NVI). Lo que encontramos en este texto es una prueba de verdadera fe y esperanza. En hebreo, «esperanza» (תקוה/מקוה; tikvá) se asocia con Dios, por lo que el término expresa confianza, no en un resultado futuro, sino en una fuerza divina presente.

Fernando Segovia, dice que "la diáspora surge como el movimiento voluntario y forzoso de personas de su tierra natal hacia nuevas regiones".GriffithsTiffin[87] Ya sea voluntaria o forzada, la mayoría de las personas experimentan una profunda sensación de sufrimiento, simplemente porque sus corazones están atados al entorno donde nacieron. Inexplicablemente, del fondo de ese sufrimiento emerge una fe viva y fuerte que mantiene a las personas creyentes con esperanza en una acción divina o sobrenatural que pueda rescatarlas de su dolor y miseria. La esperanza de volver a casa se describe en el artículo *Diaspora Blues de la* siguiente manera: *"Los primeros colonos vinieron por una variedad de razones. Algunos querían escapar de las asfixiantes limitaciones del dogma religioso y de las comunidades aldeanas de Europa oriental; otros pensaron que aceleraría la venida del Mesías. A*

---

[87] Segovia Fernando, ed. *Interpreting Beyond Borders* (Sheffield: Sheffield University Press, 2000).16

medida que crecía el antisemitismo europeo, se afianzó la idea de que los judíos necesitaban su propia tierra como refugio seguro. Después del Holocausto, salvar vidas judías se convirtió en la primera prioridad del incipiente Estado. Pronto, adquirió otro papel: ser un potencial ciudadano israelí se convirtió en uno de los puntos de anclaje de lo que significaba ser judío"[88] Al igual que otros pueblos en la diáspora, los judíos en muchos casos también sueñan con volver a su propia patria. La identificación con el medio ambiente y particularmente con la tierra es algo que no se puede borrar del corazón de los seres humanos.

La bendición de la diáspora

Fernando Segovia identifica tres etapas de la diáspora judía. La primera presenta personas o tribus. La segunda encuentra a este pueblo en contacto cultural, social y político con otras personas. La tercera está constituida por la existencia diaspórica, entendida no como un resultado inevitable de la guerra, sino como una elección voluntaria.[89] En medio de esta dinámica (diaspórica), el judaísmo y el cristianismo emergen como una forma de bendición para todas las naciones, pero también como una forma de universalismo. Al leer el libro de los Hechos, el lector puede apreciar el expansionismo del cristianismo entre las comunidades de la diáspora. La salvación en Cristo era el punto central de la conversión en aquellos días. El argumento apostólico y el corazón de la predicación era la demostración de que Jesús era el Mesías judío anunciado por el Antiguo Testamento y que había resucitado. El punto de conflicto entre cristianos y judíos era que Jesús había venido a salvar a todas las naciones (según los cristianos) y no solo a una en particular, en este caso la nación de Israel. A este respecto se produce una oposición binomial: el cristianismo a través del apóstol Pablo, que representa el espíritu y el universalismo, y el judaísmo a través de los rabinos, que representa el cuerpo y el particularismo. El tema de la discusión tiene que ver con

---

[88] De la edición impresa de The Economist, http://www.economist.com/opinion/displaystory.cfm?story_id=8527427 (Diaspora Blues, 11 de enero de 2007)

[89] Segovia Fernando, ed., *Interpreting beyond Borders* (Sheffield: Press, 2000).25Sheffield University

que, si la intención del cristiano es compartir el amor, el perdón y la reconciliación de Dios, permitiendo que las personas practiquen sus propios valores culturales, o imponer los propios valores culturales de la fe cristiana. Las comunidades en la diáspora ya sean judías, cristianas o otro tipo de fe, pueden ser una bendición si comparten sus propios y ricos valores adquiridos en su tierra natal. Por supuesto, depende de la población local, si son lo suficientemente abiertos como para permitir que otros compartan esos valores. Con el bautismo en Cristo, tiene lugar un nuevo nacimiento en el que una genealogía literal es sustituida por una alegórica. Todas las diferencias corporales, incluidas las que existen entre judíos y gentiles, desaparecen, afirma Segovia[90] La fe global o universal puede tender a crear, por un lado, un sentido de dominación-expansionismo por parte de quienes la predican y, por otro lado, un sentido de resistencia por parte de los oyentes. La mala interpretación de lo que realmente significa amar al prójimo, no destruirlo, puede causar una confrontación, en lugar de una oportunidad para la reconciliación. Desde el punto de vista de la Biblia, con el discurso de Pablo sobre la igualdad, se siembran las semillas del antijudaísmo y el antisemitismo. Contra cualquier división de cuerpo y espíritu y cualquier tipo de genealogía alegórica, los rabinos insisten en la centralidad de la condición de pueblo y la especificidad cultural del judaísmo. Impulsado por su decidida resistencia a la asimilación y aniquilación en la diáspora, el judaísmo rabínico produjo una praxis de caridad comunitaria que no se extendió a los demás.[91]

La diáspora judía ha sido un movimiento religioso y económico a lo largo de la historia. En *The Commerce of the Sacred* Jack N. Lightstone, afirma: "Hasta cierto punto, los judíos del mundo mediterráneo fuera de Tierra Santa podían compartir la realidad creada y mantenida por el culto del templo de Jerusalén."[92] Se convirtieron en padrinos del lugar sagrado que era para ellos un recordatorio de la presencia de Dios. Ese lugar religioso significa una conexión real entre las personas y sus

---

[90] Ibídem

[91] Ibíd. 27

[92] Lightstone N. Jack, *El comercio de lo sagrado. Mediación de lo divino entre los judíos en el mundo grecorromano.* (Nueva York: Press, 2006).63Columbia University

valores de fe. Los judíos de la diáspora también eran más flexibles a la hora de aceptar las prácticas religiosas de los demás. Argumentando en nombre de los cristianos gentiles y de las personas incircuncisas, Lighstone señala que se les permitía entrar en las sinagogas, fueran cristianos bautizados o no, participaban en la liturgia de forma continua y practicaban con la comunidad judía muchos de sus ritos más distintivos.[93] Los judíos mantuvieron cuidadosamente sus tradiciones religiosas en todas partes. La religión es algo que para muchas personas constituye su propia identidad. No es algo opcional o intelectual, sino una forma de ser que emerge del fondo del corazón. Para los judíos en la diáspora, la mera presencia de los rollos de la Torá y los profetas hacía de la sinagoga un lugar sagrado, un lugar donde el cielo y la tierra se encontraban. Para la diáspora judía helenística, fue un cambio entre el concepto teórico de la Torá y la práctica. Vivir en la diáspora ayuda a las personas a ser conscientes de la necesidad de practicar la religión en comunidad. La praxis de la Torá, en la medida en que se convierte en un rito descentralizado y desnacionalizado, sigue siendo distinta del culto a la Torá tal como se expresa en el templo herodiano[94] Las prácticas religiosas y el potencial económico de la diáspora judía han tenido su propio impacto en la globalización del mundo. Dondequiera que se alojen, ya sea voluntariamente o por la fuerza, están comprometidos con la construcción de un sentido de comunidad, manteniendo los recuerdos de su tierra natal y apoyando la economía de su nación. No son una copia de un individuo o grupo determinado. Son una cultura diversa que sabe cómo lidiar con sus diferencias. Los judíos son un grupo de pueblos diversos con muchas culturas, hogares y formas infinitamente creativas de expresar lo que significa estar en casa, como judíos.

La diáspora puede ser una bendición cuando a sus constituyentes se les permite expresar sus propios valores culturales y religiosos sin prejuicios ni resistencia por parte de la cultura dominante en la que residen. Los colonizadores, que pretenden imponer sus propios valores de fe, tienen que entender que hoy en día no existe una teología única ni perfecta. La tarea de hacer teología ya no es un derecho exclusivo de la cristiandad occidental. Desde que Cristo es anunciado en el evangelio

---

[93] Ibíd., 67

[94] Ibíd., 76

como Emmanuel (Dios con nosotros), los pueblos de la diáspora no necesitan empezar a hacer teología a partir del cielo, sino más bien a partir de la tierra, desde sus experiencias cotidianas, de aquellos lugares donde encuentran a Dios. Esta forma de hacer teología tiene en cuenta el dolor, los sufrimientos, las heridas y las opresiones, experiencias que se colocan en el corazón de las personas. El punto de partida tiene que ver con el encuentro del divino Emmanuel, y el individuo o comunidad. Dios está en acción no solo en el cielo, sino también en medio de los seres humanos y de toda la creación. En contraste con la teología de la diáspora, basada en la vida cotidiana real, la antropología implícita en la teología occidental proviene de una metodología interpretativa que excluye las raíces del dolor y el sufrimiento humanos. Es obvio que las personas que viven en la diáspora tienen mucho que aportar a este mundo multicultural de la globalización. Al igual que con el concepto rabínico judío de pueblo, todos los grupos de la diáspora están llamados a mantener su propia identidad, que es una bendición de Dios el creador, y también a compartir la riqueza de su fe y valores culturales con el mundo en general.

PREGUNTAS DE ANALISIS:

1. La diáspora global puede ser una unidad de nacionalidades y segregación al mismo tiempo. ¿Como se refleja esa realidad en las congregaciones inmigrantes de habal hispana?
2. ¿De qué manera la experiencia migratoria impacta la vida de los inmigrantes en el sentido de no desear en muchos casos ser parte de los sistemas religiosos tradicionales?
3. ¿Qué cambios necesita hacer la iglesia para crear un verdadero sentido de hogar y comunidad para las comunidades inmigrantes?
4. ¿Como pueden las congregaciones crear espacios seguros para que las comunidades inmigrantes puedan expresar sus valores culturales y religiosos?
5. ¿Qué ajustes necesita hacer la iglesia para permitir que la diáspora latinoamericana en los Estados Unidos mantenga su identidad y a la vez comparta su riqueza cultural y fe?

CAPÍTULO 6

El éxodo hispano/latino y la creación de una nueva cultura

La Biblia comenta sobre dos eventos significativos que están relacionados con la salvación/liberación de la humanidad y de toda la creación. Primero, en el Antiguo Testamento el evento de salvación/liberación para Israel es el Éxodo. El pueblo escogido de Dios es liberado de la esclavitud en Egipto. La liberación se lleva a cabo, según el Antiguo Testamento, por el poder de Dios. Estas personas, bajo el liderazgo humano de Moisés, reclaman su libertad y van al monte para adorar y servir a Dios. Después del éxodo y la peregrinación por el desierto, su meta final, como Yahveh les promete, es la Tierra Prometida de Canaán. Durante su camino, según el texto bíblico estos hermanos y hermanas tienen que superar muchos obstáculos, físicos, emocionales y espirituales. Entrar y cruzar por el desierto da forma a su propia identidad cultural y espiritual. Los hebreos experimentaron la presencia y la acción de Yahveh mientras viajaban por el desierto. Segundo, en el Nuevo Testamento, el evento que marca la intención de salvación de Dios es la venida de Jesucristo, el Ungido de Dios. La misión salvadora de Jesús comienza cuando es bautizado en el rio Jordán por Juan el Bautista. El fiel judío-hombre-Dios, después de su bautismo, entra en el desierto, vence una variedad de tentaciones e inicia la liberación, física y espiritual, para toda la humanidad. La muerte y resurrección de Jesús son los signos de la salvación para todos/as, no solo para un grupo exclusivo de personas. Según el texto bíblico, Moisés no pudo entrar en la Tierra Prometida. Muere antes de que el pueblo cruce al otro lado del Jordán. Es Josué, el asistente de Moisés, quien conduce a los hebreos a su destino final, la Tierra Prometida. A diferencia de Moisés, Jesús el Cristo, en virtud de su ministerio de vida, crucifixión y resurrección vence el poder del pecado y la muerte. Jesús en la cruz de la liberación es coronado como Rey de reyes y Señor de señores. En ambos casos registrados en la Biblia, por un lado, Moisés y Josué conducen al pueblo a crear su propia identidad en una nueva Tierra, y, por otro lado, Jesús el Cristo conduce a la humanidad a una nueva identidad y realidad.

El éxodo latino/hispano no puede entenderse teológicamente sin estas dos experiencias bíblicas. En la mayoría de los casos, estas masas de seres humanos que emigran de sus propios entornos familiares a diferentes lugares desconocidos están buscando la salvación/liberación. Generalmente, son personas muy espirituales y fieles. Pero llegan al punto de buscar cualquier tipo de libertad cuando no pueden resistir la esclavitud de la pobreza, la opresión, la miseria y la explotación de los que tienen el poder y el control. Es entonces cuando estos hermanos y hermanas sin un líder humano como Moisés o Josué, encomiendan sus vidas a lo divino, y bajo el liderazgo de un coyote; ponen sus vidas en riesgo para adentrarse en la soledad del desierto. Desde la perspectiva de la mayoría de los políticos e incluso de algunos líderes religiosos, los coyotes son vistos solo como traficantes de seres humanos. Efectivamente, lo que están haciendo especialmente es ente tiempo es traficar con vidas creadas a la imagen de Dios, pero finalmente son ellos los que„ guían a los inmigrantes a lugares donde creen que pueden encontrar mejores oportunidades de vida. Por supuesto no se puede ignorar las cantidades exorbitantes de dinero y todos los abusos contra los inmigrantes. El desierto desempeña para los inmigrantes un papel de encuentro real con la divinidad. Pero también para muchos, se convierte en un lugar de encuentro con la muerte. Ese encuentro es una experiencia de transformación física y emocional. Es como cuando una mujer da a luz a un hijo/a. La vida de una mujer después de ese proceso nunca volverá a ser la misma. Es una experiencia dolorosa y gozosa al mismo tiempo. El éxodo latino/a hacia el norte es también como una madre dando a luz; es una experiencia de dolor y alegría. Se convierten en personas nuevas, con una nueva visión y, por lo general, con más coraje para enfrentar las luchas de la vida cotidiana. Virgilio Elizondo en *El futuro es mestizo*, se pregunta, "¿Es la frontera entre México y Estados Unidos la frontera entre dos naciones, o es la frontera de una nueva raza humana?"[95] Incluso, aun cuando Elizondo suena muy exclusivista al referirse solo a los mexicanos e ignorar al resto de los latinos, ya sea intencionalmente o no, tiene razón al concluir que la frontera entre los dos países del Norte es una zona de una nueva raza humana. Apoyándose en Octavio Paz, el célebre escritor mexicano, Elizondo encuentra que la definición de la frontera de estos dos países norteamericanos, como la frontera entre la alteridad absoluta.[96] El éxodo latino, como las dos experiencias bíblicas mencionadas anteriormente, es uno que enfrenta poderes emocionales, espirituales y físicos. Al final, muchos pueden cruzar el desierto, victoriosos/as, pero muchos otros derraman su sangre para mantener vivo el camino para otros que siguen los mismos pasos.

La experiencia de la vida o la muerte es el punto de partida de los latinos/as/hispanos para la creación de una nueva cultura. Una vez que estos hermanos/as están al otro lado de la frontera, ya no son las mismas personas. Elizondo al respecto afirma: "Los latinos estamos hablando y viviendo vidas que combinan tanto la crítica como la afirmación de los Estados Unidos y de nosotros mismos". [97] En mi opinión y basado en mi propia experiencia trabajando para una congregación latina/hispana durante más de 20 años, puedo observar tres tipos diferentes de grupos en las nuevas comunidades latinas. Pueden variar, por supuesto, de un lugar a otro, pero en general, la mayoría encaja en estos grupos dependiendo de la cantidad de tiempo que viven en este país y de su estatus económico y legal.

1. ***Los establecidos/asimilados:*** Ya han arreglado su estatus migratorio. Si tienen hijos, estos son bilingües o el inglés es su idioma principal. Muchos tienen su propia casa, un pequeño negocio o un buen trabajo estable. Algunos de ellos han

---

[95] Elizondo Virgilio, *El futuro es mestizo, La vida donde las culturas se encuentran, Edición revisada* (Boulder, Colorado: University Press of Colorado, 2000) xiv

[96] Ibídem

[97] Ibíd. xvii

solicitado hacer equivalencias de las carreras profesionales de sus propios países. Por lo general, estas personas generalmente tienen problemas con deudas ocasionadas por las tarjetas de crédito. Presentan una batalla mental entre la fe secular y la espiritual.

2. *Personas en proceso:* Tienen un tipo de permiso para trabajar (TPS) o estudiar. Han desarrollado algunas habilidades y, en general, tienen un trabajo estable. Tienen autos y otras pertenencias. La mayoría de ellos/as están muy comprometidos con la iglesia o con las escuelas de sus hijos. Están abiertos/as a servir y aceptar posiciones de liderazgo. Tienen algo de dinero en el banco o están construyendo una casa en sus países de origen.

3. *Gente en el desierto:* Son los recién llegados a la zona. No tienen ninguna inspección oficial. (La inspección es un equivalente burocrático a "sin papeles-indocumentados"). No hablan el idioma local y no conocen la cultura, el sistema social y religioso. Desean estar en una comunidad de fe, pero no necesariamente están listos para participar. Por lo general, no tienen familiares ni amigos En el área. Envían casi todo el dinero que ganan a sus familiares. Piensan que vinieron a Estados Unidos solo por dos o tres años. Siempre están dispuestos a mudarse a otro lugar (donde se les puede proporcionar un trabajo) y necesitan una comunidad real que los acepte.

Además de estos tres segmentos en la cultura inmigrante latina, tanto en Oakland como en otras ciudades del país, tenemos un nuevo movimiento de descendientes mayas. Estas personas están emigrando al Norte gracias al impacto negativo del movimiento de globalización económica en América Latina. Son únicos en su naturaleza, cultura, idioma, religión y sentido de comunidad. Como es usual, desde la perspectiva de la cultura dominante, estas comunidades mayas se colocan en la misma caja o sesto donde están el resto de las personas, son vistos como latinos/hispanos en general. Pero incluso cuando la mayoría de ellos, para sobrevivir, se ven obligados a ser asimilados tanto a la cultura latina como a la caucásica, todavía conservan en muchos casos su propia cultura, idioma y sentido de ser una comunidad. Estos grupos tienen en algunos casos líderes que son trilingües (lengua materna, español e inglés). Estos líderes, instruyen a sus amigos/as sobre cómo defenderse, especialmente contra los empleadores que tienden a explotar su gran capacidad de trabajo duro. Aquellos que están organizados por sus líderes no están dispuestos a trabajar por salarios muy bajos. Dado que la mayoría de ellos son recién llegados, lamentablemente aún no tienen ninguna autorización oficial para trabajar.

El éxodo latino/hispano ha sido por lo general una experiencia dolorosa que marca la vida de los inmigrantes para siempre. Los traumas son evidentes. Personalmente he escuchado muchas historias, historias increíbles, de personas que, por un lado, han sufrido mucho, y por otro han crecido en su experiencia de fe. Las siguientes son dos historias muy significativas. Estas son las historias de Rosy y Oto. Ambas historias son muy angustiantes y me tocaron profundamente cuando las escuché. Rosy es mi cuñada que tuvo que dejar su entorno, su madre y su única hija en Guatemala, su país de origen. En ese momento era una joven madre soltera. Puso su vida en riesgo solo para buscar una mejor oportunidad que le permitiera apoyar económicamente a su madre y a su hija. Como la mayoría de centroamericanos/as al cruzar México tuvo que fingir ser una mexicana. Después de cruzar el angustiosamente la frontera norte, ella y el resto del grupo caminaron y corrieron durante unas cuatro horas consecutivas sin comida ni agua. Hacia la mitad del camino, sus piernas ya no respondían. Le dijo al grupo: "No puedo seguir con ustedes, mi cuerpo no me sostiene más." Contó que su decisión era regresar si podía, o simplemente morir en ese lugar de agonía. Pensaba en su madre y en su hija todo el tiempo mientras estaba allí. Les prometió que tendrían una mejor condición de vida porque ella se iba al norte. Pero de repente, en medio del desierto, sintió que se enfrentaba a la sombra de la muerte. El grupo, como sucede la mayoría de las veces, comenzó a correr de nuevo. Pero dos hombres regresaron, la tomaron de sus brazos y la cargaron casi todo el camino. Para Rosy, esos dos hombres fueron sus salvadores. Ella dice: "Esa experiencia fue para mí como un renacimiento, independientemente de la angustia." Rosy pensó que sus piernas estaban atrofiadas. Tardó unas dos semanas en recuperarse y caminar cómodamente, después de llegar a su destino. Pero las marcas emocionales y el impacto de la experiencia duraron un poco más para que pudiera recuperarse.

La otra historia es sobre mi hermano mayor Oto. El dejó siete hijos y su esposa en su pueblo natal para embarcarse en la aventura rumbo el norte. Cruzó México casi sin problemas. Pero en el desierto, tuvo la experiencia más significativa y dolorosa de su vida. Los otros miembros del grupo, del que él formaba parte, se desmayaban porque habían estado corriendo durante muchas horas y no tenían más agua para beber. En algún momento mi hermano ni siquiera podía caminar. Decidió sentarse y descansar sabiendo que estar solo podría significar para él enfrentarse a la muerte. Algunos miembros del grupo continuaron su camino y otros simplemente se acostaron a la espera de lo que pudiera ayudarlos a mantenerse con vida. Mi hermano me dijo que después de unos minutos vio una luz que brillaba. Era la luz de la patrulla de inmigración. Los que estaban cerca de él decidieron esconderse detrás de los arbustos. Mi hermano no pudo hacer nada y decidió esperar *a que la migra* se acercara y lo tomara como prisionero. Fue arrestado y trasladado de inmediato a la prisión de inmigración. Fue estando allí, en la cárcel, que mi hermano experimentó una transformación. Algo muy inusual sucedió. Eran alrededor de las 2:00 a.m. cuando un oficial lo llamó. El oficial le dio la oportunidad de llamar a un familiar. Trató de llamarnos a su hija y a mí, pero ninguno de nosotros pudo atender la llamada en ese momento. Según el oficial, para que mi hermano fuera liberado, tenía que pagar una fianza de $ 10,000. De lo contrario, iba a ser deportado. Cuando el oficial se dio cuenta de que no podía contactarse con sus familiares, cambió de opinión y decidió liberar a Oto sin pagar ningún centavo. Además de eso, el oficial le compró a mi hermano un boleto de autobús para ir a donde vivía su hija. Antes de subir al autobús, el oficial le dio a mi hermano un papel y le dijo: "Con este papel nadie puede detenerte en tu camino hacia donde esta tu hija." Durante el viaje, dos jóvenes le ayudaban cuando necesitaba comprar comida, y en otros casos cuando necesitaba alguna traducción del español al inglés. Cuando Oto compartió conmigo la historia, dijo: "Tal vez, ese oficial de inmigración y esos dos muchachos no existían en absoluto, eso fue un milagro de Dios, Dios se me apareció." Las historias de Rosy y Oto son solo dos ejemplos vívidos de lo que experimentan los inmigrantes durante su éxodo a esta nación. Esas representan las historias reales que la mayoría de los inmigrantes han experimentado en lo más profundo de sus corazones. Ellas se convierten en parte de la transformación real y la identidad renovada de los inmigrantes.

Un viaje de la Tierra Prometida a Egipto

Las comunidades de latinos/hispanos que viven en los Estados Unidos necesitan determinar por sí mismas si su éxodo es un medio de liberación de la esclavitud de Egipto a la Tierra Prometida, o viceversa. Una vez que llegan al territorio de los Estados Unidos, ¿Realmente entran en una tierra de libertad y bendiciones? Si es así, ¿Están disponibles para ellos la relativa libertad y las bendiciones de esta tierra? ¿Pueden los latinos contentarse solo con el dinero extra que ganan al convertir los dólares a la moneda de sus países? ¿Merecen ser tratados sólo como brazos fuertes para trabajar duro, o como seres humanos con corazón? Pueden estar viviendo en las mismas ciudades que el resto de la población, pero aun así, están separados mentalmente. El racismo, el etnocentrismo y el clasismo están profundamente arraigados en las fibras que conforman la cultura de Estados Unidos.[98] Históricamente, muchas personas han definido a los Estados Unidos como la tierra de las oportunidades. Desde la perspectiva de los grupos cristianos tradicionales, USA representa para ellos la Tierra Prometida. Este país es un lugar lleno de muy buena gente cristiana, muchas oportunidades de trabajo, puertas abiertas para la educación y muchas otras "bendiciones." Esa imagen suele ser creada por algunos misioneros, quienes, imparten con sus enseñanzas su propio evangelio cultural, y definen su llamado como una bendición de Dios que provee todas las fuentes a una nación que está a favor de Dios. Con esta y otras imágenes en mente, y la urgencia de liberarse de la miseria local, la gente huye en busca de la bendición de este país. Es necesario reconocer que algunas personas pueden encontrarse con experiencias muy positivas. Pero la mayoría vive siempre, si es que vivir es el término adecuado, bajo condiciones de opresión, persecución e inestabilidad. Es la creciente fobia en los Estados Unidos la que trata de mantener

---

[98] Ibíd. 47

alejados a los ciudadanos mexicanos y latinoamericanos; los ciudadanos de origen hispano están experimentando una nueva segregación semi-legalizada.[99] Las organizaciones políticas, sociales y religiosas no son realmente conscientes de la nueva realidad de la cultura latina. Para la mayoría de estas organizaciones, todos los hispanos son los mismos vagos, incapaces de ser prósperos en sus propios países de origen. Su ignorancia les hace pensar que las personas, que no han tenido éxito, no pueden ser útiles en esta otra parte del continente americano. Es posible que no tengan la información, o ignoren que la miseria y la pobreza de esos países son creadas por la conspiración de las naciones poderosas y los gobiernos locales de los países pobres que se colocan a sus servicios. Elizondo vuelve a captar esta vívida realidad y afirma: "Todas las instituciones de nuestra sociedad han logrado mantener a los hispanos a una distancia segura. Unos pocos lo han logrado, pero es una lucha continua."[100]

Puede sonar poco realista pensar que si los latinos tienen todos los recursos que necesitan en su tierra natal, preferirían emigrar y venir a vivir a este lugar. Pero, para la mayoría de los inmigrantes esa es la verdad porque no tienen acceso a lo que les pertenece en su tierra. Lamentablemente, los países latinoamericanos han sido explotados al máximo que no hay esperanza de tener un mejor estado de vida para las comunidades. El mal de las guerras internas, con la intervención de fuerzas extranjeras, la pobreza y la inseguridad, son solo algunas de las razones por las que la gente prefiere emigrar al norte. Dada la fertilidad, el entorno ecológico, el hermoso paisaje y la hospitalidad de la gente, América Latina es la Tierra Prometida perfecta, excepto que la población local no tiene el control de los recursos. La mayoría de las personas en necesidad tienen hambre porque son pobres, no porque no haya comida disponible.[101] No hay duda que alguien los ha empobrecido. En el caso particular de mi país de origen, Guatemala, se dice que la riqueza de todo el país está en manos de sólo veinte familias. Con esa realidad en mente, es fácil concluir quién tiene el control no solo de los

---

[99] Ibíd., 51

[100] Ibíd., 53

[101] Birch C. Bruce y Rasmussen L. Larry, *Biblia y Ética en la Vida Cristiana, Edición Revisada y Ampliada* (Minneapolis MN: Augsburg Fortress, 1989).13

recursos, sino también de los sistemas políticos, sociales y religiosos. El éxodo al norte, como lugar de abundancia, pero de esclavitud al mismo tiempo, no es entonces una opción, sino una necesidad. Los riesgos del viaje y los problemas a los que se enfrentan los inmigrantes una vez que toman camino hacia el destino final no importan en absoluto. Al menos muchas de estas personas creen, antes de venir, que USA es un país cristiano que puede tratarlos un poco mejor. Una vez que estos hermanos y hermanas viven en este lugar, su condición se convierte generalmente en una experiencia amarga con la que tienen que lidiar todos los días. Desafortunadamente, muchas de las actitudes negativas contra los latinos/as se llevan a cabo bajo la aprobación de las enseñanzas bíblicas mal interpretadas. Las interpretaciones son hechas por personas que, por su propia conveniencia, aplicaron el texto bíblico fuera de contexto. La ética de las comunidades bíblicas no es ni puede ser la misma que la ética cristiana para nosotros. La mala interpretación del texto bíblico podría servir para oprimir la existencia de los inmigrantes. Vivir en comunidades marginadas es entonces sinónimo de vivir en cautiverio. Como una nueva cultura, los latinos viven en los márgenes donde la sociedad en general espera una gran producción de ellos, pero sus valores son ignorados y reducidos a nada. Lejos de experimentar un sentido de aceptación en una comunidad de amistad, los inmigrantes suelen ser rechazados simplemente porque no encajan en los sistemas tradicionales, ni sociales, políticos ni religiosos. Comunidad es sinónimo de relación social, agencia moral y comprensión de nosotros/as como criaturas de Dios.[102] Las estructuras de las comunidades actuales pueden parecer teóricamente perfectas. La mayoría de las estructuras se crean para mantener el statu quo, pero no para cuidar a los seres humanos que forman parte de esas comunidades. Una comunidad real, y su cultura, no pueden existir y sobrevivir sin amor verdadero. La comunidad es una necesidad tanto individual como social. El amor es, por lo tanto, la ley primaria de su naturaleza, y la hermandad el requisito fundamental de la existencia social.

Los inmigrantes latinos, en su propia realidad como una nueva cultura, se enfrentan al problema de ya no ser identificados con sus países de origen. La ignorancia sobre los latinoamericanos obliga a otros

---

[102] Ibíd. 17

a definirlos solo como los latinos, hispanos ya otros generalmente se les definen como mexicanos. Miguel De la Torre, basándose en Edwin David Aponte, afirma: "De hecho, la agrupación de latinos y latinas en los Estados Unidos es más el resultado de la comprensión dominante de la raza y la etnia que de las raíces en América Latina."[103] Tristemente, aquellos que son muy nacionalistas son colocados en una posición en la que se ignora su propio origen, ya no son mexicanos, guatemaltecos, salvadoreños, colombianos, etc., sino latinos/as, o hispanos solamente. Esta nueva situación obliga a los latinos a hacer algunos ajustes dolorosos. Pierden algo de coloquialismo. Tienen que adaptar nuevas palabras a su propio vocabulario y tienen que dejar de usar otras. Esas son solo algunas de las implicaciones de la nueva cultura. El uso de "hispanos" o "latinos" comúnmente indica varios grupos colocados bajo un mismo paraguas demográfico. Ignorar la diversidad que existe en las comunidades latinas en los Estados Unidos impide que la gente conozca la riqueza que todos estos seres humanos traen a este país. No son personas sin cultura, religión e historia. En muchos casos, los antecedentes de estos seres humanos tienen sus raíces muchos años antes de lo que se puede imaginar. Los que se llaman "hispanos" ya son un pueblo multicultural, *un pueblo de diversidad*, herederos de muchas tradiciones, como se construye una nueva identidad y una nueva realidad aquí en Estados Unidos.[104] Las comunidades latinas inmigrantes, a medida que continúan creciendo y expandiéndose en los Estados Unidos, tienen la responsabilidad política de determinar, si quieren seguir teniendo en cuenta, como parte de su experiencia, que el lugar donde viven ahora es la Tierra Prometida, un símbolo de libertad, o como un símbolo de esclavitud. Para encontrar una respuesta a la pregunta de quién está definiendo quiénes son, es esencial iniciar una conversación crítica sobre ellos como una nueva cultura. Tanto desde el punto de vista teológico como sociológico, el "nombramiento" o "etiquetado" de un grupo de personas por parte de otro grupo puede verse como un ejercicio de poder y dominio.[105]

---

[103] De la Torre, Miguel A. ed., *Manual de teologías de la liberación de los Estados Unidos.* (: Chalice Press, 2004).162Danvers, MA

[104] Ibid 165

[105] Ibíd., 168

Hispano/a Latino/a bautizado bajo las aguas para cruzar el desierto

Es común escuchar a los latinos/as como cristianos inmigrantes decir que han sido bautizados más de una vez. Esto ocurre principalmente porque muchas personas transfieren su membresía de una denominación o de una iglesia a otra. Pero para los inmigrantes esto en referencia a su experiencia cruzando los ríos en los diferentes lugares de las fronteras, ya sea en México o en los USA. Como protestante, siguiendo la interpretación reformada del bautismo, creo que el candidato o nuevo convertido, es sellado, identificado e incorporado al pueblo de Dios a través del sacramento del bautismo. La celebración pública del sacramento implica una comprensión de este, como un evento comunitario, en lugar de algo que es un privilegio privado y exclusivo. En nuestra cultura latina en general, la celebración de este sacramento suele ir seguida de una fiesta. El adorno, la música y la comida, indican a la comunidad que algo especial está ocurriendo. En un mundo real, la familia, el vecindario y la comunidad están invitados a celebrar el evento. Pero en contraste, el bautismo de inmigrantes suele celebrarse de forma aislada y sin fiesta. Esa profunda experiencia es atestiguada por los miembros de un grupo de diferentes nacionalidades que se convierten en la nueva familia-comunidad. Ese evento bautismal es una conversión a una identidad comunitaria más universal o global. El encuentro con otros en el camino de la esperanza y del sufrimiento permite a estos hermanos y hermanas afrontar las dificultades que forman parte de su éxodo hacia una tierra extranjera. Teológicamente hablando, creo que esa experiencia hace que los latinos estén más abiertos a la creación de congregaciones multiculturales con más nacionalidades en el mismo lugar, en comparación con otras congregaciones de inmigrantes que son un poco más exclusivas quizás de una sola nacionalidad. En mi propio viaje hacia el norte, por primera vez pude ver a católicos romanos, protestantes y personas de otras tradiciones de fe transitando juntos/as por el mismo camino. Estaban viviendo el mismo proceso de conversión a una nueva realidad sin distinción. Ese proceso enseña a los inmigrantes latinos a ser más tolerantes y sensibles una vez que viven en los mismos lugares de esta nación. Este tipo de experiencia bautismal no es sólo una mera experiencia teórico-doctrinal. Como la experiencia de la nación hebrea, todo el pueblo es bautizado bajo las mismas aguas. Sería algo inimaginable si los teólogos, pastores y líderes en general pudieran prestar más atención a ese éxodo espiritual. Las iglesias en los Estados Unidos pueden ser menos exclusivistas y estar dispuestas a abrirse a sacudir un poco sus estructuras tradicionales para dar la bienvenida a otros, con una comprensión correcta de la experiencia de los latinos como una comunidad global en su viaje. Para abrazar una comunidad diferente, multiétnica y multicultural, se requiere una acción divina. La voluntad o falta de voluntad para aceptar y tolerar a los demás plantea algunas preguntas: ¿Está Dios todavía actuando en medio de nosotros/as? ¿Es Dios capaz y está dispuesto a actuar aparte de las estructuras tradicionales de la iglesia? ¿Está Dios caminando o corriendo junto a aquellos pueblos que a la vista de los políticos y algunos líderes religiosos están violando las leyes de otro país? En La *Trinidad y el Reino*, el teólogo Jürgen Moltmann afirma que "la empatía es la esencia de la naturaleza divina y la manifestación más pura de la salvación humana en comunión con Dios".[106] Para algunos cristianos, comparar la experiencia del inmigrante como un bautismo puede parecer una idea pagana o un sacrilegio. Puede ser cierto, especialmente para aquellos que creen que, si algo no se hace dentro de los límites del templo o estructura religiosa, no es algo que pertenezca a los principios de la iglesia cristiana. Una relectura del texto bíblico puede ser beneficiosa para ellos. A estos hermanos y hermanas hay que recordarles que Jesús, durante su ministerio terrenal, tuvo que actuar en muchas ocasiones fuera de la estructura establecida, para mostrar la intención de Dios de amar y perdonar a los pecadores. Jesús descendió a la tierra por simpatía hacia la raza humana. Jesús cargó nuestro sufrimiento sobre sí mismo antes de soportar la cruz.[107] Como cristiano inmigrante puedo decir que los milagros que estos hermanos y hermanas experimentan durante su viaje a los Estados Unidos son claros indicadores de apariciones divinas. En mi caso particular, esas manifestaciones, por supuesto, pueden no encajar en mi intelecto presbiteriano, pero encajan perfectamente en

---

[106] Moltmann Jurgen, *La Trinidad y el Reino* (Minneapolis, MN: Fortress Press, 1993).23

[107] Ibíd. 24

mi propio corazón de inmigrante latino. Dios es un ser divino fiel que se identifica con el dolor y el sufrimiento humanos. Moltmann dice que, en la comunión del pacto de Dios con Israel, Dios se vuelve capaz de sufrir.[108] Los inmigrantes latinos no pueden percibir a un Dios que está más allá de este mundo real y sufrido. Perciben, creen y confiesan a un Dios que está interactuando con y para ellos en sus experiencias cotidianas.

Al igual que sucedió con el pueblo de Israel en el desierto, los inmigrantes también entran en la dolorosa experiencia del desierto a medida que avanza su viaje. El optimismo habitual de los coyotes, la compañía de otros hermanos y hermanas de viaje, y la esperanza de que Dios los está protegiendo, permiten a estas personas enfrentar su experiencia sufrida, antes de llegar a su destino final a la Tierra Prometida, para algunos, y para muchos a Egipto. El desierto se convierte en el tema de conversación de la mayoría de los recién llegados. Dado que las leyes se aplicaron para evitar que los inmigrantes ingresaran a este país después del 11 de septiembre, es bien sabido por la mayoría que los coyotes están usando o abriendo nuevos caminos, hostiles y peligrosos para los seres humanos. El nuevo muro no impedirá que los inmigrantes dejen de venir. Los antiinmigrantes dicen que los que tienen la responsabilidad de proveer empleos y mejores condiciones de vida para los latinos, son sus propios gobiernos. Cuando los latinos organizan marchas, buscando una reforma a la ley de inmigración, la pregunta ignorante y ofensiva ha sido, ¿Por qué los latinos no se organizan de la misma manera y regresan para pedir a sus gobiernos que cambien las leyes allá? Todas estas personas insensibles ignoran, o tratan de ignorar, que el movimiento migratorio es causado principalmente por la explotación de las naciones poderosas del mundo, o la conspiración de los gobiernos locales con las naciones poderosas para vender los recursos que no les pertenecen a ellos, sino al pueblo. Cualquier persona racional puede entender que ningún ser humano, independientemente de su etnia, cultura y religión, quiere poner en riesgo su vida si tiene las cosas básicas para vivir o al menos sobrevivir. Los inmigrantes quieren liberarse del cautiverio de la pobreza, pero muchos no saben que por lo general van a ser prisioneros de otro cautiverio más sofisticado. Cruzan

---

[108] Ibíd. 25

el desierto natural del desierto para entrar en otro desierto antinatural de aislamiento, incomprensión y rechazo.

Resurrección a una nueva realidad

El impacto psicológico y espiritual del éxodo latino hacia el norte es notable. Al revisar la experiencia del inmigrante latino/a, tenemos que tomar en consideración al menos dos aspectos, uno negativo y otro positivo. El primero está relacionado con el cruce de la frontera de Estados Unidos. De repente, se despiertan a una realidad que es emocional y culturalmente negativa. Por lo general, son etiquetados/as como alienígenas inferiores por la cultura dominante. Aquellos que los etiquetan como solo extranjeros, ignoran las tradiciones y sentimientos que ellos/as traen de sus propias comunidades. Al respecto, Juan Flores, autor de *Bomba to Hip Hop*, afirma: "Muchas personas que ahora se consideran latinas o hispanas encuentran objeciones a esta etiqueta compuesta, ofendiéndose por la confusión de su herencia personal e histórica especial con la de otros."[109] Basado en los puertorriqueños y su relación con los Estados Unidos, Flores describe un ejemplo de cómo ellos, como puertorriqueños, han creado una nueva identidad en esta nación. Este es un proceso o movimiento que está pasando de la Bomba (cultura popular) al Hip Hop. Por supuesto, reconoce que no solo los puertorriqueños, sino todos los latinos en general han sido influenciados por la cultura y el poder de los EE.UU. La inmigración latina, en general, ha ocurrido bajo la influencia del poder. Directa o indirectamente, por razones positivas o negativas, esta desigualdad y dependencia han catalizado la inmensa atracción gravitacional a través del hemisferio dividido, que ha ido creciendo vertiginosamente durante el último medio siglo.[110] Los latinos, en virtud de vivir fuera de sus países de origen, y dados a la influencia de la sociedad local, resucitan a una nueva realidad que los coloca entre la espada y la pared. Los latinos que viven en los Estados Unidos son personas que no pueden

---

[109] Flores, Juan, *De la bomba al hip-hop: cultura puertorriqueña e identidad latina* (Nueva York: Press, 2000).7Columbia University

[110] Ibíd. 9

encontrar tiempo para procesar sus frustraciones y desesperaciones. Son empujados todo el tiempo por la necesidad de sobrevivir. Para ellos, tener dos trabajos, y en muchos casos tres, es la norma, no la excepción. En consecuencia, no pueden liberarse de las cadenas que los someten a la cultura local y les hacen perder la suya propia. Se necesitan momentos de libertad para captar momentos de libertad, afirma Flores[111] Las comunidades latinas viven en el limbo su mayoría. Incluso aquellos cuyo "estatus legal" está despejado no son plenamente aceptados y, en consecuencia, no tienen plena participación en los aspectos políticos, sociales o religiosos. argumenta que la experiencia de estar "en el medio", tan profundamente familiar para los puertorriqueños en los Estados Unidos, alberga la posibilidad de una intrincada política de libertad y resistencia.[112] Muchas personas en nuestras comunidades latinas muestran señales del desequilibrio en sus vidas debido a la realidad de la nueva cultura. Por un lado, no desarrollan un buen dominio de la lengua local (inglés) y, por otro, pierden algunas de las expresiones populares de su lengua materna. Es muy común que muchos latinos y latinas digan: "No estoy aprendiendo inglés y me estoy olvidando del español" Flores señala, "La diáspora de inmigrantes puertorriqueños ha estado extrañando sus idiomas una y otra vez, en su continuo viaje de ida y vuelta"[113] Esta dinámica que está en el corazón de la mayoría de las comunidades de inmigrantes, es uno de los factores por los que estas personas extranjeras están viviendo una realidad radicalmente nueva en este país.

Para las comunidades de inmigrantes, es emocional y espiritualmente angustioso vivir fuera de su tierra natal sin una definición de quiénes son realmente y cuál puede ser su futuro. Paulo Freire, el famoso pedagogo brasileño, afirma: "Aun cuando reconocemos desesperadamente el dolor y la desesperación de tantos que viven en la confusión de los desequilibrios nacionales e internacionales, seguimos siendo prisioneros desventurados de la ilusión de que vivimos en el nido de todos los

---

[111] Ibíd. 20

[112] Ibíd., 55

[113] Ibíd. 57

mundos posibles."[114] Las heridas de cualquier inmigrante, que ha pasado por la experiencia de dejarlo todo atrás, no son algo que se pueda curar fácilmente. En el lenguaje popular, los hispanos tienen una expresión que refleja cuál es su posición en relación con las heridas emocionales y espirituales. *"El tiempo cura las heridas"*. Eso puede ser cierto para algunos, pero para muchos otros, tienen que enfrentar la muerte sin experimentar un proceso adecuado de curación y restauración. Este proceso de sanación, que requiere una sensibilidad muy humana, no sucederá en una sociedad donde los inmigrantes, especialmente los latinos/hispanos, están siendo vistos en su mayoría, como objetos de producción y consumo. Posiblemente, el mayor reproche que Freire dirigió a la cultura autoritaria de su tiempo fue la desvitalización y desvalorización de la vida humana.[115] Al vivir en una sociedad que en su esencia es individualista, los latinos/hispanos eventualmente se convierten en parte de esa mentalidad y pierden su sentido de comunidad. Muchos de ellos/as, forzados por este mal externo del individualismo, incluso olvidan que en el camino, y como parte de su éxodo, recuperaron ese sentido de amor práctico y recíproco, no solo con personas de su propia ciudad, sino con todos de diferentes nacionalidades. Para Freire, "el amor es preeminente e irrevocablemente dialógico."[116] Desgraciadamente, en esta nueva realidad, las familias no tienen tiempo para crear un diálogo, ni siquiera entre ellas mismas. Las comunidades de inmigrantes hispanos necesitan desarrollar un proceso de reeducación para iniciar, un camino hacia el cambio del impacto emocional negativo de ser una nueva cultura sin una identidad propia. Este proceso tiene que incluir, por un lado, el elemento de eliminar algunos conceptos negativos y estereotipos impuestos sobre quiénes son y, por otro lado, retomar algunos de los valores culturales y religiosos que han dado forma a sus familias, tribus y población en general. Freire, argumentando sobre los supuestos de la cultura dominante con respecto a las clases bajas como inferiores o incapaces, y la posibilidad de cambiar esa mentalidad, afirma que el punto de partida de esta

---

[114] Freire Paulo, *Los maestros como trabajadores culturales, cartas a los que se atreven a enseñar, Edición ampliada* (Boulder Colorado: Westview Press, 2005). xxvii

[115] Ibíd. xix

[116] Ibídem xxx

práctica integral es saber, es convencerse, de que la educación es una práctica política.[117] La organización política es una necesidad urgente, pero bajo una estructura contextual.

El segundo aspecto es que después del largo y doloroso viaje desde la patria hasta los Estados Unidos, los hispanos se convierten en personas con más experiencia y conocimiento. Las comunidades latinas que viven en este país no pueden ser pesimistas en absoluto. También hay un elemento positivo que los convierte en personas con una perspectiva diferente del mundo y de la vida. Durante su éxodo conocen a muchas personas de casi toda América Latina a la vez. Eso no puede suceder si se quedan en sus lugares de origen. Otra marca importante es la fe que no podía llegar a ser tan fuerte sin sentir la profunda necesidad de depender del cuidado y la protección de Dios durante el viaje. Esas historias de transformación rara vez se revelan antes de la experiencia del éxodo. Y además de eso, una vez que se quedan en este país, no solo tienen la oportunidad de aprender al menos otro idioma, sino que también tienen la oportunidad de conocer gente de casi todo el mundo. Dado que suelen tener la opción de interactuar con estas variedades de comunidades internacionales a diario, su conocimiento cultural se amplía y su perspectiva del mundo tambien. En cierto modo, son comunidades con un conocimiento y una experiencia global. Eso puede darles la capacidad de organizarse, retomar sus valores, crear comunidades de intercambio mutuo y aprender a respetar e interactuar con los demás. Los latinos no pueden olvidar que también hay buenos valores de otras culturas que pueden ser aplicables a su propia realidad. Los hispanos tienen que aprender de sus propias experiencias, para construir comunidades de participación y respeto mutuo. Seguir las formas en que esta sociedad maneja el concepto de comunidad suele ir en contra de su naturaleza y cultura. Los latinos están, por definición, más orientados a la comunidad-familia. Por el contrario, la sociedad dominante de esta nación está más orientada al individuo. Para los intereses de la cultura dominante, los valores comunitarios latinos no cuentan. Los miembros de esta sociedad quieren que los hispanos sean individualistas para encajar en sus sistemas. En *Los latinos en Estados Unidos, lo sagrado y lo político*, David T. Ábalos señala que la sociedad

---

[117] Ibíd. 129

dominante no responde al respeto inherente a la relación de emanación, salvo para verlo como una debilidad que hace que algunos se aprovechen de nosotros.[118] Para que las comunidades latinas aprovechen esa vasta experiencia de superación de lo que se les ha puesto por delante, obstáculos que han estado tratando de impedirles llegar a su destino del norte, y convertirse en una verdadera organización cultural y religiosa, necesitan darse cuenta de que ahora son mejores que nunca de maneras inimaginables. Ahora pueden hablar de otras culturas no teóricamente, sino prácticamente. Pueden hablar de Dios no porque lo conozcan solo a través de la lectura de libros, sino a través de la experiencia real. Ábalos argumenta que, en virtud de vivir entre dos formas de vida, ninguna de las cuales funcionaba para nosotros, dio lugar a otra forma de vida, la deformación.[119] Pero los latinos tienen el poder de cambiar la inminente deformación. Necesitan mucho coraje y unidad para proceder con el cambio y la transformación. Ese es el mismo coraje que han ejercido durante su éxodo hacia el norte. Ábalos afirma que necesitamos salir de la "deformación" en el fondo del abismo como víctimas.[120] Para las comunidades latinas, el éxodo continúa incluso cuando ya viven en estas ciudades. Siguen marchando por los senderos del desierto esperando entrar en la Tierra de las oportunidades. En su camino diario, estas comunidades necesitan reflexionar y definir si viven en la Tierra Prometida o en Egipto. Para participar y alcanzar sus sueños tienen que organizarse en base a sus propios valores culturales y religiosos. Ábalos afirma: "Una cosa está clara, no pueden seguir viviendo este tipo de auto-heridas sin corroer su propia alma."[121] Al crear esta nueva condición de vida, las comunidades de inmigrantes latinos necesitan aprender a practicar la autoaceptación, la apertura y la tolerancia hacia los demás. Y, sobre todo, para recordarse a sí mismos, así como para enseñar a los demás, que sus diferencias son sus fortalezas, no sus debilidades.

---

[118] Ábalos David T., *Latinos en los Estados Unidos, lo sagrado y lo político, segunda edición* (Notre Dame, Indiana: Notre Dame, 2007). 224Indiana

[119] Ibíd., 239

[120] Ibíd., 240

[121] Ibídem

PREGUNTAS DE ANALISIS

1. ¿Cómo la experiencia de emigrar hacia el Norte y cruzar la frontera y el desierto, puede contribuir a la formación del carácter e identidad de una persona?
2. ¿Cómo puede el evangelio liberador de Jesús contribuir para proveer a los inmigrantes alivio de sus cargar y una eventual liberación de las cargas sufridas por la opresión de la pobreza y explotación?
3. ¿Cómo se explicar el hecho de que el éxodo latinoamericano hacia el Norte es como una experiencia de dar a luz a nueva criatura?
4. ¿Que debe suceder para que las congregaciones se conviertan en espacios comunitarios de aceptación para los inmigrantes?
5. ¿Por qué el amor verdadero es clave para la existencia de una comunidad y su cultura?

CAPÍTULO 7

La explotación del patio trasero

No hace falta ser expertos/as para saber y entender que Estados Unidos ha utilizado y tratado a América Latina durante años como su "patio trasero." En el año 2001, después de los terremotos ocurridos en El Salvador, un grupo de mi iglesia y voluntarios de otras organizaciones de la zona visitamos el país centroamericano. El propósito de nuestro viaje era ayudar en la reconstrucción de una escuela en un pequeño pueblo llamado San Rafael de la Loma, departamento de Cojutepeque. Durante nuestra estadía en aquel lugar, escuchamos una historia muy interesante relacionada con esta realidad de ser el patio trasero. De acuerdo con las conversaciones populares en la sociedad, un grupo de expertos en el país investigaba si los terremotos habían sido el resultado de una acción natural, o el de muchas toneladas de desechos nucleares que el gobierno estadounidense había arrojado sobre aguas salvadoreñas hacía algunos años. Narrativas reales como esta forman parte de la historia de los países de este continente. Históricamente, es imposible negar los intereses políticos y económicos del país del Norte en la zona. Los latinoamericanos saben muy bien cómo el que dice ser el guardia policial de América Latina prefirió apoyar a Inglaterra cuando se desarrollaban los conflictos entre Guatemala y Belice en los años 70, y también de Argentina y Islas Malvinas en los 80. Las nuevas generaciones guatemaltecas pueden ignorar (esperemos que no) el hecho de que, en los años 50, cuando el gobierno local estaba implementando una reforma agraria y repartiendo las tierras desocupadas con los campesinos, la CIA (Agencia Central de Inteligencia), apoyó a un grupo de soldados guatemaltecos comandados por el coronel Carlos Castillo Armas. Ellos entraron y derrocaron al gobierno en turno. Castillo Armas se graduó en Forth Leaven Worth, una instalación del Ejército de los Estados Unidos. El coronel Armas invadió su propio país con tropas entrenadas y equipadas para tal fin, con el patrocinio de la United Fruit Company. ¿Cuál fue la razón? La United Fruit Company ocupaba el 80% del suelo más fértil de Guatemala. ¿Cuál fue la excusa? Según su propio razonamiento, el gobierno del actual presidente en esos días, Jacobo Arbens, era un hombre comunista. Las consecuencias del intervencionismo norteamericano fueron el surgimiento de la guerrilla que duró más de 30 años, la consumación en el poder de un grupito de individuos adinerados normalmente fieles a los intereses norteamericanos y la conversión de la mayoría de la población a la extrema pobreza.

Con el surgimiento de otras potencias económicas como China, parece que las cosas están cambiando un poco en cuanto al trato con respecto a los intereses latinoamericanos. No significa necesariamente que dejará de ser un patio trasero. En cambio, el resto de este continente puede convertirse eventualmente en el patio trasero de otras potencias económicas y políticas. Después del 11 de septiembre del 2001, el gobierno, hasta cierto punto, comenzó a perder el control en todo el país. Los miembros del Congreso culparon al presidente Bush por el descuido de lo que, según ellos, había contribuido a un giro hacia la izquierda en toda la región, una intensificación de la lucha contra Estados Unidos, el clima y la creciente polarización económica. "La razón por la que estamos teniendo problemas en América Latina es porque no nos hemos enfocado, hemos desviado nuestra atención", dijo la representante Connie Mack, republicana de Florida, citada por el periódico.U.S. Latin América.[122] China es la potencia económica que está compitiendo y probablemente ganando algo de terreno en América Latina. Los chinos han invertido mucho en algunos países en nuestro continente en los últimos años, y están dispuestos a seguir mejorando su relación comercial con la región. Con demasiada frecuencia se le ha tratado como su propio "patio trasero", y pronto sentirá las

---

[122] http://news.monstersandcritics.com/americas/features/article_1272814.php/ Bush_tours_ Latin_America_no_longer_US_backyard 2007, 13:05 RESUMEN

repercusiones de sus políticas de abandono.[123] Los gobiernos de las naciones latinoamericanas son conscientes de las posibles repercusiones políticas y económicas que pueden enfrentar con Estados Unidos al buscar apoyo en otro lugar. Pero, al parecer, otras naciones les están brindando mejores oportunidades que su tradicional país aliado del norte. El siguiente fragmento del artículo asuntos políticos muestra cómo China planea expandir su dominio económico en el mundo.

> China tiene la intención de avanzar en su objetivo de convertirse en la economía más fuerte del mundo. Muchos analistas diplomáticos sugieren que el floreciente acuerdo transpacífico de cooperación económica entre China y América Latina, con 400 acuerdos y negocios ya firmados en los últimos años, podría ser el desafío más directo a la ahora multilateralizada Doctrina Monroe, emitida declaración de que Mezzo y América del Sur se encuentran dentro de la esfera de influencia de la empresa. Washington.
>
> Mientras que la administración Bush ha dado prioridad a la guerra contra el terrorismo, la estabilidad en Irak, los esfuerzos de reconstrucción en 2009 y la mejora de las relaciones con sus antiguos aliados en Europa, sistemáticamente está aprovechando los recursos de América Latina, una región a menudo con economías débiles y abierta a la diversificación de sus vínculos actuales con el país. El Dr. Riordan Roett, director del programa de Estudios del Hemisferio Occidental de la Universidad de Johns Hopkins University, 1999, fue citado en el artículo de Marx expresando un sentimiento similar: "Hay muchas cosas que suceden en la región en las que no está involucrado y realmente no parece importarle. es un ajuste maravilloso."[124]

---

[123] (http://www.politicalaffairs.net/article/articleview/712/1/78/)

[124] Ibídem

Esto podría ser un indicio de algunos cambios significativos en la agenda política de EE.UU. con respecto a la América Latina, pero de ninguna manera es una garantía de que pronto habrá un mejor trato para esas naciones empobrecidas.

La continuidad de la conquista europea

Se han cambiado los nombres de los pueblos que controlan y las armas utilizadas para conquistar, pero no los resultados desastrosos. Las grandes diferencias continúan en términos de qué naciones tienen el control y el poder, y cuáles son explotadas. Eduardo Galeano en su libro *Las venas abiertas de América Latina,* increíblemente expone sobre la historia de la explotación en el continente. La división del trabajo entre las naciones es tal que algunas se especializan en ganar y otras en perder, afirma Galeano. [125] Obviamente, las naciones de América Latina son las que al igual que sucedió durante la conquista española, hace 500 años, siguen siendo explotadas y destruidas. Los efectos impactan negativamente en esos lugares en las áreas política, económica y religiosa. Las naciones poderosas de la tierra han implementado formas de comercio, llamadas por ellas libre comercio, con el fin de seguir subyugando a los países débiles bajo su control. Galeano dice: "Cuanta más libertad se le dé a los negocios, más cárceles habrá que construir para los que sufren por ese negocio."[126] Países como los Estados Unidos, y, especialmente aquellos políticos que dicen ser cristianos, tienen que arrepentirse de la explotación y el saqueo que han llevado a cabo en América Latina. Las heridas infligidas a esas naciones han marcado la vida de la mayoría que vive en condiciones inhumanas. Esas heridas siguen sangrando abiertamente porque es la región de las venas abiertas. Todo, desde el "descubrimiento" de América hasta nuestros días, siempre se ha transmutado en la capital europea o más tarde en la capital de los Estados Unidos, y como tal se ha acumulado

---

[125] Galeano Eduardo, *Vanas abiertas de América Latina, cinco siglos del saqueo de un continente (*NY: Monthly Review Press, 1997). 1

[126] Ibídem

en un lejano centro de poder.[127] La desigualdad en términos de formas de vida, ingresos, salud y otros elementos esenciales de la vida humana es muy evidente. Esa desigualdad, por supuesto, también se refleja en las iglesias y su clero. En los Estados Unidos en general, y en particular en la Iglesia Presbiteriana, el salario mínimo es un tema de discusión debido a los pastores étnicos raciales. Irónicamente, los étnicos raciales son aquellos que, con pocas excepciones, suelen estar sobrecargados de trabajo para cumplir con sus deberes relacionados con sus ministerios. Es justo decir que algunos de estos pastores étnicos raciales tienen que buscar ingresos adicionales para completar sus presupuestos. Los pastores de iglesias pertenecientes a la cultura dominante en general no tienen que enfrentar ese problema. Somos la misma iglesia, practicamos el mismo "amor", pero tenemos un estatus de vida diferente. A finales del siglo XX, el ingreso per cápita de Estados Unidos sería quince veces mayor que el de América Latina.[128] La explotación ha sido el gran mal que ha destruido la dignidad de muchos seres humanos. Parece como si los colonizadores nunca hubieran aprendido que los nativos y los pobres también son personas con alma. Estos seres humanos sólo son diferentes a los colonizadores, pero no inferiores. Tienen derecho a vivir con dignidad y a ser receptores de los productos de su propia tierra. El orden colonial fue revivido con el reclutamiento forzoso de mano de obra y con leyes contra la vagancia, mientras que los trabajadores fugitivos eran perseguidos con armas.[129] ha sido y seguirá siendo en general un lugar donde las naciones poderosas del hemisferio pueden arrojar cualquier desperdicio que decidan que ya no es útil en sus propios territorios. Los países ricos están olvidando, o fingiendo olvidar, cómo adquirieron su riqueza. Toman decisiones sobre cómo las naciones pobres tienen que usar sus propios recursos y, en algunos casos, cómo elegir a sus propias autoridades o gobernantes. Galeano nos recuerda cómo la United Fruit Company en el pasado absorbió literalmente a los pequeños productores de Centroamérica y se convirtió en un gran monopolio en esa parte del continente. La United

---

[127] Ibíd. 2

[128] Ibíd. 3

[129] Ibíd., 106

Fruit Company absorbió a sus competidores en la producción y venta de banano y se convirtió en el principal *latifundista* (dueño de la tierra y sus recursos) de Centroamérica, mientras que su filial acaparó el transporte ferroviario y marítimo. Se apoderó de los puertos y estableció sus propias aduanas y políticas. El dólar, en efecto, se convirtió en la moneda nacional de Central América[130] La dominación, la explotación y la opresión han precipitado la continuidad de la esclavitud que ha sido la norma durante la historia de estas comunidades latinoamericanas desde que los españoles llegaron a 'descubrirla'. El colonialismo ha cambiado de manos y de lenguaje. Los resultados son los mismos porque la verdadera gente de la tierra se está empobreciendo cada vez más, y los ricos se están volviendo más ricos. La llamada libertad de los países latinoamericanos después de la independencia del dominio español o portugués es un sueño utópico, ilusorio. Es solo un concepto, pero no una realidad. En el concepto geopolítico del imperialismo, no es más que un apéndice natural de los Estados Unidos.[131] El Tratado de Libre Comercio entre Estados Unidos y Centroamérica (CAFTA, por sus siglas en inglés) firmado en 2004 es un ejemplo de esta realidad entre la nación más rica del norte y la mayoría de los países de Centro América. Se trata de un acuerdo de amplio alcance que regula muchas cuestiones: agricultura, telecomunicaciones, inversiones, comercio de servicios, propiedad intelectual, medio ambiente, etc. La filosofía y el objetivo teórico de este acuerdo es ayudar a los países en desarrollo a convertirse en países desarrollados. Pero en realidad, el CAFTA de Estados Unidos ha traído más daño que beneficio a los países centroamericanos. A lo largo de estos años, el único país que se ha beneficiado de este acuerdo es Estados Unidos. En contraste, desde la perspectiva de los centroamericanos, el CAFTA con Estados Unidos solo trajo más pobreza y miseria a sus familias y comunidades. Los términos de ese acuerdo se inclinan claramente a beneficiar a los Estados Unidos, y perpetúa la continuidad de la explotación de los países involucrados.

La perpetuación del colonialismo, la pobreza, la miseria y la esclavitud durante siglos en América Latina, practicada principalmente por países extranjeros con la aprobación de los gobiernos locales, ha

---

[130] Ibíd., 107

[131] Ibídem

provocado que el mal del desplazamiento se imponga sobre esos seres humanos. Ese fenómeno está afectando no sólo a individuos, sino también a comunidades enteras. Un ejemplo de esta realidad es descrito por R. Stephen Warner y Judith G. Wittner, editores de *Gathering in Diaspora*. Basándose en Nancy J. Wellmeier, analizan n un caso de Santa Eulalia, una comunidad maya de ascendencia guatemalteca en Los Ángeles, California[132] Esta comunidad, así como el resto de los *mestizos* (la mezcla de españoles e indígenas) fue desplazada de su propia tierra. Ellos, a diferencia de los *mestizos,* decidieron organizarse para mantener sus propias raíces culturales y religiosas. La comunidad de Santa Eulalia, contando con el buen liderazgo que surge de ella misma, decidió crear esta fraternidad, ante la falta de la integración de la Iglesia católica local.[133] Es usual, desafortunadamente, que muchas organizaciones religiosas asuman que los inmigrantes solo necesitan apoyo espiritual. Ignoran la verdadera motivación de las personas desplazadas de sus países de origen. Los miembros de la comunidad de Santa Eulalia, habiendo sufrido el impacto de los factores económicos y políticos, crearon su propia organización para lograr tres objetivos: (1) celebrar su servicio religioso tradicional en su propio idioma, (2) recolectar y enviar fondos para ayudar a reconstruir el edificio de la iglesia que había sido destruido por el fuego, y (3) preservar su cultura maya.[134] La fraternidad de Santa Eulalia es un excelente ejemplo de cómo toda una comunidad que es desplazada de su tierra natal, se ve obligada a practicar sus valores culturales-religiosos fuera de su propio entorno. Aunque los miembros de esta comunidad son pobres para los estándares estadounidenses, pagan alquiler, poseen vehículos, tienen un empleo relativamente estable y envían a sus hijos a escuelas públicas, afirma, Wellmeier.[135] Santa Eulalia es, sin duda, un modelo de comunidad que puede ser seguido por iglesias y otras organizaciones que pretenden apoyar a los inmigrantes en los Estados Unidos. Al

---

[132] Warner Stephen R. y Wittner G. Judith, eds., *Gathering in Diaspora, religious communities and the new immigration (*Filadelfia: Temple University Press, 1998). 97

[133] Ibíd. 98

[134] Ibíd. 100

[135] Ibíd., 102

menos, estas organizaciones establecidas pueden aprender formas viables de permitir que los grupos y las comunidades se organicen, y que no necesariamente les impongan sus propias formas de hacer y ser comunidades, ya sea de fe o de servicio social. Wellmeier señala que el grupo también ha tenido éxito en la incorporación de recién llegados. Por lo general, son hombres jóvenes parientes de amigos y miembros de la fraternidad.[136] Es un llamado divino para cualquier persona u organización con algo de fe cristiana en sus corazones, crear un sentido de hogar para las personas desplazadas que han sido explotadas en América Latina, y también empujadas a abandonar su entorno familiar. Por un lado, usarlo como patio trasero es un pecado. Y los que la perpetúan se convierten también en pecadores/as. Por otro lado, guardar silencio sobre esa realidad también es un pecado, y los que están en silencio también son pecadores/as por preferir el conformismo y la pasividad.

El impacto real de la globalización

Una de las formas más sofisticadas de explotación y desplazamiento en América Latina es la globalización económica. Este movimiento ha hecho más daño que beneficio a la ya empobrecida población. Cynthia D. Moe-Lobeda, en su libro Healing a Broken World (Sanando un mundo roto), describe en detalle cómo este movimiento económico-político ha tenido un tremendo impacto negativo en los países donde ha sido impuesto. El impacto que ha tenido la globalización, especialmente en los países del *tercer mundo,* es la desintegración de las comunidades locales. Dado que la democracia es el concepto político por el cual todos los seres humanos pueden ejercer sus derechos y tener la seguridad de construir mejores comunidades para todos, Cinthya afirma que la Globalización deshabilita la Agencia Moral al inhabilitar la Democracia. Moe-Lobeda identifica la globalización como una forma de colonialismo. Ella presenta en su libro *Healing a Broken World,* dos formas de colonialismo en Centroamérica llevadas a cabo por los Estados Unidos: (1) el mantenimiento del apoyo militar y la hegemonía

---

[136] Ibídem

(que aún se mantiene) y (2) el inicio del control a principios de la década de 1980 a través de la política económica neoliberal. Desde su propia perspectiva, la agencia moral es el poder de construir comunidades caracterizadas por una justicia ecológica y social sostenible. El modelo imperante de globalización económica amenaza el sistema de vida de la Tierra, la integridad y la diversidad cultural, y la vida de muchos pobres, con el fin de que algunos puedan consumir exorbitantemente y unos pocos acumular riqueza.[137] Ese es exactamente el modus operandi de este mundo injusto. Los pocos que acumulan riqueza suelen ser los que tienen el poder y el control sobre la mayoría que vive en la pobreza extrema. Algunas organizaciones religiosas no están exentas de esta realidad. Lo que guía el trabajo de Moe-Lobeda es la resistencia de la gente a la brutalidad económica sistemática y la creación de formas económicas que permitan que florezca la red de la vida en la tierra.[138] Moe-Lobeda desarrolla su argumento sobre dos normas morales: (1) Amor al prójimo, y (2) Relaciones tierra-humanos sostenibles y generativas. El amor es una energía que debe encarnarse en acción. El amor no puede ser entendido sólo como un concepto teológico. El paradigma imperante de la globalización económica está transformando la faz de la tierra. Quienes participan en este movimiento mundial no tienen en cuenta la identidad cultural y las necesidades de esas personas explotadas. El argumento económico a favor de la globalización es que la desregulación del comercio exterior y la inversión contribuye a un crecimiento que beneficia a todos los ciudadanos. Miles de inmigrantes latinos no pueden estar de acuerdo con esta afirmación. Deben saber que, gracias al fenómeno negativo de la globalización, primero tienen que mudarse a las grandes ciudades de sus propios países y segundo a Estados Unidos. Por supuesto que, en los últimos años, muchos están emigrando también a países europeos. El paradigma neoliberal presupone que las decisiones económicas son mejor tomadas por expertos económicos y financieros, en lugar de por las personas cuyas vidas pueden verse amenazadas por esas decisiones. Los analistas del Tercer Mundo y los indígenas ven el calendario del libre comercio y la inversión como el

---

[137] Moe-Lobeda Cynthia D., *Sanando un mundo roto* (Minneapolis, MN: Augsburg Fortress, 2002). 1

[138] Ibíd. 11

legado del colonialismo.[139] El fenómeno de la globalización implica la imposición de una cultura sobre todas las demás. Esto significa una dominación sobre los países en desarrollo,. En este sentido, el resultado de la globalización es la destrucción de la diversidad cultural y biológica. El propósito de las grandes corporaciones que vienen a esos países es principalmente hacer dinero. No les importan los pobres y sus limitados patrimonios. Una de las acciones negativas de estas empresas es utilizar los propios terrenos de la población local para construir instalaciones para la fabricación de sus productos. Por ejemplo, les quitaron esos pedazos de tierra a sus dueños, pagando precios muy bajos, con la excusa de que ayudarán a desarrollar y hacer crecer sus pueblos. Eso suele suceder con la conspiración del gobierno local a su vez. Estas personas sin conciencia toman posesión de esas pequeñas propiedades, talan árboles, matan animales y destruyen los recursos naturales sin piedad. El colonialismo continúa como el proceso por el cual dos tercios de las economías mundiales han caído bajo el control de corporaciones extranjeras, que, han saqueado sus recursos y los han enviado hasta el punto en que tienen muy poca capacidad para resistir. Como resultado de la continuidad del colonialismo, la mayoría de los países de América Latina están siendo oprimidos por la llamada deuda externa. En muchos lugares de América Latina es usual decir que incluso aquellos bebés que aún no han visto la luz mundo tienen una deuda con el gobierno de USA.

Desde la perspectiva de la mayoría de las personas del tercer mundo, el impacto negativo de la globalización económica ha traído devastación y desgracia económica a las familias y comunidades. Moe-Lobeda señala que "la exacerbación de la pobreza incluye: la extracción de recursos naturales y la destrucción de los ecosistemas, la repatriación de beneficios por parte de las empresas transnacionales, los términos de intercambio dominados por las naciones más ricas, la reducción de los puestos de trabajo y las normas de protección del trabajo."[140] En este sentido, la globalización está concentrando el poder y marginando a los pobres; tanto a los países como a las personas. La globalización subordina el poder político democrático a un poder económico irresponsable. Todos estos tipos de colonialismo, explotación

---

[139] Ibíd. 25

[140] Ibíd. 28

y dominación son contrarios a los principios en los que las comunidades están llamadas a dar forma a maneras de vida que alaben a Dios a través de un amor activo por toda la creación.

La democracia, que supuestamente es el poder de la gente en este mundo de la globalización, ha sido mal utilizada para justificar intervenciones militares en todas partes. Uno de estos ejemplos es la invasión de Irak por las fuerzas aliadas o la invasión de Rusia a Ucrania. Por ejemplo, en Irak, después de casi un año de la invasión, algunas personas comenzaron a alzar la voz. Ellas argumentaban que el único propósito para invadir y atacar a esa nación era el petróleo. A medida que las acciones de la invasión continuaron, esas voces y muchas más, demostraron que tenían razón con su argumento. No podemos democratizar una nación mediante el uso del poder militar. Las nuevas comunidades deben construirse a partir del amor, es decir, la energía encarnada en las acciones reales. Según Moe-Lobeda, la globalización es el poder que inhabilita la democracia. Está claro que la democracia es una forma de comunidades humanas políticamente organizadas en las que se ejerce el poder político y se distribuyen los recursos con relativa equidad.[141] En una situación en la que el poder se concentra en manos de unos pocos, la democracia se ve socavada. Ese desequilibrio de poder es la razón por la que las grandes corporaciones compran y sobornan fácilmente el gobierno de los países en desarrollo. Se trata de un gran desequilibrio entre la gente común y quienes ejercen las decisiones políticas. En América Latina, por ejemplo, los que ejercen el poder y el control suelen ser los jefes militares, los ricos, los políticos e incluso algunos líderes religiosos, que por dinero siempre están dispuestos a seguirle el juego a estos enemigos de la creación de Dios. Al ejercer ese poder y control, proporcionan beneficios a unos pocos y marginan a la mayoría de esos beneficios, pero el bien común en un mundo dirigido por seres inhumanos tiende a excluir a los que no son consideradas (según su opinión) personas reales. Moe-Lobeda entiende el bien común como un bien pluralista y socio-ecológico. La situación actual es que la globalización subordina el poder político democrático. Los ciudadanos de todo el mundo son discriminados por las maquiladoras, el trabajo infantil y las prácticas comerciales destructivas para el medio

---

[141] Ibíd. 34

ambiente.[142] Se supone que los cristianos están llamados a servir al bienestar de la tierra y de sus habitantes, y no a promover la destrucción y la explotación como sucede en las naciones empobrecidas. En algunos países, los dueños de las corporaciones que conocen la necesidad de estas personas las contratan para trabajar por salarios de miseria Moa-Lobeda sostiene que existen cuatro mitos sobre el Libre Comercio o Globalización:

1. *El libre comercio y la inversión conducen al crecimiento, lo que se traduce en una mayor economía y bienestar para todos.* Según este mito, el crecimiento aumenta la prosperidad, el empleo y el nivel de vida de la mayoría de las personas. Pero lo que realmente sucede es que las corporaciones simplemente trasladan las instalaciones de producción o ensamblaje a naciones que mantienen salarios bajos para atraer inversiones extranjeras.[143] Eso es un gran beneficio para la corporación, no para las comunidades.

2. *La libertad es la libertad del mercado.* Este mito se define de la siguiente manera: liberan el mercado, se mueven para liberar a la sociedad, por lo tanto, se mueven para liberar a sus miembros.[144] Pero la realidad es que las vidas de aquellos que tienen la libertad de sobrevivir son ignoradas, o consideradas insignificantes en relación con el valor del libre mercado. Por ejemplo, una madre en los Estados Unidos es libre de comprar fruta que puede haber sido cultivada en tierras donde los niños se mueren de hambre, porque la tierra no produce alimentos para sus propios hijos, sino para otros.[145] Ese es un verdadero ejemplo en países en lo que respecta a la producción de café. En el proceso final, los productores obtienen lo que llaman "Café de primera, segunda y tercera clase". La primera clase es exportada para su consumo en Estados Unidos y otras

---

[142] Ibíd. 41
[143] Ibíd., 53
[144] Ibíd., 54
[145] Ibíd. 57

potencias, la segunda clase es consumida por la clase media y alta en el país de producción, y la tercera que es prácticamente basura es consumida por la mayoría de la población que es pobre. Moe-Lobeda dice que la libre elección entre el hambre y la indigencia, por un lado, y las condiciones de trabajo tóxicas en una planta de ensamblaje, por el otro, no es una transacción voluntaria.[146]

3. *Aquellos que poseen y consumen más son los seres humanos más valiosos.* El objetivo de la globalización económica requiere un consumo cada vez mayor. Eso es consistente con la cultura occidental, donde la teología cristiana es el dominio humano sobre la naturaleza. Pero, por supuesto, eso no es consistente con las enseñanzas de Jesús acerca de *"ama a tu prójimo como a ti mismo"*. Dado que las personas, según este mito, se definen por sus transacciones económicas, y algunas solo tienen sus cuerpos para vender, entonces algunos humanos son mercancías.[147]

4. *Impulsado por las empresas y las finanzas.* Este mito afirma que la globalización es universalmente normativa, y la sociedad debe adaptarse a ella, o enfrentar las consecuencias. Para Moe-Lobeda, la globalización debe ser resistida, subvertida o cambiada. Si la globalización es declarada inevitable, la gente común de todo el mundo está obligada a hacer los sacrificios necesarios a sus demandas.[148] Lamentablemente, las únicas personas que suelen sacrificar incluso sus propias vidas para pagar el costo de este mal de la globalización son los marginados y los pobres.

El albedrío moral es el poder de construir comunidades caracterizadas por el respeto ecológico, la sostenibilidad y la justicia social. Moe-Lobeda establece que las personas con privilegios económicos están condicionadas a no ver el sufrimiento de los desempleados, o de las

---

[146] Ibíd., 58

[147] Ibíd. 60

[148] Ibíd., 63

familias que no tienen suficiente comida para alimentarse.[149] Viviendo en este país que opera con un sistema económico capitalista, podemos ver cómo incluso algunos inmigrantes, de repente olvidan la miseria de sus propios familiares en sus lugares de origen, y dejan de ayudarlos o comunicarse con ellos/as. En los Estados Unidos, algunas personas, por ejemplo, aceptan jugar al fútbol con una pelota hecha por niños trabajadores, usar ropa hecha en talleres clandestinos, comer fresas cultivadas en tierras que deberían cultivar frijoles y maíz para sus niños hambrientos.[150] Moe-Lobeda señala que hay una crisis moral y espiritual de la globalización que inhabilita nuestra capacidad de conocer y practicar lo que Dios nos llama a ser. Por lo tanto, como cristianos debemos darnos cuenta de que, como objetos del amor de Cristo, nos convertimos en sujetos de ese amor. Cristo no es sólo un objeto de fe, sino también un agente activo de la fe. Vivimos sujetos a una economía que nos obliga a explotar, en lugar de servir tanto a la tierra como al prójimo.[151] En ese sentido, es más fácil para las personas que tienen el control desplazar a las familias rurales de sus tierras y destruir sus medios de supervivencia y su cultura capitalista en general. Pero, como seguidores/as de Jesús el Cristo, tenemos un llamado divino a practicar un amor inclusivo, especialmente por los oprimidos, los marginados y los vulnerables

El futuro es incierto

La condición latina/hispana no parece tener un final prometedor. Las organizaciones políticas, sociales y religiosas, no dan ninguna esperanza de hacer un ejercicio práctico y consciente para lograr cambios reales en la política contra la opresión y la miseria en América Latina. Faltan oportunidades verdaderas para superar el mal que ha mantenido a la gente en cautiverio durante años, empujando a mujeres, hombres e incluso niños a abandonar su tierra natal y huir a una nación extranjera. Como si eso no fuera suficiente, los estereotipos de los

---

[149] Ibíd., 67

[150] Ibíd., 68

[151] Ibíd., 114

latinos en términos de raza y cultura los convierten en objetos de rechazo. Por supuesto, eso no sucede con todos los inmigrantes. Por ejemplo, Roberto Suro en *Strangers among US,* afirma que "la mayoría de los inmigrantes europeos pasaron por un período de exclusión y pobreza, pero finalmente ganaron la aceptación de la mayoría blanca."[152] Los latinos en la mayoría de los casos continúan en el anonimato. Como es bien sabido por muchos, los latinos fueron vistos después del 11 de septiembre del 2001 como terroristas potenciales incluso sin pruebas. Por lo general, se les etiqueta como personas ilegales. Esa etiqueta se aplica incluso a aquellos que tienen inspección oficial o se han convertido en ciudadanos. Los latinos son diferentes de todos los demás inmigrantes pasados y presentes porque vienen de cerca.[153] Aparentemente, no hay esperanza de progreso para las comunidades latinas. La falta de buenos empleos remunerados, las escuelas deficientes y la falta de acceso a la educación superior, impiden a los latinos soñar con un futuro mejor. Suro señala que, a pesar de sus niveles relativamente bajos de educación, cuando llegan a los Estados Unidos, es notable que a la mayoría de los inmigrantes latinos les va bastante bien económicamente.[154] Al menos les va mejor que en sus lugares de origen. El resultado de la explotación del patio trasero ha sido la pobreza y la miseria, y luego la gente sigue siendo pobre sin importar en qué lugar vivan ahora. No es un secreto que los latinos se encuentran entre las comunidades más pobres de los Estados Unidos. La agenda política de esta nación no incluye una solución para la pobreza de las comunidades de inmigrantes latinos. La pobreza de los hispanos no será remediada por los programas de asistencia social para el trabajo que ahora son prácticamente el único foco de la política social. Y no se arreglará tratando de cerrar la nación a una mayor inmigración. El gran esfuerzo por ser productivo y la voluntad de aprender rápido para obtener mejores formas de vida, no necesariamente ayuda a los latinos a alcanzar sus sueños. Suro afirma que, históricamente, los inmigrantes comienzan ganando menos que los trabajadores nativos de una edad y habilidades similares porque el

---

[152] Suro Roberto, *Extraños entre los Estados Unidos, los latinos viven en una América cambiante* (Nueva York: Vintage Books, 1999). 8

[153] Ibíd. 9

[154] Ibíd. 14

recién llegado generalmente enfrenta una barrera del idioma y carece de familiaridad con el mercado laboral.[155] El futuro no parece prometedor en ningún sentido porque los políticos en general no están abordando los problemas de raíz. La inmigración de otras naciones, especialmente de las naciones explotadas, no puede ser detenida mediante la promulgación de nuevas leyes o la construcción de muros más altos, como pretendía el expresidente Donald Trump. Esas medidas no erradican la pobreza y la miseria en esos países. Irónicamente, algunas decisiones tomadas por los Estados Unidos para prevenir la inmigración solo motivan más y más la inmigración a esta nación. Suro, dice que además de la demanda económica, los cambios en las leyes de inmigración de los Estados Unidos también han promovido el movimiento continuo de personas desde América Latina. La Ley de Reforma y Control de la Inmigración de 1986 estaba destinada a detener la inmigración ilegal, pero en realidad alentó su crecimiento.[156] En la actualidad, la inmigración no es solo un mero movimiento humano, sino también un movimiento social y espiritual. Es un movimiento que está impactando a otros países con sus sistemas culturales y religiosos.

A pesar del hecho de que algunas condiciones en las formas de vida pueden cambiar para los latinos, eso no es una indicación de que una transformación significativa vaya a ocurrir pronto. Para que eso suceda, las instituciones sociales y religiosas tendrán que hacer cambios y tomar decisiones considerables. Las formas en que definimos a otros que no se parecen a nosotros, que no actúan como nosotras o que creen como nosotros necesitarán una evaluación profunda. Hoy, en pleno siglo XXI, las formas de clasificar a las personas no han cambiado en comparación con el pasado. Las personas, que no son blancas, por ejemplo, son asignadas inmediatamente a un grupo minoritario. Esa forma de clasificar a las personas en la lista de minorías, siempre las convertirá en ciudadanos de segunda clase. Nilda Flores en Citezens but no Americans (ciudadanos, pero no americanos) argumenta que el término "americano" es definido generalmente como "blanco, clase media, protestante y suburbano." [157] En este país, los latinos siempre están

---

[155] Ibíd. 17

[156] Ibíd. 22

157 Nilda Flores G. Citezens but not Americans (NY: University Press, 2017) 126

en la calle, creando movimientos constantes de allá para acá que resultan en que vivan en muchos lugares, pero nunca estén completamente en casa. Si no sucede nada sustancial que permita a los latinos integrarse a una mejor condición de vida humana en los Estados Unidos, vivirán durante años sin alivio de su trauma psicológico de no pertenecer. La sensación de desplazamiento no puede desaparecer fácilmente. El proceso de curación de las heridas puede durar toda una vida. El desplazamiento se refiere a la sensación de no pertenencia que forma parte de nuestro ser consciente.[157] Desde el punto de vista de unos pocos, el mundo puede ser mejor en términos de economía y condiciones de vida, dado el movimiento de libre comercio. Incuestionablemente, ese es el razonamiento de quienes tienen el control sobre los recursos, pero no es para la mayoría que supuestamente tiene derecho a recibir beneficios de ellos. Los efectos reales son contrarios a la filosofía que presenta la globalización. El hecho es que la globalización crea una demanda de trabajadores peor pagados.[158] Para la mayoría de los inmigrantes, el sueño americano aún está lejos de alcanzarse. Muchos latinos/as, continúan viviendo en condiciones degradantes, simplemente sobreviviendo y brindando a sus familiares oportunidades para sobrevivir en sus países de origen. Su condición de pobreza extrema no cambia en absoluto. En ese sentido, "los pobres del mundo mantienen a los pobres del mundo"[159] ¡Qué mundo tan injusto!

Las naciones pobres de este continente merecen tener y disfrutar de mejores oportunidades para producir su propio estilo de vida. Sin embargo, los poderes que controlan las riquezas de la tierra siempre inventarán nuevas formas de subyugar y explotar a esos países pobres y sus recursos. La implementación del Libre Comercio ha demostrado que las naciones más beneficiadas son las mismas, las poderosas como Estados Unidos. Las naciones pobres, con sus economías débiles, no pueden competir con los gigantes. Como dijo uno de los periódicos más prestigiosos de Guatemala, Prensa Libre, con respecto a la producción de *"pinabetes"* (una especie de árboles de Navidad que se produce solo

---

[157] Ibíd., 104

[158] Ibíd., 120

[159] Ibíd., 122

en Guatemala): "Uno de los problemas que enfrentan quienes producen *pinabete* en Guatemala, es la competencia generada por la exportación ilimitada proveniente de Canadá y Estados Unidos"[160] Llevó muchos años para plantar, crecer y empezar a vender de nuevo este árbol que estaba casi en proceso de extinción. Pero cuando estuvieron listos para poner esos árboles en el mercado, se enfrentaron al problema de la competencia. Las potencias como los Estados Unidos pueden exportar algunos productos agrícolas incluso de forma gratuita, dado que sus producciones están subsidiadas por sus gobiernos federales. No hay duda de que los pobres quieren producir más y mejorar sus vidas, pero la explotación ejecutada por las naciones ricas, con la acción concurrente de los gobiernos locales, han dejado a estos países sin recursos para lograr el progreso. En tanto, en 2009, la Asociación de Productores de Cerdos y Arroz de Guatemala (APOGUA y ARROZGUA) protestó contra la OMC (Organización Mundial del Comercio). Gustavo Mendizábal, de APOGUA, dijo que temían su propia desaparición porque nunca podrían competir con Estados Unidos que procesa en 12 horas, la misma cantidad de cerdos que se consume en toda la región de Centroamérica.[161] Luis Mazariegos de *ARROZGUA* afirmó: "Rechazamos a la OMC porque va en contra de la paz social y dejará sin empleo a 2,4 millones de guatemaltecos"[162] Hay otro ejemplo de esta realidad en el Diario Hoy con respecto a El Salvador. El artículo *"Salvadoreños temen por el trato a los profesionales"* afirma: "Estados Unidos está abierto a admitir tres tipos de profesionales: arquitectos, ingenieros y contadores, solo en el estado de Texas".[163] Mientras tanto, las naciones centroamericanas deben abrirse a cualquier tipo de profesionales provenientes de los Estados Unidos. Ese principio se aplica, por supuesto, incluso a los clérigos que son llamados a trabajar en el territorio de los Estados Unidos. Los requisitos son muchos para los que vienen de América Latina a trabajar en esta nación, pero los que van de esta nación hacia cualquier

---

[160] Para ver en detalle la producción de pinabetes y las implicaciones de la globalización en el mercado de ese árbol, lea el artículo completo en *Prensa Libre*, Guatemala, 29 de noviembre de 2003. WWW.prensalibre.com

[161] Prensa libre, Guatemala, December 2, 2003. WWW.prensalibre.com

[162] Ibídem

[163] Ibídem

país de América Latina son bienvenidos/as simplemente porque tienen un pasaporte estadounidense. El desequilibrio es evidente, y el futuro sigue siendo incierto para aquellos inmigrantes que huyen de la miseria creada por estas poderosas economías.

PREGUNTAS DE ANALISIS:

1. ¿Como puede la iglesia por un lado concientizar a los inmigrantes de segunda generación sobre la realidad negativa de la globalización económica y por el otro re- enseñar con el evangelio a la población de primera generación para que se busque la justicia divina?
2. ¿Por qué razón la iglesia evangélica-hispana en general no ha dicho nada con respecto a los injustos tratados de libre comercio que solo han creado más miseria a nuestros pueblos?
3. ¿Como puede la iglesia desarrollar y practicar una teología de intereses comunes como en Hechos 2 y 4, en vez guardar silencio en cuanto al enriquecimiento desmedido de políticos y religiosos sobre la tierra?
4. Si el colonialismo, explotación y dominio son contrarios al principio del amor de Dios, ¿que debe suceder para que la iglesia promueva cambios de fondo a través de la aplicación del evangelio liberador?
5. ¿Por qué el imparable movimiento migratorio debe interpretarse tanto como una fuerza cultura, así como espiritual?

CAPÍTULO 8

El mal del racismo y la incapacidad de aceptación

El racismo existe en todas partes y es un reflejo de la intolerancia de la naturaleza humana contra quienes tienen una apariencia diferente. Ser racista requiere que la persona que lo cree practica posea una creencia de superioridad sobre los demás. Esa dinámica no es necesariamente una práctica exclusiva de blancos contra negros. Eso también sucede entre mestizos e indígenas. El Dr. Helan Enoch Page nos brinda una excelente definición sobre este tema. El racismo es un sistema global de gestión de la distribución de recursos materiales y simbólicos definido de manera más amplia, de acuerdo con cada uno de los siguientes principios:

> **Principio I.** El racismo es un proceso de estratificación ideológica, estructural e histórica mediante el cual la población de ascendencia europea, a través de sus patrones de angustia individual e institucional, ha sido capaz de sostener, en su mejor beneficio, la mecánica y dinámica de la movilidad ascendente o descendente (de asignación fluida de estatus) en detrimento general de la población designada como no blanca (a escala mundial), utilizando el color de la piel, el género, la clase, la etnia o la nacionalidad no occidental como los principales criterios utilizados para hacer cumplir las

decisiones de asignación diferencial de recursos que contribuyen a cambios decisivos en la posición racial relativa de manera que favorezcan más a las poblaciones designadas como "blancas".

Principio II. El objetivo de este peculiar proceso de estratificación posterior a 1492 ha sido agregar un grupo racial ascendente y supuestamente "blanco" que está estratificado internamente y que se esfuerza por validar su propia ascendencia utilizando una gama cambiante de prácticas culturales que se definen como "blancas" no sobre una supuesta base biológica, sino sobre la base de la "blancura ideológica", un campo de discurso y representación racial.[164]

El racismo es un mal que disminuye la dignidad de los seres humanos cuyas vidas, de acuerdo con la Biblia, han sido creadas a imagen de Dios. Andersen y Collins, basándose en Elizabeth Martínez, afirman: "El panorama racial y étnico ha cambiado demasiado en los últimos años como para verlo con los mismos ojos que antes. Estamos viendo una realidad multidimensional en la que la raza, la etnia, la nacionalidad, la cultura y el estatus de inmigrante se unen con resultados asombrosamente nuevos." [165] Para los latinos, esto no es algo que pueda tomarlos por sorpresa porque han estado enfrentando todo tipo de racismo durante siglos. Para un/a latino/a, instar a reconocer una variedad de modelos racistas no es, y no debe ser, otra ronda más en las Olimpiadas de la Opresión. No necesitamos competencia entre diferentes grupos sociales por la medalla de oro de los más oprimidos

---

[164] Esta es una versión actualizada y ampliada de 1999 de una definición detallada de racismo desarrollada por el Dr. Helan Enoch Page (Profesor Asociado, Departamento de Antropología, UMASS-Amherst) y distribuida en la Asociación Americana de Antropología en 1993-http://www.euroamerican.org/library/Racismdf.asp

[165] Para adquirir una amplia comprensión sobre la raza y la etnicidad, lea el ensayo completo de Elizabeth Martínez. Andersen Margaret L. y Collins Hill Patricia, *Raza, clase y género, una antología, sexta edición (Belmont*, Thomson, 2007). 105CAWadsworth

Los pueblos de América Latina que viven en los Estados Unidos tienen la experiencia de ser víctimas del racismo en diferentes escalas porque esta práctica inhumana, existe en todo el mundo. En América Latina hay quienes piensan que son una raza mejor porque se parecen, o son descendientes de europeos. Hay quienes piensan que son mejores que los indígenas. También hay quienes piensan que son mejores y superiores que los pobres y los campesinos. Y, por último, están los ignorantes que se creen mejores que los afrodescendientes de la Costa Atlántica.

Entonces, cuando hablamos de racismo, especialmente en nuestras comunidades en los Estados Unidos, no solo tenemos que reflexionar sobre nuestras propias experiencias, sino que al mismo tiempo tenemos que ver nuestras similitudes con otros grupos, especialmente con los afroamericanos. Los puntos en común comienzan con la historia, que revela que una y otra vez los pueblos de color han tenido una experiencia similar: la colonización europea y/o el neocolonialismo con la explotación que la acompaña.[166] El racismo puede seguir dividiendo a la humanidad si los opresores no hacen algo para cambiar sus prejuicios y los oprimidos no tienen el coraje de detenerlo. Eso implica desafíos de ambos lados. El racismo evoluciona y nuestros modelos para contrarrestarlo deben evolucionar. El reto de hoy es ir más allá del dualismo blanco-negro que ha servido como base de la supremacía blanca.[167] Los cambios exigen sacrificios, y la mayoría de las personas privilegiadas aman su estatus quo. Para pensar de manera diferente, las personas deben renunciar a algo que ya está bien impreso en sus mentes. La liberación requiere acción. Esta, no se produce automáticamente.

¿Qué significa ser una raza pura?

Como seres humanos y cristianos con conciencia, no podemos admitir que exista tal cosa como una mal llamada raza pura. Desafortunadamente, como lectores bíblicos y practicantes de los principios escriturales, nosotros/as, como cristianos, tenemos que reconocer que algunos de los males de este mundo se han perpetuado

---

[166] Ibíd., 107

[167] Ibíd., 111

gracias a la interpretación incorrecta del texto sagrado. El uso de términos como *pueblo de Dios, pueblo elegido, real sacerdocio*, al sacarlos de contexto, han contribuido a la evolución del concepto de "raza pura". El mal uso de esos conceptos e imágenes crea un sentido de superioridad. Los seres humanos son diferentes, pero no superiores ni inferiores en términos de raza, género o etnia. Los seres humanos son miembros de la misma especie. El término "racismo" es útil como una forma abreviada de categorizar el maltrato sistemático experimentado por las personas de color y las personas del tercer mundo, no solo en los Estados Unidos, sino en muchas otras partes de la tierra. Pero este término no debe inducirnos a suponer erróneamente que los seres humanos pertenecen a especies biológicamente diferentes. Todos pertenecemos a una raza, la raza humana.[168] Es obvio que las divisiones entre la humanidad a este respecto han sido creadas por y para el interés de algunos grupos exclusivos. Hay expresiones que reflejan claramente la intención política y social de clasificar a los pueblos. Algunas de las siguientes expresiones han sido parte de la historia y la cultura humanas: Clase alta-baja, rico-pobre, educado-no educado, primer mundo-tercer mundo, desarrollado-subdesarrollado, mestizo-indio, "americano"-latino/a y, aún más, clero-laico. Por supuesto, esta cruda realidad se refleja en la vida cotidiana, no solo en términos de raza, sino también en términos de economía y formas de vida. Cuando examinamos estas categorías, inmediatamente nos damos cuenta de las diferencias con respecto a quién vive con más comodidad. Todas estas dinámicas en la existencia humana llevan a las personas en control no solo a maltratar a los demás, sino también a segregar y practicar la injusticia sobre ellos. El maltrato sistemático que experimentan las personas de color es el resultado de las desigualdades institucionalizadas en la estructura social. El racismo es una consecuencia de un desequilibrio de poder económico, político, religioso y social que se perpetúa a sí mismo. Este problema institucional favorece sistemáticamente a los miembros de algunos grupos étnicos y culturales, en detrimento de otros. Las consecuencias del desequilibrio impregnan todos los aspectos del

---

[168] Lea el artículo sobre el racismo de Ricky Sherover-Marcuse, http://www.unlearningracism.org/writings/definition.htm-A Working Definition of Racism: Revised 7/88 (Definición de trabajo de racismo: revisada 7/88)

sistema social y afectan a todas las facetas de la vida de las personas.[169] El desarrollo del concepto de raza pura, y sus implicaciones negativas, están profundamente arraigados en los corazones de algunos segmentos de la humanidad. Obviamente, no tienen en cuenta que la intención divina para las mujeres y los hombres en general es una comunidad de iguales, no meramente seres individualistas.

En el caso particular de los latinos/as que viven en los Estados Unidos, se han enfrentado a la experiencia de ser consideradas una raza inferior casi a lo largo de toda su historia. Los latinos no son de ninguna manera personas con privilegios en este país. En el lenguaje cultural popular entre los hispanos, se dice que la única manera de ser parte de los privilegiados de esta nación es tener dinero. Las leyes de inmigración y las definiciones sociales dejan claro quién pertenece a la raza privilegiada y quién no. Eleazar S. Fernández y Fernando Segovia, editores de Unfinished dream/*Un sueño no finalizado,* responden desde la experiencia de vivir en los márgenes, a esta realidad de ser blanco o no blanco. Mirando hacia atrás en la historia de los Estados Unidos, Fernández y Segovia señalan: "Durante los dos primeros siglos del país, es decir, durante toda su historia colonial (1607-1775) y las primeras décadas de su experiencia poscolonial (1776-1815), Gran Bretaña sirvió como principal fuente de la población, un segmento que ha llegado a formar parte del fenómeno WASP: una presencia dominante 'blanca, anglosajona, protestante' y su influencia en el país como grande" [170] La forma en que los Estados Unidos han implementado sus leyes ha sido una indicación de lo que el gobierno ha tenido en mente con respecto a las razas. Fernández y Segovia, informan que la ley de inmigración de 1924 preveía además el establecimiento de un sistema de "orígenes nacionales" que reemplazaría a los sistemas formales de cuotas en 1927 y favorecería a los grupos del norte y oeste de Europa. La cuota anual total de todas las naciones se fijó en 150.000, y cada país recibió el porcentaje de esa cifra igual al porcentaje de personas del país, por nacimiento o ascendencia, en el censo de 1920. Al final, el norte y el Oeste de Europa, incluidas las Islas Británicas, recibieron el 82 por

---

[169] Ibídem

[170] Fernández S. Eleazar y Segovia F. Fernando, eds., *Un sueño inconcluso.* (Maryknol, NY: Orbis, 2001).3

ciento de la cuota anual, el Sur el 16 por ciento, todas las demás naciones, el dos por ciento.[171] Sin duda, no necesitamos ser expertos para concluir quién tiene y sigue teniendo las preferencias para entrar en esta nación.

Dado que el racismo no es un mero concepto ideológico o teórico, sino un vehículo que segrega y daña la armonía entre la humanidad, los hispanos, así como otras minorías, están sujetos a sus implicaciones. El mundo de los cristianos no occidentales en general es un mundo marcado por la marginación y la fragmentación. Es un mundo, por lo tanto, en el que se respira hostilidad y opresión. La misma iglesia con raíces eurocéntricas ha contribuido a este mal. Al respecto, White Too Long, escrito por Robert P. Jones, sostiene que "iglesia blanca da legitimidad a la supremacía blanca por medio de la teología Cristiana." La liberación de esa forma sistemática de subyugar a las minorías no es un proceso fácil. La confrontación no es de ninguna manera la forma de lograr el sueño de experimentar la libertad en una tierra de opresión. Los hispanos, al igual que otros grupos subyugados bajo el poder del racismo, deben desarrollar un proceso de reevaluación de su propia historia, origen y sistema de valores para alzar sus voces de forma organizada y reclamar su derecho a ser tratados como seres humanos que merecen respeto. A medida que el número de minorías étnico-raciales no occidentales en los Estados Unidos continúa expandiéndose, como se proyecta, a lo largo del siglo XXI, su poder e influencia también aumentarán, en todos los aspectos de la vida y el discurso de la nación, afirman Fernández y Segovia.[172] No hace falta decir que las organizaciones religiosas tienen la responsabilidad de decir y hacer algo concreto en favor de reducir la forma en que se maltrata a las personas debido a su raza o etnia. Estos grupos religiosos deben reconocer que, dentro de sus instalaciones, tanto el clero como los laicos pueden estar practicando el racismo institucional. Es bien sabido que incluso cuando algunos grupos étnicos raciales pueden compartir las mismas facilidades con los grupos dominantes, existe una distancia psicológica marcada. Es importante entender que, en esta sociedad multicultural y global, ya no somos comunidades homogéneas. Servir

---

[171] Ibíd. 7

[172] Robert P. Jones, White Too Long: The Legacy of White Supremacy in American Christianity (New York: Simon & Schuster, 2020), 33.

a la gente hoy significa servir a comunidades pluralistas y diversas. La falta de voluntad o tal vez la incapacidad de ver la miseria que enfrenta un porcentaje tan grande de la raza humana se basa en la miopía. Este gran número de seres humanos que sufren son nuestras hermanas y hermanos, personas ante las que y por las que somos responsables. Está claro que se exige a las organizaciones religiosas un entendimiento mutuo y una visión y misión comunes de servir, no de ser servidas, para que puedan ministrar eficazmente a estas comunidades. Las diferencias históricas de los grupos religiosos, las denominaciones eclesiásticas y otros tipos de organizaciones solo han contribuido a la desconfianza de la gente. Para recuperar la confianza en los programas sociales de la Iglesia, es necesario emprender un proceso de reconciliación en el contexto de esas organizaciones. La comprensión actual de la diferencia la define como alteridad absoluta, exclusión mutua y oposición categórica. Tal comprensión conduce a una conceptualización de aquellos que son diferentes como extraños, con aquellos que pertenecen al grupo dominante teniendo el poder de decidir lo que es normativo (ellos mismos) y lo que es desviado (otros).[173] Tal vez sea inútil aferrarse a la esperanza de que podamos alcanzar una condición de armonía entre los seres humanos. Para que eso suceda, todos los pueblos deben entender que la tierra es la casa de todos, en lugar de una casa para unos cuantos.

¿Qué significa ser un humano?

Jesús es el máximo ejemplo y la descripción perfecta de lo que es un verdadero ser humano. En su forma más extrema, el maltrato sistemático adopta la forma de violencia física y exterminio, pero también se produce en muchas otras formas. La invalidación generalizada, la negación o el no reconocimiento de la plena humanidad de las personas de color, también constituye el maltrato categorizado como racismo. Plantear el asunto en estos términos puede aclarar la confusión que se genera al pensar en el racismo simplemente como un "trato diferente". Si examinamos los hechos, veremos que lo que a menudo se denomina "trato diferente" es

---

[173] Ibíd., 206

en realidad un trato inhumano, es decir, un trato que niega la humanidad de la persona individual y de su grupo.[174] Para entender lo que significa ser un ser humano, uno tiene que enfocar la atención en la interacción basada en la experiencia humano-divina. Dwight Hopkins, un teólogo constructivo que trabaja en las áreas de los modelos contemporáneos de la teología negra y teologías de la liberación, describe cómo el ser humano define su identidad, comenzando con su encuentro con lo divino. Para Hopkins, el encuentro entre Dios y la humanidad tiene lugar en la cultura. Lo Divino toma la iniciativa vaciándose en el ropaje cultural del reino humano.[175] Los lectores bíblicos entienden bien que esta idea está relacionada con el concepto del término griego *Kénosis* en la epístola de Filipenses, que, se usa para explicar lo que Cristo hizo al vaciarse de la realidad divina para salvar al mundo pecador. Lo que hace que la interpretación sea interesante es el hecho de que utiliza el término "en la cultura." Al utilizar esa expresión, no se refiere a ningún individuo exclusivo ni a ninguna cultura exclusiva y privilegiada en particular. Si el encuentro divino-humano tiene lugar en la cultura, entonces cualquier cultura, independientemente de la raza, el color, la nación o el idioma, es dignificada por lo divino. La encarnación de Dios en Jesús, en este sentido, es un hilo conductor en las narraciones bíblicas. Hopkins, basándose en Randwedzi Nengwekhulu, dice que la noción de cultura tiene tres aspectos entrelazados: el trabajo humano, la cultura espiritual y la cultura artística. Los tres aspectos están influenciados por la interacción entre lo material y lo espiritual.[176] La dimensión de trabajo humano de la cultura plantea cuestiones de política (poder) y economía (propiedad). La cultura está arraigada en la ubicación social y se ve directamente afectada por ella. En ese sentido vincula la cultura con la pedagogía, la ética, y lo profético. La cultura surge de la energía, la creatividad y las luchas humanas ejercidas por la persona humana. En cualquier sociedad dada, el nivel de desarrollo de las fuerzas productivas (los seres humanos) y el sistema de utilización social de estas fuerzas (el

---

[174] Ricky Sherover-Marcuse, http://www.unlearningracism.org/writings/definition.htm-A Definición de trabajo de racismo: revisada 7/88

[175] Hopkins N. Dwight., *Ser humano, raza, cultura y religión* (Fortress Press, 2005). 55MinneapolisAugsburg

[176] Ibíd., 56

sistema de propiedad) determinan el modo de producción.[177] Es necesario que surja una teología relevante de los lugares donde los pueblos viven sus luchas por sobrevivir contra la opresión y la explotación, para enfrentar la forma institucionalizada de deshumanización y destrucción de "otras" culturas. Una teología relevante es aquella que se aplica a la realidad de las personas necesitadas, no la que satisface las mentes de los teólogos tradicionales que pretenden hacer su trabajo analítico inmersos en las instalaciones educativas que generalmente están fuera de contexto, física, psicológica y espiritualmente. Basándose en Barry Hallen de Nigeria, Hopkins afirma que la estética se revela en el intelecto del Onisegun, el maestro de medicina, herbolario o médicos alternativos.[178] Partiendo de ese principio, para Hallen la belleza no se aplica principalmente a las artes y oficios, sino a los seres humanos. El Onisegun afirmaba consistentemente que, si la persona es guapa, pero su yo más íntimo es malo, ellos (la gente) todavía lo llamarán una persona inmoral. El interior del individuo controla la determinación de la belleza del individuo por parte de la comunidad. Según Hallen, la estética de la persona va acompañada de la estética del mundo de la naturaleza, y de todas aquellas cosas que no son humanas ni hechas por el hombre.[179] En cierto sentido, es el resultado de la intervención divina. La estética de lo hecho por el hombre incluye el color, la novedad y el proceso de acabado de los objetos fabricados por el mismo hombre. Los latinos, los afroamericanos y otros grupos y culturas que viven en los Estados Unidos, deben tener en cuenta que la aceptación de nuestra propia humanidad en este país no depende de qué o cómo nos defina la cultura dominante. Más bien, depende de cómo nos definamos a nosotros mismos a la luz de nuestras propias raíces, y también de cuánto sepamos y valoremos quiénes somos, a la luz de nuestra cultura y sistema de creencias. No tenemos control sobre cómo nos definen los demás, pero tenemos control sobre cómo nos definimos a nosotros mismos, basándonos en la interpretación bíblica, nuestra cultura y, sobre todo, nuestro encuentro con Dios. Hopkins, refiriéndose a Kwame

---

[177] Ibíd. 60

[178] Ibíd., 66

[179] Ibíd., 67

Gyekye, afirma que la cultura es la moral, las creencias religiosas, las estructuras sociales, los sistemas políticos y educativos, las formas de música y danza, y todos los demás productos del espíritu creativo del pueblo. El espíritu en este sentido se refiere a la creatividad que se despliega en la cultura y una creatividad que anima tanto el trabajo humano como el artístico.[180] Desgraciadamente, en el centro de la espiritualidad extranjera está la supremacía del valor de la adquisición de posesiones, la multiplicación y el disfrute de los bienes materiales por parte de los individuos. Hopkins argumenta que la norma de la liberación es la buena cultura porque el movimiento hacia la práctica de la libertad para los pobres marca la revelación de Dios.[181]

¿Qué es lo que realmente lleva a los seres humanos a rechazar a unos y aceptar a otros? En este mundo de desigualdad y desequilibrio, hay quienes se niegan a aceptar a los demás y quienes se niegan a aceptarse a sí mismos. El racismo opera como una estrategia para dividir y conquistar. Ayuda a perpetuar un sistema social en el que algunas personas son consistentemente "poseídas-tienen todo" y otras consistentemente "desposeídas-no tienen". Si bien los que "tienen" reciben ciertos beneficios materiales de esta situación, los efectos a largo plazo del racismo no cambian a todos. El racismo enfrenta a grupos de personas entre sí y nos dificulta percibir nuestro interés común como seres humanos.[182] Hopkins señala que las entidades occidentales aspiran a la descripción de "el hombre debe tener". Pero en la visión africana, los seres humanos se definen por referencia a la comunidad circundante (esa es también la visión de los nativos latinoamericanos). Ser YO es ser un resultado de la existencia condicional NOSOTROS.[183] Si el "yo" no puede existir separado del "nosotros", entonces los seres humanos están llamados a aprender a interactuar en relaciones mutuas de respeto y amor. El comunalismo reclama, une a la comunidad y vivifica sus beneficios. *Comunidad* significa interacción cultural. Para el individuo,

---

[180] Ibíd., 71

[181] Ibídem

[182] Ricky Sherover-Marcuse, http://www.unlearningracism.org/writings/definition. htm-A Definición de trabajo de racismo: revisado 7/88

[183] Hopkins N. Dwight., *Ser humano, raza, cultura y religión* (Fortress Press, 2005). 83MinneapolisAugsburg

la vida comunitaria no es opcional, es una exigencia. El NOSOTROS nace, nutre y asiste a la vitalidad del YO. El hecho de compartir una forma de vida general es lo que distingue a una comunidad de una mera asociación de individuos.[184] Este concepto, desafortunadamente, es contradictorio con lo que los inmigrantes en general experimentan en el lugar donde la sociedad es extremadamente individualista. Esta tendencia al individualismo impacta a las comunidades de inmigrantes. Siguiendo esa tendencia, estas comunidades pierden fácilmente sus propios valores de vida como comunidad. La pérdida de valores se produce como resultado de la influencia que los lleva a seguir los patrones practicados por la cultura dominante. No puede haber una verdadera comprensión del yo aparte de las relaciones y circunstancias históricas en las que los individuos están inmersos. Porque el proceso de liberación de la opresión debe buscar transformar el orden social y político, y emancipar la vida interior de los sujetos.[185] La transformación en medio de la desintegración del yo y la división de la humanidad es un desafío que requiere coraje para enfrentarlo. Puede ser una batalla entre fuerzas, pero al final, todos pueden ser ganadores porque este mundo necesita alternativas humanas reales para vivir en paz y armonía. La humanidad no se define por el color, la raza, la nacionalidad, el nivel social, la situación económica o la situación migratoria. Se define de acuerdo con quiénes son los pueblos en relación con su creador divino.

¿Es posible vivir en comunidad?

Los pesimistas dirían inmediatamente que no, que no es posible alcanzar una verdadera humanidad. Los optimistas pueden tener alguna esperanza. La interacción comunitaria parece hoy en día un concepto utópico. Incluso muchas iglesias que se supone promueven y practican la vida en comunidad han mantenido este concepto solo como una idea teórica. Actuar y vivir como una verdadera comunidad requiere una reconversión al Evangelio de Cristo y una reconstrucción de nuestra teología tradicional de la comunidad. La teología actual, en general,

---

[184] Ibíd., 85

[185] Ibíd. 98

despersonaliza a la humanidad y, en consecuencia, también a las comunidades y familias. Enfatiza demasiado al individuo y su relación con Dios, lo que lleva a los miembros de congregaciones y grupos a crear iglesias de muchos individuos, pero no comunidades reales. El concepto de persona implica un compromiso fundamental con los ideales y valores de la comunidad. En ese sentido, los principios de la biología y la espiritualidad son más efectivos cuando están en interacción mutua.[186] Partiendo de esta idea, los latinos/as en los Estados Unidos, deben seguir pensando de la manera en que les enseñaron sus antepasados. Para ellos, las emociones y sentimientos del individuo se encuentran en su corazón. Así que los pueblos reflejan lo que realmente son y lo que tienen en sus corazones. La integridad del corazón, entonces, permite a las personas ser buenos miembros de la familia y de la comunidad. El respeto por la propiedad de los demás es esencial, pero también hay un profundo sentido de compartir con los demás a pesar de las limitaciones. Para que los latinos puedan crear verdaderas comunidades de participación en los Estados Unidos, necesitan comenzar a deconstruir (deshacer) las estructuras que los han asimilado a este sistema individualista. Hopkins dice que las luchas de los oprimidos juntas enmarcan las condiciones más favorables posibles para la transformación del yo y la emancipación de las estructuras.[187] Las iglesias cristianas latinas en general, también necesitan repensar sus formas actuales de hacer ministerio. Crear comunidades basadas en relaciones amorosas, independientemente del lugar de origen y la cultura de las personas, puede ayudar a que los inmigrantes sean bienvenidos en sus congregaciones actuales. Hopkins afirma que cuando vemos el yo de otro como rebosante de componentes sagrados, estamos llamados a disfrutar de ese yo ante nosotros.[188] Vivir en comunidad es posible cuando vemos a los demás como una bendición, no como seres raros y sospechosos.

El sentido de comunidad debe ser un elemento integral de la visión latina en el siglo XXI. Si los hispanos continúan viviendo y actuando como una población desintegrada en los Estados Unidos, solo están

---

[186] Ibíd., 106

[187] Ibíd., 109

[188] Ibíd., 104

apoyando la idea de la cultura dominante que se inclina a mantener divididos a otros grupos, con el fin de controlarlos. La inclinación para etiquetar a los latinos como algo más que seres humanos con dignidad ya está en su lugar. El sistema escolar, especialmente en las zonas marginales, es un claro reflejo de esta realidad. En este sentido, y centrándose especialmente en los que pertenecen a las minorías, Mariela Espinoza-Herold afirma: "Para ser aceptados en la sociedad mayoritaria, los estudiantes tenían que volverse invisibles e inaudibles, la cultura y la lengua debían quedar en casa." [189] Lo expresado por Espinoza y Herold es evidente en casi todos los niveles educativos, incluidas las instituciones teológicas. Las instituciones tradicionales y sus estructuras no están diseñadas para aceptar estudiantes de diferentes culturas e idiomas. Realmente no están abiertas a todo el mundo porque si lo hacen, implica hacer cambios significativos no solo en el currículo, sino también en el personal. Las comunidades de minorías como las latinas tienen que enfrentar dificultades para lograr sus metas educativas y de otro tipo. Después del 11 de Septiembre 2001 se les mira con más sospecha que nunca. Nuestros aeropuertos, puertos y fronteras fueron y siguen estando celosamente vigilados, y todos los inmigrantes, independientemente de su estatus, han sido percibidos como terroristas potenciales.[190] Sería difícil para los políticos estadounidenses crear un ambiente de aceptación e igualdad de oportunidades para todos en este país. Saben que para lograrlo tienen que renunciar a muchas ideas en términos de sus percepciones sobre las personas extranjeras. También tienen que permitir cambios en las estructuras que no están diseñadas para los inmigrantes. La lengua y la cultura deben formar parte de la agenda política para abrir oportunidades reales de participación para todos. La posibilidad de una verdadera democracia etnolingüística, igualdad de estatus y respeto lingüístico por otros idiomas además del inglés, en los Estados Unidos, es un tema a menudo recibido con tensión y conflicto por la mayoría dominante en este país.[191] Sin una comprensión

---

[189] Espinoza-Herold, Mariella, *Issues in Latino Education: Race, School Culture, and the Politics of Academic Success* (Boston: Pearson Education Group, Inc., 2003). 5

[190] Ibíd. 6

[191] Ibíd. 7

clara de la cultura, el idioma y las experiencias de las comunidades extranjeras que viven en los Estados Unidos, la cultura dominante seguirá pensando que tiene derecho a llamar a esas comunidades inferiores en comparación con ellos mismos. Es muy importante darse cuenta de que muchas de estas personas extranjeras no solo son bilingües, sino también biculturales. El mito de la inferioridad de la cultura y el idioma de los estudiantes no convencionales se convierte en parte de una perspectiva social racista que, desafortunadamente, es muy frecuente en las escuelas que atienden a estudiantes biculturales.[192] Ya sea física o psicológicamente, los estudiantes latinos se mantienen a distancia de los estudiantes convencionales. Es posible que no se les considere como los que participarán en crear un buen futuro a la nación. No son capaces de mantener esta economía a flote. Como miembros de un grupo subordinado y asimilado, los estudiantes latinos son excluidos y mantenidos en una posición marginada en la democracia. A medida que se les niega el derecho a afirmar su identidad a través de su lengua y cultura, su "éxodo masivo" continúa.[193] Es obvio que los que están en el poder y en el control son los que abogan por la no aceptación de los inmigrantes y su cultura. Su mentalidad cerrada no les permite pensar que los miembros de las comunidades de inmigrantes no solo están aquí, sino que además les va a ser imposible volver a casa. Seguirán viviendo en estas comunidades mientras continúe la explotación en sus países de origen. En Arizona, la mayoría de los defensores políticos del desmantelamiento de la educación bilingüe eran residentes de los suburbios más ricos, mientras que los partidarios del bilingüismo en las escuelas eran residentes de los barrios, las zonas céntricas, las reservas de nativos americanos y los alrededores de las universidades.[194] Esto es una indicación de que los latinos, así como otras minorías, deben mantener una conversación abierta y un plan intencional para organizarse como verdaderas comunidades para participar política, social y religiosamente en esta nación.

---

[192] Ibíd. 19

[193] Ibíd., 21

[194] Ibídem

La persecución y la implementación de las leyes de inmigración, especialmente después del 11 de septiembre, han causado una sensación de inseguridad y desequilibrio entre las comunidades de inmigrantes en los Estados Unidos. Con frecuencia se reportan ejemplos de familias divididas por las redadas de inmigración. Los niños se quedan sin sus padres, que son arrestados y luego deportados a sus países de origen. La Ley de Reforma de Inmigrantes ilegales y responsabilidad del Inmigrante cambió el término deportación por expulsión.[195] Está claro que las familias se van a fragmentar cada vez más a través de esta política. Y, sin duda, incluso las personas sometidas a inspección oficial, por su apariencia facial será una señal de alerta, y pueden ser encarceladas al menos mientras las autoridades investigan su verdadero estatus" legal". Tal es el caso de la ley antiinmigrante firmada el año 2023 por el gobernador Santis. El drástico aumento de las deportaciones se debe en gran medida al proceso acelerado de expulsión, que fue designado para regresar a los extranjeros sin los documentos adecuados en los puertos de entrada.[196] Las consecuencias de la desintegración de las familias producen graves repercusiones económicas y psicológicas en las comunidades latinas. Si algunos esperan que los hispanos se conviertan en comunidades fuertes en un futuro cercano, la IIRIRA (Ley de Reforma de Inmigrantes Ilegales y Responsabilidad del Inmigrante) se asegura de que no suceda. Las familias en el extranjero no solo experimentan dificultades financieras, sino que en muchos casos los deportados se ven obligados a dejar a sus familiares dependientes en los Estados Unidos.[197] La inseguridad y el miedo son ahora los sentimientos a los que muchos inmigrantes se enfrentan todos los días. Ir a trabajar, llevar a los niños a la escuela o incluso ir a la iglesia ya no es algo que traiga satisfacción a las comunidades de inmigrantes. Incluso los residentes legales permanentes saben que la vida ya no es tan segura para ellos como lo era antes de la promulgación de la nueva ley

---

[195] Suárez-Orozco, Marcelo M. y Mariela M. Páez, eds., *Latinos: Remaking America* (Berkeley: University of California Press, 2002). 194

[196] Ibídem

[197] Ibíd., 197

de inmigración.[198] ¿Es posible vivir e interactuar en comunidad? Podría serlo si las organizaciones políticas, sociales y religiosas trabajan juntas para remodelar las estructuras actuales y permitir que los inmigrantes se integren en comunidades de participación real. Los inmigrantes deben ser vistos como seres humanos que vienen aquí para contribuir a la economía trabajando incansablemente. Además, poseen excelentes valores culturales y religiosos que pueden mejorar esta sociedad, haciéndola un poco más humana y sensible.

PREGUNTAS DE ANALISIS

1. ¿Como una teología del amor al prójimo puede contribuir a desmantelar el mal del racismo?
2. ¿De qué manera la iglesia contribuye a la clasificación de clases dentro de su interacción regular?
3. ¿Como se refleja la superioridad en inferioridad en los espacios físicos de las congregaciones?
4. ¿Cuál considera que debe ser la relación de la espiritualidad con la cultura y la integridad de las personas?
5. ¿Que deben deconstruir las comunidades latinas para poder convertirse en verdaderas comunidades de participación?

---

[198] Ibíd. 200

CAPÍTULO 9

La imposición de la fe correcta y la suposición de inferioridad

La idea de poseer la fe correcta ha creado en la mente de algunos el concepto de superioridad y en otras el complejo de inferioridad. La historia, tanto eclesiástica como secular, ha hecho creer a los pueblos que tales ideas existen como una realidad; de hecho, muchos individuos y grupos creen que es la norma. En América Latina, y particularmente en Guatemala, el poder político y el religioso se unieron. Para reflejar esa intención, construyeron los edificios municipales y eclesiásticos uno al lado del otro. En 1873 se firmó el primer decreto de libertad de culto. Significa que durante unos 350 años la Iglesia Católica Romana impuso su control del poder en ese país centroamericano. Eventualmente, hubo un pequeño movimiento en términos de quién iba a ejercer el control religiosamente hablando. Eso sucedió con la llegada de los misioneros protestantes en 1882. Su llegada fue causada por razones políticas, no necesariamente por el fervor religioso. Por supuesto, había otras implicaciones, como la educación, la libertad de prensa, la construcción de ferrocarriles y la agricultura. Se dice que la Iglesia Católica Romana llegó con la cruz y la espada. Los protestantes llegaron con el libre mercado y la democracia capitalista. La enseñanza protestante era: Ser evangélico significa ser anticatólico romano y viceversa. En medio de esta competencia e intolerancia, entre la ICR y la IEP, mientras decidían cuál podría ser la fe correcta para ser trasplantada e impuesta sobre las comunidades indígenas establecidas, los conquistadores no solo ignoraron los valores de los nativos, sino que también destruyeron las culturas locales y las formas en que adoraban a sus divinidades.

Reflexionando desde la perspectiva de los nativos latinoamericanos, Eduardo García del Río, un escritor mexicano, presenta hechos históricos muy interesantes sobre lo que sucedió cuando los españoles llegaron a México para "cristianizar" a los indios. Del Río señala que la invasión cristiana de hace 500 años produjo uno de los acontecimientos más horribles de la historia de la humanidad.[199] Los conquistadores españoles ignoraron el hecho de que estaban teniendo un encuentro con comunidades que en muchos casos eran más civilizadas que la suya (los españoles). También ignoraban que los indígenas habían desarrollado sus propias formas de adorar a sus divinidades. Con la bendición de Roma, los conquistadores también trajeron la idea de cristianizar a los nativos y con ese fin, utilizaron formas brutales para subyugar a esos seres humanos. La condición del Papa al entregar la tierra a los reyes de España fue que los habitantes fueran cristianizados.[200] El objetivo de los españoles de encontrar oro y otros medios para adquirir riquezas no produjo los resultados que esperaban al principio. Como en sus dos primeros viajes no encontraron oro, lo reemplazaron con mercadería humana. Colon decidió presentar algunos seres raros a los reyes, con el fin de darles evidencias de que algo nuevo había sido descubierto. En el primer viaje secuestraron a 17 indígenas separándolos de sus familias, y se los entregaron a los reyes como regalo.[201] Como ha sido la estrategia de quienes quieren imponer el control sobre los demás, Cristóbal Colón inicia la táctica de dividir a los pueblos de las tribus para poder conquistarlos. Al mismo tiempo, incluso sin la presencia de un sacerdote, comenzaron a cristianizar a los nativos por medio del bautismo. Su lema era: "Tenemos la responsabilidad divina de cristianizar a todos por su propio bien".[202] Los conquistadores estaban dispuestos a exterminar a aquellos indígenas que se resistieran a la forma

---

[199] Del Rio García, Eduardo (Rius)., *500 años fregados pero cristianos (500 hundred annoying years, but Christians)*
(México, D.F.: Casa Randoim Mondarori, 2005). Prólogo

[200] Ibíd. 28

[201] Ibíd., 32

[202] Ibíd., 40

en que los españoles querían dominarlos. A pesar de esa resistencia, Colon reconoció que estaba frente a gente buena. En una carta enviada a los reyes lo admitió abiertamente. Un extracto de una carta de Colón a los reyes dice: *"Son gente de amor y sin avaricia, y dispuestos a todo que certifico a vuestra alteza que en este mundo no hay gente mejor, ni tierra mejor, 1492.*[203] Del Río dice que, dadas las evidentes atrocidades cometidas por los conquistadores contra los conquistados, los mexicanos (así como el resto de los nativos latinoamericanos) fueron invadidos por gente mala. Fuimos conquistados por la peor parte de la civilización occidental. Estos conquistadores extranjeros no tenían idea de lo que significaba respetar las formas de vida y pensamiento de los demás. Desafortunadamente, muchos todavía creen que esos conquistadores hicieron lo correcto. A través de las conquistas, los españoles disfrutan de la ilusión de haber llevado su propia cultura a los pueblos conquistados. La población local de este continente ya tenía su propia cultura y civilizaciones muy desarrolladas. Los europeos no nos trajeron la cultura, nos trajeron su cultura.[204] Impusieron su cultura por la fuerza y obligaron a los nativos a vivir y actuar de manera diferente. Afortunadamente, los dueños de esta tierra, los indígenas, no perdieron esos valores que estaban marcados en sus almas, valores que aún están con ellos y en ellos.

Cuando llegaron los españoles, no encontraron un montón de gente ignorante en el "nuevo continente". Los invasores se sorprendieron por los avances de los nativos en muchas áreas, especialmente en la medicina. Francisco Hernández, médico personal del rey Felipe II, y su corresponsal en México, fue enviado a estudiar la Herbolaria Azteca (Medicina a base de hierbas). Escribió al rey con asombro, diciéndole que la medicina indígena era superior y más avanzada que la que practicaban en Europa.[205] Pero a pesar de la inteligencia mostrada por los nativos de la tierra, los conquistadores no la reconocieron y los maltrataron de maneras inhumanas. Los españoles etiquetaron a los nativos como bárbaros debido a los sacrificios humanos. No tuvieron en cuenta que estaban matando

---

[203] Ibíd. 48

[204] Ibíd., 76

[205] Ibíd., 81

a los indígenas con la excusa de que no eran realmente humanos y que no querían ser cristianizados. Tenían la horrenda mentalidad de que los sacrificios serían aceptados solo si se ofrecían al Dios verdadero.[206] Mostrando un gran nivel de arrogancia, los españoles llegaron a la conclusión de que los indígenas eran más que objetos extraños. Con esa conclusión decidieron cristianizarlos por medio del bautismo. Con el bautismo de los niños se veían obligados a denunciar a sus padres idólatras ante las autoridades eclesiásticas. Uno de sus documentos dice: "Decretamos que los indios tienen almas y tendrán el privilegio de ser cristianizados (es decir, bautizados)".[207] Del Rio argumenta que la iglesia en esos días era más intensa en la misión del colonialismo que el ejército.[208] Muchas personas ignoran esta otra parte de la historia porque la información ha sido manipulada por quienes ejercen el poder. La historia que se nos da como latinos/as generalmente proviene de la perspectiva de los demás, pero no de los nuestros. Los mensajes dan forma a nuestras opiniones y, finalmente, esas opiniones se convierten en parte de nuestro conocimiento. Pero para que tengamos la otra cara de la moneda, tenemos que empezar a leer y explorar lo que nuestra propia gente dijo sobre lo que realmente sucedió durante la conquista y la colonización, y también cómo adquirimos la fe que tenemos ahora. ¿Por qué creemos lo que creemos? ¿Por qué hay más vestigios públicos de la religión-cultura extranjera en nuestras ciudades que de la de nuestros propios antepasados? Del Río afirma que en el interior hay más iglesias que en todo el mundo, todo a costa de la destrucción de una cultura. [209] Esa es la realidad en muchos lugares donde los españoles vinieron a imponer sus formas de vivir y creer. Según Juan de Zumárraga, inventor de la "Guadalupana" (La Señora de Guadalupe) ordenó la quema de muchos templos indígenas, varios miles de ídolos y los archivos de Texcoco.[210] Zumárraga era experto en apariciones, así como en desapariciones. Estas personas malignas crearon una historia de acuerdo con sus propios intereses. Convertirse

---

[206] Ibíd., 117

[207] Ibíd., 119

[208] Ibíd., 125

[209] Ibíd., 179

[210] Ibíd., 190

en un cristiano devoto en aquellos días era una garantía de sobrevivir, de no pagar impuestos y de no caer en la esclavitud.[211] Esa fue la razón por la que los indígenas permitieron ser bautizados en grandes cantidades. "Si os bautizamos, no dejaréis de ser esclavos, sino de vuestras propias pasiones, decían los españoles"[212] A pesar de esa situación, los nativos trataron de mantener sus prácticas religiosas. Para ello, colocaron debajo de cada altar cristiano un ídolo propio. Antes de la llegada de los españoles, los nativos ya adoraban en el Tepeyac a la diosa madre Tonatzin (que significa nuestra madre). Mientras tanto, en España los cristianos católicos adoraban a la Virgen Morena de Guadalupe.[213] Es por eso por lo que los conquistadores pudieron imponer su propia virgen a los indígenas mexicanos. Cuando los seres humanos tienen en sus mentes la actitud malvada de la superioridad, son capaces de destruir a los demás, sin discriminación. Al creer que somos los únicos que tenemos la fe correcta, ponemos en riesgo el bienestar de nuestras comunidades. Irónicamente, la fe cristiana se entiende como aquella que trae unidad a los creyentes, pero cuando esa fe se impone de la manera en que lo hicieron los españoles, trae división y odio.

¿Qué es la verdadera Iglesia?

La pregunta que muchas personas interesadas en la religión se siguen haciendo en estos días, tiene que ver precisamente con la relacionada a la verdadera iglesia. En muchos casos, las comunidades latinas están divididas no por su propia cultura o nacionalidad, sino por su afiliación eclesiástica. Los cristianos en general han fracasado en ser un reflejo de la unidad de la iglesia que pretende seguir el mensaje bíblico. En la oración trinitaria de Jesús en el capítulo 17 del evangelio de Juan, nuestro Señor ora para que los creyentes sean uno, ya que el Padre y el Hijo son uno en esencia. Tal unidad es difícil de observar en nuestras congregaciones hoy en día, pero es la demanda del evangelio. Para que los verdaderos cristianos representen lo que Jesús tenía en mente, necesitamos hacer

---

[211] Ibíd. 200

[212] Ibíd. 201

[213] Ibíd. 202

una reinterpretación de lo que es la iglesia y cuál es su misión en este mundo. La iglesia institucional actual no es necesariamente un buen ejemplo para seguir, si queremos practicar esa unidad. Elizabeth A. Johnson, autora de *She Who Is (Ella quien es)*, argumentando sobre la teología feminista, nos ayuda a entender cuántos cristianos exhiben signos reales de superioridad incluso entre géneros. Para que las mujeres alcen la voz, esas voces relacionadas con sus propias interpretaciones teológicas, deben hacerlo literalmente desde los márgenes. Estar en los márgenes es ser parte del todo, pero fuera del cuerpo principal. No es un lugar innecesario, sino un lugar de desvalorización sistemática. Estar ahí significa ser menos, ser ignorado, no tener tanta importancia.[214] La forma en que la Biblia ha sido interpretada tradicionalmente por los hombres, la falsa idea de que los hombres son la cabeza de la familia y la iglesia, y la idea de la superioridad del hombre sobre la mujer, también han contribuido al concepto malformado de la fe correcta. Por ejemplo, si un pastor varón dijera que la fidelidad es importante para un matrimonio cristiano; es más creíble que si una mujer dijera lo mismo. Eso sucede generalmente en muchos ambientes latinos, cristianos y no cristianos. Johnson señala que el sexismo se expresa en las estructuras sociales y en las actitudes y acciones personales, y que ambas se entrelazan en el ámbito público y privado.[215] Esto también es cierto en el ámbito de las iglesias institucionales. Los hombres son los que están al frente y en control de muchas de las instituciones, incluidas las congregaciones cristianas. Eso sucede, dada la incomprensión de los roles de las mujeres y sus derechos a participar plenamente en las diferentes áreas de la vida: social, política y religiosa. Pero es innegable, al menos en las iglesias, que, a pesar de esa mentalidad equivocada, las mujeres son generalmente las mejores partidarias y las que muestran un verdadero compromiso de servicio. Desafortunadamente, en la sociedad a las mujeres se les han negado durante la mayor parte de la historia los derechos políticos, económicos,

---

[214] Jonson A. Elizabeth, *Ella que es, el misterio de Dios en el discurso teológico feminista* (Nueva York, NY: Crossroad Publishing Company, 2001). 22

[215] Ibíd. 23 Jonson A. Elizabeth, *La que es, el misterio de Dios en el discurso teológico feminista* (Nueva York, NY: Crossroad Publishing Company, 2001). 22 Ibíd

legales y educativos.[216] La iglesia de hoy tiene el tremendo desafío de remodelar no solo sus estructuras, sino también su propia teología sobre lo que significa ser y hacer iglesia en este mundo. La fe cristiana se expresa de diferentes maneras y a través de diferentes culturas en el universo. La forma occidental de creer sigue dominando, pero ya no es la única. Los pueblos de todo el mundo practican cada vez más su fe de acuerdo con su propia cultura y tradiciones. Los practicantes sajones europeos sólo tienen que ser conscientes de esa realidad y estar preparados para entrar en una amplia conversación de intercambio e integración. El trabajo de deconstrucción, como argumenta Johnson, "desenmascara la dinámica oculta de dominación en el lenguaje, la costumbre, la memoria, la historia, los textos sagrados, la ética, el simbolismo, la teología y el ritual de las tradiciones cristianas."[217] Para deconstruir los prejuicios sobre las mujeres, así como sobre las personas extranjeras que viven en los Estados Unidos, y aceptarlas plenamente en las comunidades religiosas de participación, las iglesias deben comenzar a prestar atención a la voz del Espíritu Santo. Ya no hay lugar para la segregación en el Reino de Dios. Teológicamente hablando, todo lo que disminuye o niega la plena humanidad de la mujer, debe suponerse que no refleja lo divino, o una relación auténtica con lo divino, o refleja la naturaleza auténtica de las cosas, o que es el mensaje o la obra de un auténtico redentor, o una comunidad de redención.[218] Dios está en acción a través de la presencia del Espíritu Santo en la iglesia y en el mundo. Escuchar la voz divina es el punto de partida para iniciar ese cambio, un cambio radical. Si el ministerio de la iglesia actual no es relevante para cada cultura y comunidad, entonces no es una verdadera iglesia. Como diría Aida Besancon en Beyond the Curse "La mujer (Eva) no fue creada para servir a Adán sino para servir con Adán." En consecuencia, para que la misión de la iglesia se lleve a cabo de manera efectiva, se necesita de la imagen completa de Dios sobre la tierra y en consecuencia en las instituciones eclesiásticas.[219]

En América Latina, en aquellos países que tienen más presencia indígena, se ha dicho que para que *mestizos* e indígenas se reúnan en

---

[216] Ibíd. 25

[217] Ibíd. 29

[218] Ibíd. 30

una mesa de conversaciones teológicas abiertas, que es necesario un proceso de conversión de ambas partes. Existe la suposición es que nadie quiere renunciar a su propia forma de pensar o creer. Pero, nadie puede negar que, históricamente, *los mestizos* tienen más cosas a las que deben renunciar que los indígenas. Es bien sabido que *los mestizos* han ejercido el abuso y la discriminación en contra de la población indígena. Esta conversión equivale nada menos que a un renacimiento y se lleva a cabo en la dialéctica del contraste y la confirmación. Las iglesias están llamadas a crear e implementar programas, basados en una teología relevante de incorporación que permita que todos se sientan bienvenidos/as en un ambiente de la presencia divina. Si la iglesia presume ser el cuerpo de Cristo, entonces sus miembros deben sentir y ejercer la responsabilidad de representar a Cristo, quien es la cabeza del cuerpo, a este mundo necesitado. En las comunidades de inmigrantes hay una gran necesidad de Dios. Muchos latinos, en particular, ya no tienen fe en la iglesia, pero siguen creyendo en Dios. Los seres humanos están estructurados dinámicamente hacia Dios.[219] En consecuencia, buscan formas que puedan conectarlos con lo divino. La Teología de la Liberación Latinoamericana que emerge no de las alturas, sino de las estructuras de abajo, puede ser una buena herramienta no solo para comprender la situación de la comunidad inmigrante, sino también para ayudar a esas comunidades a elevarse y experimentar un sentido de lo que significa servir a Dios, servir al pueblo de Dios y disfrutar de la acción del Espíritu Santo obrando en medio de ellos. George C.L. Cummins en *A Common Journey* afirma que la Teología Negra de los Estados Unidos de América buscó explicar el significado de la fe cristiana, en el contexto de su lucha por la justicia racial y cultural en esta nación. La Teología de la Liberación Latinoamericana buscó hacer lo mismo en el contexto de la lucha socioeconómica contra todas las formas de la opresión en el continente latinoamericano.[220] Personalmente sostengo que, dado que los hispanos enfrentamos las

---

[219] Aida Besancon. Beyond the curse (Grand Rapids, MI: Baker academic, 2010)27

[220] Cummings, George C. L., *UN VIAJE COMÚN: LA TEOLOGÍA NEGRA (EE. UU.) Y LA TEOLOGÍA DE LA LIBERACIÓN LATINOAMERICANA. La serie Bishop Henry McNeal Turner/Sojourner Truth en Black Religion, v. 6.* (: Orbis Books, 2001). IxMaryknoll, N.Y.

mismas luchas en los Estados Unidos, también necesitamos en esta parte del mundo una teología que nos permita ser liberados y transformados en comunidades de intercambio y cuidado mutuo. Los latinos, como cristianos, no pueden separar la teología de sus experiencias cotidianas. La teología académica tradicional es buena, pero no lo suficientemente buena como para ayudar a las personas que necesitan resolver sus luchas. Nuestra teología debe ser relevante e integrada. Cummins afirma que tanto la teología negra como la teología de la liberación de los Estados Unidos y América Latina entienden la creación religioso-cultural, socio-económica y política, como esencial para el mensaje del evangelio, y pueden contribuir mutuamente en la evolución de una teología más comprensiva de la liberación socioeconómica, religioso-cultural y política.[221] Como cristianos, dispuestos a abogar por la justicia en medio de nuestras congregaciones, y a brindar mejores oportunidades para la inclusión de nuestros hermanos y hermanas hispanos, necesitamos releer el evangelio a través de diferentes lentes. El Evangelio es un mensaje revolucionario, liberador. Es un mensaje de inclusión y aceptación. La teología de la liberación nació cuando los cristianos buscaron comprender de nuevo su papel en el contexto de la lucha revolucionaria contra las clases dominantes. Las comunidades latinas/hispanas, a medida que continúan lidiando con su pasado, que para la mayoría tiene que ver con la pobreza, la miseria, la explotación y la opresión tanto social-política como religiosa, necesitan trabajar por su liberación. Su situación no ha cambiado por el hecho de vivir en los Estados Unidos. Las personas que los han oprimido son diferentes, pero los sistemas y los resultados son los mismos. Esperar que su liberación provenga de la cultura dominante es una fantasía utópica. Tienen que empezar por el corazón mismo de sus propias comunidades. La teología de la liberación no comienza con la problemática del ser humano moderno (burgués), sino con la de los pobres y dispuestos, aquellos a quienes los dominadores burgueses tratan de mantener sin historia.[222] Como verdaderas comunidades de fe, los líderes y sus constituyentes necesitan teologizar juntos para buscar su liberación a partir de sus experiencias históricas. Su experiencia familiar viviendo en su tierra

---

[221] Ibíd. xi

[222] Ibíd., 64

natal, su éxodo al norte y sus luchas cotidianas viviendo en los Estados Unidos, no pueden ser dejadas de lado cuando están desarrollando su propia teología de la liberación. Una teología que tiene como punto de partida a Dios y su reino en los cielos, sin tomar en cuenta la realidad en esta tierra, no es útil ni relevante para las comunidades latinas/hispanas. Estas comunidades necesitan tomar como punto de partida la Trinidad Divina y su manifestación aquí y hoy en la tierra para desarrollar su propia teología y misión. La teología es una reflexión crítica sobre la práctica de la comunidad de fe. La comunidad cristiana está llamada a una praxis definida, es decir, a la caridad real, al amor y al compromiso al servicio de los hombres y mujeres. Los latinos, al igual que otras comunidades étnicas raciales, debido a sus luchas cotidianas, hacen teología teórica siempre y cuando la praxis se lo permita.

La Fe Correcta edifica, no destruye la comunidad

Es sólo en el ámbito de las verdaderas comunidades-Iglesia, donde las personas pueden crear una verdadera conciencia sobre la destrucción de la humanidad y al mismo tiempo de la reconstrucción de esta. Los primeros creyentes después del acontecimiento de Pentecostés (Hechos 2) exhiben como ejemplo lo que significa vivir en verdadera comunidad de intereses comunes. Su forma de vivir era una experiencia de intereses mutuos. Era una verdadera comunidad de bienestar. En Hechos 2:43-47 podemos ver dos aspectos comunitarios importantes entre otros:

1. *El comportamiento de la comunidad:* Su forma de vida se basaba en una verdadera *koinonía*. En la lengua española, este término griego *Koinonía* implica: comunión, relación muy estrecha, hermandad, participación, unión, contribución y ayuda. Es interesante cómo la Versión Inglesa Contemporánea en lugar de usar la palabra *Koinonía,* o comunión, dice: "Eran como familia el uno para el otro". En términos humanos, es imposible vivir en comunión fuera de la familia. Estos creyentes tenían una variedad de elementos en común. Continuaron aprendiendo de las enseñanzas de los Apóstoles, preservando la unidad, compartiendo el pan y orando juntos. También seguían

compartiendo todo lo que tenían. Quienes tenían más vendieron sus posesiones para apoyar a los necesitados. Obviamente, a la iglesia hoy en día le faltan algunos de estos elementos tan importantes que dan forma a cualquier comunidad de fe.

2. *El Testimonio de la Comunidad:* La forma en que practicaban su fe, fue una reacción contra la Sinagoga Judía que solía excomulgar a algunos segmentos de la población. Esta comunidad parece ser una verdadera familia inclusiva. Hubo personas como Bernabé que vendió una de sus posesiones para satisfacer las necesidades de la iglesia (4:37). Nadie estaba necesitado en esa comunidad. Su actitud alababa a Dios, y al resto de la gente les caen bien. Como resultado, el Señor añadió a su congregación a los que iban a ser salvos (Hechos 2:47 NVI). Al vivir de esta manera, los primeros cristianos fueron capaces de desafiar no solo los sistemas religiosos, sino también los sistemas sociopolíticos y económicos. Personalmente, creo que el cristianismo en estos primeros años alzó una voz profética verdadera contra los sistemas establecidos en esa parte del mundo, a través del poder y la acción del Espíritu Santo.

Como cristianos serios, tenemos que ser conscientes de la forma en que nuestras iglesias están lidiando con los problemas reales, que incluyen: los marginados, los niños, los ancianos, el medio ambiente y, por supuesto, los millones de inmigrantes que en la práctica generalmente son ignorados/as. En esta sociedad capitalista donde la mayoría de la gente siempre está mirando por su propio bien, no es una sorpresa que la iglesia, como reflejo de la sociedad, también actúe de la misma manera. Desde nuestro punto de vista, la razón por la que tenemos muchas iglesias en una misma ciudad, la mayoría de ellas simplemente sobreviviendo sin una misión relevante, tiene que ver con la visión limitada y la falta de voluntad para llevar a cabo un ministerio con otros, colectivamente. Tristemente, algunas personas de la iglesia dicen: "Estamos disminuyendo en membresía, pero tenemos suficiente dinero para pagar nuestro presupuesto." Como ejemplo típico de esta sociedad, el presupuesto es más importante que las personas. Para las comunidades de fe, las personas son más importantes que las fuentes materiales, incluso cuando las necesitan para sobrevivir. Los programas son irrelevantes si no sirven al bienestar de quienes integran la comunidad. El liderazgo se coloca en esas comunidades para servir, no para ser servido. Al hacerlo, estos líderes deben reflejar el ejemplo de amor y compartir que proviene de la Trinidad Divina. Leonardo Boff afirma: "Los señores de este mundo dominan invocando en la sociedad y en la familia el nombre de Dios como "Jefe" o "Dueño." Olvidan que Dios tiene un Hijo y vive con el Espíritu Santo en perfecta igualdad".[223] El mensaje profético de Jesús estaba dirigido a crear esperanza para las personas marginadas, y también su mensaje era un desafío para el cambio a los grupos dominantes. Para proclamar una verdadera voz profética contra la destrucción de las comunidades, es necesario interpretar el mensaje desde la perspectiva de aquellos que aún no forman parte de los "clubes religiosos." La evangelización es un llamado a participar en la Comunión Trinitaria, afirma Boff.[224] Siendo realistas, las personas que están fuera de los edificios y otros lugares de culto no están escuchando el llamado a venir y convertirse en una parte integral de la comunidad de fe. De hecho, algunas iglesias ni siquiera son capaces de abrir sus puertas a otros nuevos grupos cristianos, sin importar si estos hermanos/as pertenecen a la misma denominación. Para compartir la vida de la iglesia externamente, es necesario tener una mejor comprensión de la voluntad de Dios para nuestras congregaciones. Boff dice que "Dios es comunión y comunidad de personas y que la familia se construye sobre la comunión y el amor. Es la expresión primaria de la comunidad humana."[225] Vivir en comunión y en amor es una cuestión de acción, no de sentimiento. Significa que necesitamos una conversión de, solo sentir algo por los demás hacia convertir esos sentimientos en acciones concretas. En la predicación popular latina, la conversión significa pasar de la forma de vida malvada a una nueva de acuerdo con el ejemplo de vida de Jesús. Afirmamos que todo lo que sucede en nuestras vidas en términos de cambios positivos, se atribuye a la acción de Dios. En ese sentido, necesitamos urgentemente la acción del Espíritu de Dios en

---

[223] Boff Leonardo, *Santísima Trinidad, Comunidad Perfecta* (Maryknoll, NY: Orbis Books, 1988). 8

[224] Ibíd., xiii

[225] Ibíd., 39

nuestras vidas para ser transformados según el ejemplo de Jesús. Sin la presencia de Dios no podemos seguir adelante. Las comunidades de fe son un reflejo de Dios y de los seres humanos en acción. La comunión trinitaria, según Boff, existe junto con la comunidad humana.[226] Dios en Cristo llama a la humanidad a volver a casa. Dios quiere interactuar en una relación real con toda su creación. Emmanuel está con nosotros y en nosotros/as. Boff dice que la creación existe para acoger a la Trinidad y que la Trinidad busca acoger a la creación dentro de sí misma.[227] La Trinidad Divina es, sin duda, el modelo a seguir para que las comunidades latinas/hispanas crezcan como grupos de fe que disfrutan de un ambiente de armonía y de compartir en amor. La fe puesta en el Dios Trino nos lleva a construir, no a destruir la comunidad.

Nosotros/as cometemos pecado al mantenernos en silencio frente a la destrucción que otros están infligiendo o haciendo a las comunidades marginales y su entorno natural. Los cambios de comportamiento son posibles solo si reconocemos que hemos estado actuando de una manera malvada. También estamos llamados a tomar la decisión de arrepentirnos. Como cristianos no tenemos otra opción. Podemos continuar como observadores/as, simplemente observando cómo otros destruyen la creación de Dios, o nos convertimos en parte de la reconstrucción de esta. Ese proceso implica una teología de la reconstrucción tanto personal como en las áreas de la naturaleza destruidas por nuestro pecado. Después de las controversias sobre la divinidad de Cristo y el desarrollo de la Trinidad Divina, en lugar de enseñar y practicar una teología trinitaria, el cristianismo se ha centrado más en la teología cristológica. El malentendido de Cristo como el "Señor y *Jefe*", ha creado comunidades eclesiásticas basadas en cabezas o señores individuales, pero no una verdadera comunión de todos los miembros. Hemos olvidado que Cristo es la manifestación de la plenitud de Dios que es comunidad. Ante esta situación podemos entender que, si no hemos sido capaces de abrazar a otros humanos que son iguales a nosotros/as, menos podemos abrazar al resto del mundo como parte de nuestra vida cotidiana. Las comunidades de fe cristiana son una combinación de interacción entre Dios y el ser humano. La creación

---

[226] Ibíd., 53
[227] Ibíd., 109

de conciencia sobre la situación actual de la humanidad debe iniciarse primero en nuestra propia persona. Entonces podemos empezar a crear ese poder de liberación a través de nuestras acciones con el resto de nuestros semejantes. En este sentido, la salvación en Cristo es un poder liberador porque lo incluye todo, aceptando todas las cosas en una esperanza que todo lo abarca.[228] Cuando reconozcamos la importancia de la interdependencia que todos tenemos en el mundo, y unos con otros, entonces seremos capaces de cooperar en la transformación de la realidad actual. El mundo se transformará en el mundo de Dios, es decir, en la propia casa de Dios.[229] Para que eso suceda, los seres humanos necesitan orar y permitir que el Reino de Dios venga y venza cualquier tipo de reino que pertenezca a este mundo. Moltmann afirma que, en la comunidad de creyentes, o en la nueva creación, Dios siempre llega a estar en casa.[230] Pero, al mantener el estatus quo, ni siquiera podemos tener un impacto en nuestras propias congregaciones. Tenemos que ser empoderados/as por Dios, que es la Comunidad Divina que vive y actúa con y entre nosotros, para dirigir una voz profética directa contra la centralización del ministerio de la Iglesia, los sistemas políticos y las organizaciones económicas que destruyen las culturas sin misericordia. Como cristianos, debemos arrepentirnos no solo por apoyar el daño contra la creación de Dios, sino también por guardar silencio cuando deberíamos haber levantado la voz en su contra.

Diferentes, pero no inferiores

El concepto de superioridad e inferioridad está arraigado en la historia de la humanidad. Por ejemplo, los judíos en la Biblia se han considerado superiores a los gentiles. Los editores de *Disrupting White Supremacy* afirman que "la esperanza consiste en crear un futuro mejor en el que todas las razas puedan disfrutar unas de otras como seres

---

[228] Moltmann Jurgen, *La Trinidad y el Reino* (Minneapolis, MN: Fortress Press, 1993).103

[229] Ibíd., 105

[230] Ibíd., 195

humanos."[231] Como personas que decimos ser cristianos, necesitamos una verdadera conversión y compromiso con la intención de Dios de cuidar y preservar esta hermosa casa llamada Tierra y sus habitantes. Estamos llamados a romper los patrones de exclusividad y convertirnos en una Iglesia-comunidad inclusiva. La supremacía blanca impregna y distorsiona todos los aspectos de la vida. "Entendemos la supremacía blanca como una sistemática más amplia del racismo individual, institucional y social en el que la blancura, es decir, los cuerpos "blancos" y las prácticas culturales y sociales asociadas con los considerados blancos, se consideran normativas y superiores, y a través de las cuales se otorga a las personas blancas un estatus ventajoso de varios tipos."[232] La descentralización de la misión de la iglesia nos permitirá incluir no solo a aquellos que parecen diferentes a nosotros, sino también a toda la comunidad de seres vivos del planeta. Dios ama a toda su creación, no solo a una parte de ella. El modelo de descentralización también acogerá a personas de todos los orígenes, idiomas y culturas en las instituciones educativas. Las iglesias y los seminarios pueden convertirse en lugares de comunidades reales donde términos como "cultura dominante o minorías" deben desaparecer totalmente. Más allá de enfrentar nuestro pasado y confesar nuestra complicidad con la supremacía blanca, el cambio significa involucrarse activamente en el desmantelamiento de las estructuras que lo sostienen.[233] Reconocer que todos somos seres iguales requiere no solo trabajo difícil, sino también arrepentimiento y una transformación de toda nuestra vida. Nuestro espejo para seguir y actuar es el ejemplo de Jesús que se identificó con los pobres y marginados. Para lograr ese objetivo de transformación, debemos tomar una decisión personal y comunitaria. Se exige un reestudio de nuestra misión actual de construir comunidades que reflejen la participación de todos los seres humanos. El ejemplo para seguir es la Trinidad Divina, como el modelo sublime de compartir el amor, el poder, la energía y el espacio. Una buena teoría social, o análisis crítico, nos

---

[231] Harvey Jennifer, Case A. Karin, Gorsoline Hawley Rodin, eds., *Disrupting White Supremacy from within, White People on what We need to do* (Cleveland, OH: The Pilgrim Press, 2004).

[232] Ibíd. 4

[233] Ibíd. 6

ayuda a comprender las raíces del problema, y puede indicar los tipos de acción que pueden ser efectivas.[234] Por supuesto, cualquier acción con la intención de trabajar este tema de la superioridad debe hacerse con la idea clara en nuestras mentes de que los seres humanos son simplemente diferentes, pero no superiores o inferiores.

Es esencial que la cultura dominante estadounidense en general reconozca que, desde la perspectiva de Dios, no existe tal etiqueta de superioridad e inferioridad. Las personas son diferentes debido a su cultura, raza y sistema de creencias. Es importante entender que ser diferente no es una maldición, sino una bendición. Las etiquetas raciales reflejan patrones complejos de dominación y lucha.[235] Para recuperar nuestra capacidad de considerarnos los unos a los otros como personas iguales y valiosas, debemos abrir nuestros corazones al Espíritu Santo para ser transformados a imagen de Cristo, que es la imagen perfecta de Dios. Para que podamos eliminar el mal de creer que unos son superiores a otros, necesitamos deconstruir lo que la sociedad, y en muchos casos la iglesia, nos han enseñado en términos de supremacía. Es importante enfatizar que el blanco, así como cualquier otro tipo de supremacía, es omnipresente, sistémico y multifacético.[236] Solo en comunidades donde todos los seres humanos se ven como una raza igual es posible compartir en armonía, respetarse unos a otros, apoyarse mutuamente y cuidar adecuadamente de la creación de Dios. Las constituyentes en todas sus expresiones necesitan experimentar una transformación divina para ser parte de una interacción divino-humanas.

Imponer nuestra propia fe como nuestra teología, como la única y correcta, y asumir que los demás son menos que nosotros, es un mal que debe desaparecer del ámbito de las verdaderas comunidades. El refrán común dice: "La unidad hace la fuerza." Las comunidades vitales se enfocan en mejorar la calidad de vida, consideran la salud ambiental y fomentan la participación de todos los miembros de la comunidad en la toma de decisiones. Los cambios implican sufrimiento y pérdida. En el caso particular de las comunidades latinas, que viven

---

[234] Ibíd. 10

[235] Ibíd. 18

[236] Ibíd. 23

en los Estados Unidos, pueden seguir el ejemplo de las comunidades afroamericanas que basan su resistencia a la esclavitud en el sufrimiento de Jesús. A través de la identificación de su propio sufrimiento con el sufrimiento de Jesús, las mujeres afroamericanas cristianas crearon un comentario religioso y moral sobre el mal y la violencia de la esclavitud. Jesús proporcionó una figura religiosa positiva para los movimientos de resistencia negra.[237] Las comunidades hispanas, como lo han hecho las comunidades afrodescendientes, necesitan resistir contra esas declaraciones, incluso aquellas teológicas que tienden a perpetuar el mal de la superioridad sobre los grupos étnicos raciales. En el pasado, para justificar la esclavitud, teólogos blancos, como Samuel D., enfatizó la influencia civilizadora de la fe en Jesús. "La condición de los esclavos es mucho mejor que la de los africanos de quienes han sido traídos."[238] Dios, que es amor, misericordia y justicia, no pudo crear a unos seres humanos más dignos que otros. Los verdaderos cristianos tienen que resistir esa teoría maligna. Para construir comunidades de fe de intercambio mutuo, tenemos que comenzar en igualdad de condiciones. Basado en la doctrina cristiana de la encarnación, Cristo se hizo carne por el bien de toda la humanidad, no solo por un segmento selecto de ella. Jesús, en ese sentido, vino a este mundo pecador no para imponer su superioridad, sino para servir a los demás con amor y compasión. El servicio es útil, precisamente porque apunta a una forma de liderazgo mutuo que es fundamental para la vida y el evangelio de Jesucristo.[239] A la luz de la condición de la experiencia sufrida, como latinos que viven en los Estados Unidos, solo tienen dos opciones: (1) seguir disfrutando del estatus quo de la iglesia actual, o (2) convertirse en parte de un movimiento que pueda salir de la zona de comodidad para asumir responsabilidades y compartir el evangelio de la liberación con cada ser de esta Tierra como una verdadera Iglesia-Comunidad de bien común.

---

[237] Polin Newton James, *Líbranos del mal, resistiendo la opresión racial y de género* (Minneapolis, MN: Augsburg Fortress, 1996). 136

[238] Ibíd. 139

[239] Ibíd., 142

PREGUNTAS DE ANALISIS

1. ¿De qué manera ha contribuido la iglesia evangélica protestante a destruir la cultura y religiones de los pueblos latinoamericanos?
2. ¿De qué manera la iglesia puede crear espacios de respeto mutuo donde mestizos e indígenas puedan dialogar sin prejuicios ni desconfianza?
3. ¿Como podemos los cristianos latinoamericanos inmigrantes dedicarnos a predicar el evangelio liberador de gracia y no querer imponer nuestras propias tradiciones?
4. ¿De qué maneras prácticas pueden las congregaciones elevar el valor de la mujer en el servicio a su verdadera dimensión?
5. ¿Quiénes o quienes deben tomar la iniciativa para implementar una teología que nos permita como inmigrantes cristianos ser liberados y transformados en comunidades de intercambio y cuidado mutuo

CAPÍTULO 10

Hispanos/Latinos como fuerza de trabajo y política, real y visible

Un extracto de una resolución de la 216ª Asamblea General del Iglesia Presbiteriana de los Estados Unidos (PCUSA) dice lo siguiente:

"Resolución que pide un programa integral de legalización para los inmigrantes que viven y trabajan en los Estados Unidos

El Comité Asesor sobre Política de Testigos Sociales (ACSWP, por sus siglas en inglés) recomienda que la Asamblea General 216ª (2004) de la Iglesia Presbiteriana (EE. UU.) haga lo siguiente:

1. Aprobar la Resolución que exige un Programa Integral de Legalización para los Inmigrantes que viven y trabajan en los Estados Unidos, y exhortar a los miembros de la Iglesia Presbiteriana (EE.UU.) y a sus órganos de gobierno a tomar las siguientes medidas:

a. Abogar por el establecimiento por ley de un programa integral de legalización para las personas

indocumentadas que ya viven y trabajan en los Estados Unidos.
b. Abogar por la reforma de las políticas y procedimientos migratorios actuales para asegurar un proceso más oportuno y humano, con especial atención a la reunificación familiar y a aquellas personas que han estado esperando sus visas de inmigrante y naturalización.
c. Oponerse rotundamente a la explotación de todos y cada uno de los trabajadores como una violación del trato humano y justo debido a que todos somos hijos/as de Dios."[240] (Traducción personal del Ingles)

¿Es justo etiquetar a los hispanos/as como personas perezosas e ignorantes? Los latinos en general han demostrado durante décadas que vienen a este país a trabajar muy fuerte y en consecuencia a sostener la economía de esta nación. No es necesario ser expertos en la materia para darse cuenta de que *"Los Hispanos"* son la fuerza que mantiene unidas a las industrias de restaurantes, construcción, limpieza y jardinería, entre otras, en los Estados Unidos. Los latinos son los únicos (con pocas excepciones) que pueden mantener dos o tres trabajos al mismo tiempo porque la necesidad de sostener y llevar comida a las mesas de sus familias es extrema. Es común que los hispanos digan: "No tenemos derecho a estar enfermos." Lo que esto realmente significa es: *si nos enfermamos, no cumplimos con nuestro compromiso de ajustar el presupuesto diario.* Es bien sabido que los latinos/as, casi por lo general, a pesar de sus grandes esfuerzos por cumplir con sus deberes en el trabajo, no tienen acceso a los servicios médicos. Los costos extremadamente altos de los seguros definen en este país quién tiene derecho a vivir y quién está condenado a morir. No importa el esfuerzo que esté haciendo el gobierno de los Estados Unidos para exterminar a todos aquellos que puedan parecer como terroristas, especialmente después del 11 de septiembre del 2001, no hay poder humano que pueda detener el crecimiento de los hispanos. F. Chris García, editor de *Latinos and the Political System*, describe la realidad de los latinos como una

---

[240] Para leer la resolución completa, visite: WWW. PC(USA).org

fuerza creciente en los Estados Unidos. Algunos de los hilos comunes más destacados son: (1) El racismo y los prejuicios que estos grupos han encontrado y hasta cierto punto todavía están experimentando, (2) las experiencias históricas que de alguna manera son diversas, pero que en muchos sentidos están conduciendo a algunos puntos significativos en común entre estos grupos, y (3) la población latina en rápida expansión en los Estados Unidos.[241] La cultura dominante y los políticos prefieren no reconocer la contribución de los latinos a esta sociedad. Muchos ni siquiera se dan cuenta de que la razón por la que pueden tener productos en sus lujosas casas tiene que ver con la realidad de que los latinos están trabajando duro, y por salarios generalmente muy bajos, en los campos de la Unión Americana y otros estados. Los hispanos son más de 59 millones en los Estados Unidos, según el Censo del 2020 pero, ¿a quién le importan esos números? Mientras continúen produciendo y consumiendo, la economía nacional se mantendrá a flote. García señala que se observa el relativo aislamiento o invisibilidad de estos grupos, sin embargo, debido a la demografía de la población latina, en particular su rápido aumento en tamaño es inevitable que los latinos se conviertan en una consideración importante para los legisladores de la nación. El potencial político de estos grupos se percibe como tremendo.[242] Sería arrogante seguir ignorando la presencia y participación de los latinos en la vida doméstica de los Estados Unidos. Están aquí y en todas partes. Muchos se están convirtiendo en ciudadanos o residentes legales de este país. Además de eso, están teniendo hijos que son ciudadanos automáticamente de los Estados Unidos. No se puede hablar de la agenda social y política sin incluirlos. Desde los campamentos de trabajadores migrantes hasta las grandes ciudades donde vive ahora el 85% de los hispanos, la floreciente comunidad hispana se está volviendo cada vez más poderosa y se está preparando para llevar la política interior y exterior de Estados Unidos en direcciones nuevas e inexploradas.[243] Los latinos no pueden ser ignorados de ninguna manera. Sin embargo, la realidad de la participación latina en temas políticos decisivos sigue

---

[241] García Chris F., *Los latinos y el sistema político* (Notre Dame, Indiana: University of Notre Dame Press, 1988). 7

[242] Ibíd. 8

[243] Ibíd. 11

siendo una incógnita. Dado a las horribles experiencias en América Latina, sus vidas extremadamente ocupadas en esta parte del mundo y la falta de dominio del idioma, o el conocimiento adecuado de este sistema, los latinos/as en general prefieren permanecer en los márgenes de la esfera política. Pero esto no significa que no puedan ser actores y actrices de las decisiones tomadas por el aparato político. Ahora más que nunca, los latinos están siendo tomados en cuenta por los políticos, pero para pronunciar sus discursos y hacer sus agendas atractivas. La creciente influencia hispana en todos los aspectos de la vida estadounidense también está siendo reconocida en los círculos oficiales, aunque los hispanos siguen teniendo poco poder político en Washington.[244] Los políticos no pueden organizar sus campañas sin incluir a las comunidades latinas. Las comunidades hispanas han experimentado algunos avances significativos en los últimos años en términos de organización. Ahora, hay más líderes que trabajan a favor de los derechos de los trabajadores/as y abogan por que los latinos sean incluidos en las agendas políticas. Los hispanos necesitan un proceso de reeducación. Necesitan aprender a organizarse y a participar en el campo político como profesionales, no sólo como observadores. Desafortunadamente, las comunidades latinas todavía están marcadas por el sello de la división de sus países de origen. Las poderosas fuerzas extranjeras, con la anuencia de los gobiernos locales y la gente del poder económico, han mantenido a las comunidades divididas. Como consecuencia, a estas fuerzas les ha resultado fácil controlar y explotar a esas naciones. Ahora que viven en los Estados Unidos, estos hermanos y hermanas necesitan aprender a deconstruir los prejuicios de raza y clase que les impiden organizarse y trabajar por la recuperación de sus derechos humanos. Los hispanos tienen un largo camino por recorrer para lograr el poder del voto y la unidad que podrían convertirlos en un bloque poderoso en la política nacional.[245] Pero mientras tanto, los latinos representan una fuerza laboral tremendamente enérgica y, eventualmente, también se convertirán en una fuerza política, eso será inevitable.

---

[244] Ibíd. 13

[245] Ibíd. 14

Las comunidades latinas son grupos vivos de personas que vigorizan la sociedad y las organizaciones eclesiásticas. Son una verdadera fuerza de trabajo en todos los órdenes de la sociedad de este país. Desde mi punto de vista, y como líder religioso, no veo ningún futuro en las denominaciones principales a menos que tomen en serio la integración de los hispanos/as y otras comunidades étnicas raciales. En la Iglesia Presbiteriana se ha utilizado el concepto de reurbanización y transformación para aquellas iglesias cuyo futuro depende de la creación de una misión relevante para las comunidades que las rodean. Ese concepto implica una nueva visión basada en un estudio consciente de la comunidad circundante. Y, dado que esas comunidades suelen estar rodeadas de habitantes étnicos raciales, los miembros de las iglesias que intentan entrar en un proceso de transformación necesitan experimentar la transformación en sus propias vidas y espacios físicos y mentales. El concepto de inclusividad puede ser perfecto, y los programas pueden parecer excelentes, pero sin un cambio profundo de mente, y un sincero deseo de abrazar a los demás con amor, a pesar de sus diferencias, el redesarrollo y la transformación no pueden ocurrir. Las comunidades latinas necesitan aliados/as que entiendan sus luchas diarias en función de quiénes son como creación de Dios. Invitar a grupos hispanos/as a quedarse en un lugar cómodo puede ser bueno, pero no suficiente. Tienen alma y, en consecuencia, necesidades espirituales reales que satisfacer. Una de las preocupaciones inmediatas para la mayoría de los hispanos es una larga agenda doméstica que refleja las preocupaciones habituales sobre la pobreza, una mejor vivienda, educación, empleos y salud pública. En términos de la economía, los hispanos/as, reconocidos o no, continuarán apoyando la economía de este país como una verdadera fuerza de trabajo visible, aunque a menudo sean invisibles y desatendidos. Parece que los latinos están comprometidos a quedarse y hacer todo lo posible para sobrevivir, y a través de su arduo trabajo, contribuir a que los que están en la cultura dominante vivan cómodamente. El eslogan en español dice: *"Aquí estamos y no nos vamos, y si nos echan nos regresamos."* Pero, de acuerdo con la retórica política general en la medida que miles de personas continúan migrando hacia el norte, será necesario seguir usando la fuerza del Departamento de Inmigración para expulsarlos de esta tierra creada por Dios como un regalo para toda su creación.

Vienen aquí para sostener la economía

Para las comunidades hispanas inmigrantes, es estresante saber que su arduo trabajo no es compensado con salarios justos. Por lo general, el trabajo sucio que los ciudadanos no son capaces de hacer es realizado con mucha dedicación por mujeres y hombres que no necesariamente son vistos como seres humanos con derecho a vivir bien y cómodamente. Llegaron a Estados Unidos motivados por las expectativas de una mejor calidad de vida. Impulsados por la determinación, el coraje y la esperanza, superaron mucho sufrimiento en sus precarios viajes a los Estados Unidos, solo para encontrarse una vez más impactados por la omnipresencia de un entorno hostil y empobrecido.[246] En la vida de la mayoría de los latinos/as que viven en este país, no hay espacio para relajarse y cuidar de su persona. Ni siquiera tienen tiempo para cuidar de sus propios hijos/as. Mientras que los padres trabajan de 10 a 12 horas al día, y en muchos casos tienen dos o más trabajos, la educación de sus hijos se deja en manos de otros parientes, proveedoras de cuidado infantil o hermanos mayores. La falta de tiempo y la incapacidad de cuidar de sus familias llevan a los latinos a sentirse frustrados y divididos entre ellos. Ser trabajadores/as con dos o tres empleos impide que los latinos se conviertan en participantes reales en los esfuerzos para mejorar sus comunidades y servicios. Sin embargo, los hispanos deben dejar de lado sus diferencias y formar alianzas poderosas entre ellos basadas en la participación popular.[247] Las comunidades latinas también deben tener en cuenta que para que sean escuchadas y adquieran oportunidades de participar, es esencial conectarse con otros grupos étnicos raciales. El sentido de comunidad no puede practicarse de forma aislada. Los poderes sociales, políticos y religiosos de este mundo no pueden ser vencidos sin unidad. La construcción de coaliciones interétnicas es una necesidad para los latinos/as. Los hispanos deben estar dispuestos a compartir el poder económico y político con otros. Para ellos, como fuerza de trabajo visible, pero ignorada por muchos en los Estados Unidos, va a tomar algún

---

[246] Chang, Edward T. y Russell C. Leong, eds., Los Ángeles—Luchas hacia la comunidad multiétnica: perspectivas asiático-americanas, afroamericanas y latinas (Seattle: University of Washington Press, 1993).75

[247] Ibíd., 82

tiempo ser incluidos en la agenda política y eclesiástica que puede redimir sus grandes esfuerzos. La injusticia de los bajos salarios debe cambiar radicalmente. Por sus habilidades y compromiso, merecen ser tratados como seres humanos capaces de producir y sostener esta economía. Al menos las organizaciones religiosas necesitan reestudiar las formas en que están lidiando con la explotación de estos seres humanos que trabajan incasablemente. Necesitan algo más que un momento tradicional de oración los domingos. Estos hermanos y hermanas necesitan ser apoyados e instruidos sobre sus derechos a organizarse. Si las iglesias afirman tener un llamado profético, debe usarse para dar voz a los que no la tienen en nuestras calles y parques. Como cristianos, debemos ejercer nuestro llamado a denunciar la injusticia y caminar al lado de los pobres y explotados como lo hizo Jesús en sus días. Al hacerlo, podemos empoderar a estas comunidades para que conozcan mejor sus derechos a vivir de manera decente y reclamar salarios justos por su trabajo y producción extremadamente alta. Todos los grupos deben darse cuenta de que para que una comunidad progrese como un todo se requiere que todos/as compartan el poder de gobernar y los beneficios de la prosperidad.[248] Incluso cuando ya sabemos que los ricos se hacen más ricos y los pobres más pobres, nuestro llamado es a seguir trabajando duro y luchando para obtener un mejor trato en los lugares de trabajo, así como, salarios más justos. Vivir bien no es un privilegio de unos pocos, sino un derecho humano para todos/as.

La indignidad de ser trabajadores

Los latinos son, sin duda, gente que no escatima esfuerzo y trabaja muy fuerte, pero lamentablemente no son considerados/as personas dignas por los que se benefician de su arduo trabajo. Es muy estresante para una persona darse cuenta de que su capacidad no es valorada. Ser extranjero significa en muchos casos ser una persona invisible. Los hispanos, al igual que otros inmigrantes, desafortunadamente son visibles solo para aquellos que quieren expulsarlos de esta nación. El siguiente extracto es un ejemplo del trabajo que ICE (Servicio de

---

[248] Ibíd., 83

Inmigración y Control de Aduanas) está llevando a cabo para perseguir, arrestar y expulsar a los inmigrantes de los Estados Unidos.

> LOS ANGELES - Más de 1,300 extranjeros criminales, fugitivos de inmigración y violadores de inmigración han sido expulsados de los Estados Unidos o se enfrentan a la deportación hoy después de la acción especial de aplicación de la ley más grande jamás llevada a cabo por los Equipos de Operaciones de Fugitivos del Servicio de Inmigración y Control de Aduanas de los Estados Unidos (ICE, por sus siglas en inglés) en cualquier parte de la nación.
>
> Durante la operación de dos semanas en el área de Los Ángeles, que concluyó ayer, los oficiales de ICE localizaron y arrestaron a 530 infractores de inmigración que estaban prófugos en cinco condados de Southland: Los Ángeles (187), Orange (62), Riverside/San Bernardino (245) y Ventura (36). De los arrestados en la comunidad, un total de 258 eran fugitivos de inmigración, extranjeros que han ignorado las órdenes finales de deportación o que regresaron ilegalmente a los Estados Unidos después de haber sido expulsados. Más de la mitad de los extranjeros ubicados en la comunidad tenían antecedentes penales, además de estar en el país ilegalmente.
>
> Como parte del esfuerzo de aplicación de la ley, los oficiales de ICE también ampliaron su búsqueda de extranjeros criminales en cárceles del área, tomando la custodia de 797 extranjeros deportados previamente no identificados que estaban programados para ser liberados de las cárceles del condado en Los Ángeles.[249]

---

[249] Para leer el artículo completo visite: WWW. PC (EE.UU.). Org (3 de octubre de 2007)

Ser latino/a, es estar en la lista de aquellos que no califican para disfrutar de las ganancias de su propio trabajo. Los latinos, que trabajan tan fuerte por salarios bajos, son literalmente personas con discapacidades financieras. No importa cuántos trabajos puedan tener y desempeñar, viven, en muchos casos, como personas desempleadas debido a la falta de "documentos oficiales.", lo que los asigna a la categoría de trabajadores no calificados. Kennet W. Brown, en *Raza, clase y género,* describe lo que significa para él ser una persona con discapacidad financiera, incluso cuando está sano para trabajar. "Soy un número, una estadística, un pico en un gráfico de barras nacional. No tengo ninguna discapacidad física o mental. Pero tengo una discapacidad económica, estoy desempleado."[250] La capacidad y el deseo de trabajar y obtener un ingreso adecuado para mantener a la familia y a otros parientes, no es suficiente para superar las condiciones de pobreza y miseria. El rechazo debido a la raza o la clase contribuye a la forma en que los latinos cuestionan su capacidad para realizar los trabajos para los que están capacitados. Brown argumenta que no importa cuánta confianza tengas en ti mismo, el desempleo sacude esa confianza.[251] El desempleo, así como el empleo con salarios miserables, denigra la humanidad de quienes se enfrentan a esa injusticia, incluso cuando viven en el país más rico del mundo. Para los latinos/as, trabajar duro, muy duro, y aun así no obtener suficientes ingresos para resolver sus problemas económicos, y a veces ni siquiera para pagar sus necesidades básicas, es doloroso y decepcionante. Esa realidad de trabajar en exceso y no poder lograr sus objetivos, pone a las personas en una posición en la que sienten que son perdedores-incapaces. Brown afirma: "Debo recordarme a mí mismo que estar sin trabajo no me hace menos hombre" Los latinos también, por el hecho de no tener un trabajo permanente, o tener trabajos con salarios miserables, no son de ninguna manera menos seres humanos, a pesar de que algunos quieran verlos así.

No importa la mala idea que esta sociedad pueda tener sobre los hispanos inmigrantes, nadie puede negar el hecho de que este pueblo extranjero representa una tremenda fuerza laboral que sostiene la

---

[250] Andersen Margaret L. y Collins Hill Patricia, *Raza, clase y género, una antología, sexta edición.* (Belmont, : Thomson, 2007)192CAWadsworth

[251] Ibíd., 193

economía de este país. Mucha gente simplemente no se da cuenta de que según un estudio de New American Economy los inmigrantes indocumentados aportan en promedio $ 13 mil millones al Seguro Social y $ 3 mil millones a Medicare al año.[252] Es decir, ese es un dinero que regularmente no pueden recuperar debido a su estatus legal. Pero lo que es obvio es la energía que estos hermanos y hermanas inyectan en la fuerza laboral de este país. El mercado laboral saludable para los latinos ha sido impulsado por la industria de la construcción. Sólo en la construcción se crearon casi medio millón de puestos de trabajo entre los segundos trimestres de 2005 y 2006, la mayoría de ellos ocupados por latinos nacidos en el extranjero. Desde que comenzó la recuperación del empleo en 2003, casi 1 millón de latinos han encontrado empleo en la construcción, lo que representa alrededor del 40% de todos los nuevos empleos ganados por los hispanos/as. El sector de la construcción, sin embargo, está mostrando signos de desaceleración, y eso podría tener un impacto en el empleo latino.[252] Para el 2014, el Departamento de trabajo DOL por sus siglas en Ingles, los latinos son importante fuerza laboral en los siguientes sectores de la economía estadounidense:

27.3% de los trabajadores en construcción.
23.1% de quienes laboran el campo, el bosque, la pesca y la caza.
22.3% de trabajadores en bares, restaurantes y hoteles.
17.2% de los ocupados en minería y extracción de petróleo o gas.
17.2% de quienes trabajan en transportes y servicios públicos.
16.4% de los empleados del comercio mayorista y minorista.
16% de los trabajos en servicios de negocios y profesionales.
15.8% de los empleos en la industria.
11.5% de los trabajadores en educación y servicios de salud.
11.4% de los empleados de la administración pública.
11.3% de los trabajadores en actividades financieras[1] (https://www.migobierno.com/empleos-en-donde-mas-trabajan-los-latinos-en-eeuu#:~:text=27.3%25%20de%20los%20trabajadores%20en%20construcci%C3%B3n.) Es obvio que los inmigrantes hispanos siguen

---

[252] Rakesh Kochhar, *Director Asociado de Investigación, Centro Hispano Pew - Informe Laboral Latino 2006-http://pewhispanic.org/reports/report.php?ReportID=70*

representando una gran fuerza laboral, pero, aun así, no están siendo tratados con dignidad.

Los inmigrantes tienen razón al afirmar durante las marchas que vinieron aquí a trabajar y a proporcionar una mejor forma de vida a sus hijos y familiares. Su objetivo principal no es tener un buen lugar para vivir, sino un trabajo para sobrevivir. Lo que les da felicidad es encontrar un trabajo. No es un secreto que los hispanos, para mantener un trabajo, están dispuestos a aceptar salarios que no son iguales a los de las personas que tienen "documentos oficiales", o son residentes permanentes, o ciudadanos. La fuerza laboral hispana continúa creciendo, principalmente como resultado de la migración. La tasa de crecimiento de la fuerza laboral latina supera a la de cualquier otro grupo, y muchos de los nuevos participantes han tenido éxito en encontrar empleo, especialmente en la industria de la construcción, restaurantes, jardinería, limpieza de casas, entre los más importantes. Los salarios, sin embargo, no han seguido el ritmo del crecimiento del empleo para todos los trabajadores hispanos. La esperanza para cualquier hispano/a que vive en Estados Unidos, y consciente de la realidad de que muchos no volverán a sus países de origen, es que estos hermanos y hermanas tengan mejores oportunidades para integrarse en las diferentes áreas de la sociedad. Merecen tener acceso a más programas educativos, talleres especiales, capacitaciones para mejorar sus habilidades para trabajar en otras áreas y, por supuesto, recibir un salario justo. Merecen ser tratados como cualquier otro ser humano con dignidad y respeto. Los latinos/as están aumentando no solo por medio de la reproducción, sino también por las grandes oleadas que siguen emigrando a este país. Los datos muestran que los hispanos representan un segmento significativo de los futuros trabajadores/as y contribuyentes que garantizarán la solvencia de los servicios y beneficios públicos y privados, como el Seguro Social. El análisis sugiere que reducir la desigualdad entre los hispanos y el resto de la sociedad es un imperativo económico y que aumentar el nivel educativo de los hispanos/as es fundamental para la plena integración de los latinos en la futura fuerza laboral de los Estados

Unidos.[253] Con base en el continuo crecimiento de la población hispana en este país, es imperativo prestar atención a esa situación y encontrar formas adecuadas de integrarlos a los diferentes sistemas: educación, economía y política.

Marcando la diferencia en la arena política

En los últimos años, las comunidades latinas han logrado una mayor participación política en esta nación. Hay más hispanos ocupando puestos gubernamentales en todo el país ahora más que nunca. Los hispanos se están convirtiendo en una verdadera fuerza política en este país. Se dice que se están convirtiendo en una comunidad clave para las campañas políticas en todos los niveles. A medida que más y más latinos se convierten en ciudadanos de los Estados Unidos, los partidos políticos deberán incluirlos como parte de sus programas, agendas y planes. Está claro que los latinos ya no son solo números o estadísticas, son seres humanos reales cuyos votos deben ser tomados en cuenta durante las elecciones. Ellos/as también tienen opinión en la toma de decisiones. El idioma y la cultura han sido barreras para que muchos de ellos sean incluidos. Pero las nuevas generaciones no solo son bilingües, sino también biculturales. En esencia, muchos latinos tienen una ventaja en comparación con otros grupos (generalmente la cultura dominante) cuyos miembros solo hablan un idioma y se niegan a conocer las culturas de otros. Los hispanos en esta sociedad continuarán creciendo en su capacidad de participar activamente en el sistema político de esta nación. Los políticos deben prestarles atención y darse cuenta de que ya no son un pequeño grupo de personas raras, son una fuerza política que merece ser incluida y que deben tener plena participación como actores/actrices reales en la toma de decisiones para mejorar la vida y la estabilidad de esta nación.

Pero ¿cuál es la participación de la iglesia en este espectro político? ¿Está la iglesia interpretando su llamado como político también? ¿Qué tienen que decir las iglesias a las grandes necesidades de las comunidades

---

[253] Denise De La Rosa Salazar,-*1993 SAGE Publications* http://hjb.sagepub.com/cgi/content/abstract/15/2/188

a las que pretenden servir? ¿Tienen las iglesias algo que decir sobre la condición de pobreza de los barrios afroamericanos y latinos? Se supone que la filosofía de la política es la distribución equitativa de los recursos de un pueblo para crear un nivel de vida estable para todos sus habitantes. Gardner C. Taylor en *We have this Ministry* describe la necesidad de que los pastores se involucren en el área política. Ya sea que el pastor participe o no en la política partidista, la congregación espera que sea capaz de identificar las fallas y necesidades en el gobierno y la política, especialmente las que afectan a los hijos de las personas.[254] Como diría el Dr. Martin Luther King, la iglesia debe ser la catalizadora del gobierno. Para involucrarse en el tema de la política, los pastores/as necesitan volver a desarrollar una voz profética para denunciar con valentía, no solo con diplomacia, las injusticias contra los seres humanos /as vulnerables. La predicación contextual y bíblica exige una interpretación y aplicación del evangelio liberador de manera que apele a la creación de una conciencia justa. Los miembros de la iglesia no pueden ser felices en general, y disfrutar de una salvación que no libere a otros de las opresiones de la pobreza y la injusticia. Taylor hace una distinción entre la predicación moralizante y la predicación profética. El pastor debe aprender a distinguir entre los dos. La predicación profética surge de las Escrituras, la moralizante, es autogenerada y surge de las costumbres sociales o predilecciones personales.[255] Para los pastores/as y otros líderes, involucrarse en la arena política puede resultar en la aprobación de algunos y la desaprobación de otros. Pero como siervos/as de Jesucristo, fieles seguidores y practicantes del Evangelio, están llamados/as a correr el riesgo. Los predicadores proféticos no pueden olvidar que Jesús tuvo que enfrentar la muerte como resultado de su predicación profética. La predicación profética en el campo político puede resultar en reacciones muy negativas de los gobernantes de este mundo y también de la congregación. Los pastores/as que se involucran en la política bien pueden encontrar una reacción mixta a su participación.[256] Las congregaciones, especialmente las latinas, necesitan aprender

---

[254] Proctor D. Samuel, Taylor C. Gardner, *Tenemos este ministerio* (Valley Forge PA: Judson Press, 1996).127

[255] Ibíd., 128

[256] Ibíd. 130

de las experiencias de muchas comunidades afroamericanas y de su historia en cuanto a los problemas políticos. Hay algunos ejemplos de congregaciones que realmente siguen la participación política de sus pastores/as y se involucran en las actividades o programas de sus comunidades. Pero la mayoría no tiene ese nivel de madurez o educación. Muchos creyentes creen que a sus pastores/as se les paga para que les cuiden a ellos/as de forma exclusiva. Taylor afirma que la gente de la congregación espera que el pastor visualice las condiciones políticas, sociales y económicas óptimas.[257] Es cierto que los pastores tienen la responsabilidad de involucrarse en los asuntos políticos de la comunidad en la que están llamados/as a hacer el ministerio, pero pueden surgir situaciones, sin embargo, que requieran que el pastor instruya o exhorte a la gente sobre ciertos aspectos de la política partidista. Las congregaciones, especialmente las de inmigrantes, necesitan crecer y madurar en su capacidad de participar activamente en las soluciones a las necesidades de sus comunidades.

PREGUNTAS DE ANALISIS

1. ¿Qué debe hacer la iglesia para concientizar tanto a la congregación como a la comunidad sobre la realidad de importancia laboral y política de las comunidades inmigrantes?
2. ¿Cuál es la capacidad real de la iglesia para crear espacios que permitan a los inmigrantes prepararse para participar en la vida religiosa como profesional de esta sociedad?
3. ¿De qué manera las congregaciones y su liderazgo pueden comprometerse a una abogacía activa que permita a los nuevos inmigrantes encontrar espacios de participación en la educación, economía y teología?
4. ¿Que debe suceder para quie quienes ostentan el privilegio de la predicación elaboren sermones bíblicos que respondan a las necesidades y aspiración de los inmigrantes?
5. ¿Qué métodos debería implementar el liderazgo de las congregaciones para lograr la participación de sus constituyentes en los asuntos que más aquejan a las comunidades?

---

[257] Ibíd., 131

CAPÍTULO 11

La fe de la Iglesia Hispana/ Latina como una bendición y agente de cambio

Para las iglesias tradicionales en los Estados Unidos, y particularmente para la Iglesia Presbiteriana (EE.UU.), se requiere una reinterpretación y práctica de sus principios y teologías para estar abiertas y dispuestas a abrazar a los latinos/as como comunidades reales de participación. Uno de los grandes fines de la iglesia Presbiteriana de los Estados Unidos es la exhibición del Reino de los Cielos al mundo.[258] No es necesario ser presbiteriano para entender que el Reino de los Cielos es una imagen de amor, gracia y participación mutua bajo la presencia y gobierno de Dios. Este concepto, que se manifiesta en la doctrina de la Trinidad Divina, es un ejemplo perfecto de lo que significa vivir en verdadera comunión. Exhibir el Reino de los Cielos no es predicar a un Dios que es exclusivista, sino inclusivo. El Reino de los Cielos es un reino de misericordia y compasión. Es un reino donde todas las personas del mundo son invitadas a venir y ser parte de él, independientemente de su país de origen, color, raza y condición social. Se requiere una reconstrucción de nuestra propia teología para exhibir el Reino de los Cielos como comunidades de fe, e invitar y aceptar las teologías latinas inmigrantes como una bendición en nuestras congregaciones.

---

[258] Book of Order, the Constitution of the Presbyterian Church (USA), Part II (Louisville, KY: Offices of GA, 2005). G-1.200

Dios creó los cielos, la tierra, todo lo que existe y formó a los seres humanos a su imagen, encargándoles que cuidaran de todo lo que él hizo. Dios creó a los hombres y a las mujeres para que vivieran en comunidad, respondiendo a su creador con una obediencia agradecida. Ser comunidades de fe que reflejan el amor de Dios a los demás e invitar a las personas que se ven diferentes a nosotros/as a vivir en comunidad, es simplemente una cuestión de obediencia a la Palabra de Dios. Nuestro Creador por naturaleza actúa en comunidad mutua. La Iglesia Presbiteriana por ejemplo no puede contentarse con tener un excelente concepto teórico de lo que significa ser una comunidad eclesiástica de inclusión, solamente. En medio de la gran diversidad, la iglesia está llamada a llevar a cabo un plan de acción concreto para invitar y abrazar a los que son diferentes o queremos verlos como diferentes. La Constitución Presbiteriana establece: "La iglesia, en su testimonio de la singularidad de la fe cristiana, está llamada a la misión y debe responder a la diversidad tanto en la iglesia como en el mundo. De este modo, la comunidad de cristianos, a medida que se reúne para adorar y ordena su vida corporativa, desplegará una rica variedad de formas, prácticas, lenguajes, programas, educación y servicio para adaptarse a la cultura y a las necesidades."[259] Si este principio del Libro de Orden es cierto y la denominación es una que realmente define su identidad como una iglesia constitucional; entonces todos nosotros/as, quienes nos definimos como presbiterianos, tenemos un llamado a cumplir fielmente este principio. Ser presbiteriano es aceptar la noción de que las diferencias de otras comunidades de fe pueden enriquecer y dar vitalidad a la nuestra. Más aún, ser presbiterianos, verdaderos presbiterianos, significa discernir y reconocer que no hay futuro para esta denominación en los EE.UU. sin integrar a las comunidades de inmigrantes y valorar sus propias particularidades, incluyendo sus prácticas de fe-culto y teologías como una bendición. El Libro de Orden Presbiteriano declara: "Nuestra unidad en Cristo permite y requiere que la iglesia esté abierta a todas las personas y a las variedades de talentos y dones del pueblo de Dios, incluidos aquellos que están en las comunidades de las artes y las ciencias." La única manera de incluir e integrar a los latinos en la vida de la Iglesia Presbiteriana, en general,

---

[259] Ibid G-03.101a.

es aceptar que los hispanos también son personas íntegras y sobre todo creadas a la imagen de Dios. Entonces, si son seres humanos completos y no seres inferiores, la constitución presbiteriana requiere que estemos abiertos a ellos/as. El gobierno federal de los Estados Unidos puede ejercer su "derecho" de arrestar y expulsar a los inmigrantes de su territorio. Al final, las leyes de inmigración se aplican para excluir, no para incluir a las personas extranjeras. Pero la iglesia, particularmente la IP (EE.UU.) en virtud de sus propios principios, tiene el llamado a revisar sus estructuras y prácticas, y crear puentes que permitan a los grupos de inmigrantes integrarse a la iglesia y practicar su fe de acuerdo con su propia cultura y tradiciones. Desde mi punto de vista personal, el corazón de la misión de nuestra denominación, y particularmente de nuestro diverso Presbiterio de San Francisco, reside en el siguiente principio del Libro de Orden:

- "La Iglesia Presbiteriana (EE.UU.) dará plena expresión a la rica diversidad dentro de sus miembros y proveerá medios que aseguren una mayor inclusión que conduzca a la plenitud en su vida emergente. A las personas de todos los grupos étnicos raciales, de diferentes edades, de ambos sexos, con diversas discapacidades, de diversas áreas geográficas, de diferentes posiciones teológicas consistentes con la tradición reformada, así como de diferentes condiciones civiles (casados, solteros, viudos o divorciados), se le garantizará la plena participación y el acceso a la representación en la toma de decisiones de la iglesia."[260]

La plena expresión y participación, deben ser la credencial distintiva para una iglesia que tiene la intención de servir al pueblo de Dios con obediencia en estos días. Nuestras congregaciones locales deben comenzar a revisar cómo su personal, liderazgo y membresía en general reflejan estos conceptos. Es obvio para nosotros/as que, dar a las comunidades inmigrantes plena expresión y participación no significa obligarlas a hablar nuestro propio idioma y a seguir nuestras formas de pensar y actuar.

---

[260] Ibid G4.0401

Los latinos/as necesitan vivir en este país porque han sido desplazados de su tierra natal. En ese sentido, merecen ser encontrados por congregaciones que sean capaces de abrirles sus corazones y sus puertas físicas. Necesitan una comunidad y un espacio donde puedan practicar su propia fe cristiana. Sin embargo, la historia de las congregaciones no es simplemente una historia estadounidense. El impulso de congregarse está presente en prácticamente todas las tradiciones religiosas vivas del mundo.[261] Dado el creciente número de comunidades latinas inmigrantes, y la forma en que han sido asignados y deconstruidos en los EE.UU., estos grupos necesitan la comprensión de las Iglesias locales, que les permitan organizarse y adquirir el sentido de una verdadera familia. Las personas inmigrantes no necesitan estructuras y tradiciones que las mantengan atadas a una organización en particular. Más bien, están buscando lugares o congregaciones que los acepten para procesar su sensación de aislamiento. Las congregaciones tienen importancia no solo para los individuos que pertenecen a ellas, sino también para la sociedad más allá de su membresía.[262] Las congregaciones tradicionales que están dispuestas a aceptar la diversidad de las comunidades de inmigrantes, e invitarlas a ser parte de sus iglesias, deben tener en cuenta que tal cambio exige una revolución. Tolerar una comunidad diferente en medio de nosotros es ser capaz de reconocer y aceptar su cultura y su fe como un don. La cultura incluye todas las cosas que un grupo hace en conjunto: rituales, formas de entrenar a los recién llegados, trabajo y hasta formas sanas de diversión. También incluye objetos y arte. Todo, desde el edificio hasta los boletines, desde los objetos sagrados hasta las herramientas más mundanas, ayuda a identificar los hábitos y lugares de una congregación en particular. ¿Están las congregaciones pertenecientes a la cultura dominante y otras congregaciones tradicionales preparadas para lidiar con la cultura de las nuevas comunidades de inmigrantes? ¿Son al menos capaces de iniciar conversaciones cristianas amistosas sobre la integración mutua? Ser inclusivos y obedientes al llamado de Dios de amar a los demás como

---

[261] Ammerman T. Nancy, Carroll W. Jackson, Dudley S. Carl and Mckinney William, eds., Studying Congregations, a New Handbook (Nashville, TN: Abingdon Press, 1998). 7

[262] Ibid 8

nos amamos a nosotros mismos no es una cuestión de perder parte de nuestra identidad, sino más bien del cumplimiento de la intención de Dios de que la humanidad viva en paz y armonía.

Fe que abre caminos en el desierto

En el Nuevo Testamento la Biblia dice: "Y la fe es estar seguros de lo que esperamos, y seguros de lo que no vemos" (Hebreos 11:1 NVI). Nuestra forma secular de razonar la fe cristiana nos lleva a emitir juicios sobre aquellos que simplemente creen en virtud de su espiritualidad o formas de interpretar el texto bíblico. Nosotros/as, en esta sociedad, tendemos a no leer y entender la Biblia literalmente. Esa forma subjetiva de leer y creer lo que dice la Biblia es para los evangélicos subdesarrollados del tercer mundo: pero no para los intelectuales progresistas. Esta manera de juzgar y creer (intelectualmente) encaja perfectamente en una sociedad acostumbrada a tener a mano todos los recursos, materiales y espirituales. Pero no es el caso de los cristianos inmigrantes que tienen que poner su esperanza en el poder y la misericordia de Dios. Son pueblos que, si saben leer en muchos casos, aprenden a creer en el Dios milagroso de la Biblia. Si no saben leer, aprenden a creer y depender de Dios basándose en sus experiencias. En muchos casos, su fe es una combinación de experiencia bíblica y personal. Son personas, al menos antes de entrar en nuestras iglesias en los Estados Unidos, que creen que Dios es un Dios de verdaderos milagros, no solo un Dios que satisface el intelecto de una persona. Para los inmigrantes, su éxodo y su entrada al territorio estadounidense a través del desierto significan creer en Dios que hace milagros poderosos. Los latinos dicen: "Creemos en un Dios especialista en lo imposible". Para los inmigrantes hispanos, el texto de Isaías 53:19 es algo que pueden creer y probar. "¡Mira, estoy haciendo algo nuevo! Ahora brota, ¿no lo percibes? Estoy abriendo camino en el desierto y arroyos en el desierto (NVI)". Basados en sus experiencias de fe reales, estos hermanos y hermanas necesitan tener, por un lado, oportunidades para continuar creciendo espiritualmente y, por otro lado, poder compartir sus dones y talentos fuera de sus tradiciones de fe y cultura. Al hacerlo, también pueden dar a las iglesias locales y establecidas oportunidades reales para cambiar y crecer. C. Petter Wagner afirma que las iglesias han confirmado, contra toda duda, que el crecimiento no es sólo un movimiento eclesiástico, sino la voluntad de Dios.[263] Wagner, señala que la diferencia entre las iglesias que crecen y las que se mantienen pequeñas, o disminuyen en membresía, se basa en las relaciones interpersonales. Que todos se conocen y que la situación social es predecible y, por lo tanto, cómoda. Estas iglesias en general prefieren mantener su estatus quo, luchan duro para cumplir con su presupuesto, pero no están realmente interesadas en conocer y atraer nuevas personas a sus congregaciones. Muchos cristianos en esta sociedad reflejan el mismo temor acerca de los latinos como lo hace la sociedad en general. No están abiertos a estudiar las posibilidades de integrar a los inmigrantes en sus iglesias, principalmente por sus diferencias. No pueden entender que la llamada Gran Comisión consiste precisamente en alcanzar, entrenar e invitar a otros seres humanos a una relación real con Cristo y con el cuerpo de Cristo, la Iglesia. Wagner afirma: "Si no tomamos en serio la Gran Comisión, hemos perdido el punto central del cristianismo histórico."[264] Puede darse el caso de que los latinos/as cristianos estén aquí no necesariamente para ser evangelizados, sino para evangelizar. Algunas personas dicen que los misioneros estadounidenses fueron a América Latina con el evangelio, pero regresaron sin él. Si eso tiene algo de verdad, y los hispanos con su fe vibrante se integran en las congregaciones locales como participantes activos, no solo como visitantes extranjeros, iglesias como las presbiterianas pueden tener un futuro prometedor. Una de las características de una iglesia sana es que está creciendo.[265] Por supuesto, este concepto de crecimiento no se limita solo a lo que llamamos crecimiento espiritual. Este crecimiento tiene que ver tanto con la cantidad como con la calidad. En las iglesias ubicadas en barrios multiculturales y diversos, su crecimiento depende de la capacidad de aceptar rostros diversos y diferentes formas de adorar a Dios en sus instalaciones o lugares de culto. Para establecer una congregación

---

[263] Wagner Peter C., Guiando a la Iglesia al Crecimiento (Miami, FL: Unilit, 1984). 15

[264] Ibid 19

[265] Ibid 23

con tal apertura, aquellas iglesias que son capaces de admitir nuevas personas en sus ambientes necesitan construir relaciones de calidad y hermandad para todos/as. Las relaciones de calidad son relaciones cómodas, amorosas, personales y constructivas entre todas las personas de la iglesia.[266] Las expresiones latinas de la fe cristiana contribuirían a mejorar ese tipo de relación y vigorizarían la vida de cualquier congregación dispuesta a permitirles participar activamente en medio de ellos. Los hispanos que viven en los Estados Unidos no creen en la teoría de los milagros, sino en la práctica, porque los milagros han sido parte de su éxodo a esta nación. Su fe en Dios les ha abierto caminos en el desierto.

Sus dones son una rica contribución

Tomar en serio la presencia y la fe de las comunidades cristianas hispanas en los Estados Unidos, puede llevar a las congregaciones, ya sean las que ya existen como las que están en formación, a darse cuenta de que los latinos en general son un movimiento de personas que son agentes de cambio. Los latinos, como cristianos, están viniendo a este país, y se convierten en parte de iglesias particulares, no solo para recibir cosas, como mucha gente cree, sino también para contribuir con sus dones a la vida de las congregaciones y comunidades de las que forman parte. Las congregaciones, tanto las de la cultura dominante, como las tradicionales compuestas por latinos, se ven desafiadas por los cambios externos de las comunidades que rodean sus iglesias o lugares de adoración. Las congregaciones se ven afectadas decisivamente por sus contextos sociales externos. Pero, por un lado, algunos pastores/as y sus respectivas congregaciones tienden a adaptarse a una comunidad sin un estudio serio del contexto social del entorno, y no pueden hacer ninguna diferencia en esa comunidad en particular. Es como si la efectividad de la iglesia no estuviera ahí. El poder trascendente del evangelio está oculto, si no es que perdido, en la mundanalidad de una congregación. Por otro lado, hay pastores/as y congregaciones que simplemente ignoran la realidad de las comunidades cambiantes. En una conversación con

---

[266] Ibid 31

un joven pastor latino sobre los cambios en nuestra comunidad, en el distrito de Fruitvale en Oakland CA, y las nuevas formas que teníamos de implementar y compartir el evangelio, solo pudo decir: "La palabra de Dios es una, y estas personas tienen que creer que predicamos la Palabra de Dios." Este tipo de mentalidad resulta en la edificación de una iglesia con una tendencia a tener una congregación monocultural, y no multicultural. En estas iglesias pequeñas, generalmente la membresía refleja la nacionalidad del pastor/as. Dado que las comunidades cambian con frecuencia, incluso las congregaciones latinas tienen que volver a estudiar su misión en la comunidad local con más frecuencia. En contraste, durante una reunión de un grupo de pastores hispanos en Oakland, CA, un pastor progresista dijo: "Los programas de nuestras iglesias deben diseñarse como respuesta a las necesidades de nuestras comunidades." Una misión eclesiástica que está desconectada de la condición de una comunidad circundante es irrelevante e inútil en ese contexto particular. La relación de la congregación con el contexto de su comunidad local es crítica. En una comunidad diversa donde el evangelio de Jesús debe ser compartido, se exige una alianza de fe para las personas. Y los latinos, por supuesto, no pueden quedar fuera de esos esfuerzos. Para los hispanos es importante reconocer que no importa cuál sea su estatus legal en este país, ellos también están aquí para contribuir a la edificación de iglesias saludables, y al mismo tiempo estar involucrados/as en las soluciones del mundo alrededor de la iglesia. Es a través de su mundo social que los individuos dan sentido y orden a sus vidas. Si las iglesias tradicionales establecidas proveen espacio para los cristianos hispanos, física y psicológicamente, entonces ellos (latinos) pueden superar el sentido de "no pertenecer" y convertirse en una parte decisiva del crecimiento y la misión de esas iglesias en sus respectivos contextos.

¿Es una utopía el que la inmigración latina pueda convertirse en una parte integral de la misión de las iglesias en los Estados Unidos? ¿Qué tan realista es ver a los hispanos ejerciendo sus dones como cualquier otro grupo de cristianos en las iglesias de los Estados Unidos? Los hispanos necesitan mantener los valores que los convirtieron en verdaderos pueblos de Dios en sus países de origen para contribuir a esta sociedad y especialmente a las iglesias establecidas. Deben recordar que en América Latina en general, su fe no es solo algo para ser recordado el domingo. Su fe es un elemento esencial de su vida cotidiana que los mantiene en pie a pesar de las atrocidades creadas por la miseria y la pobreza que reinan en sus pueblos y ciudades natales. El pueblo cristiano hispano, necesita ajustar su vida a las nuevas realidades y retener aquellos elementos que han dado forma a su espiritualidad. En América Latina, en la mayoría de los casos, ser cristiano es una cuestión de ser creyentes de Cristo todo el tiempo, no de vez en cuando. Aquí, las personas que asisten a los servicios de adoración un domingo al mes se consideran "activas", y toda una generación de jóvenes adultos ha crecido por lo general sin ningún trasfondo religioso sólido.[267] Los latinos son cristianos cuyo deseo es-ser fieles al mandamiento de Dios de compartir las buenas nuevas de salvación. En su mayoría son personas sin formación académica o teológica, pero están comprometidas a salir y compartir el evangelio con amor y pasión. Al menos, esa era su mentalidad antes de comenzar a asistir a una iglesia en los Estados Unidos. En contraste, muchos creyentes en esta nación son personas con una experiencia cristiana tan vacía que no se atreven a compartir con otros lo que Dios está haciendo en sus corazones. La iglesia del siglo XXI no puede ser, ni hacer un ministerio relevante sin la inclusión de las comunidades de inmigrantes. Si la iglesia en el siglo XXI quiere permanecer fiel, o incluso sobrevivir, debe echar un vistazo a su alrededor y descubrir cómo llevar las buenas nuevas de Jesucristo a un mundo herido, inestable, impredecible y, a menudo, hostil.[268] Las comunidades de inmigrantes latinos han cambiado el mundo, social y religiosamente, en los Estados Unidos. Los hispanos están en casi todas partes, y no hay forma de que los ciudadanos de este país puedan ignorar ese hecho. Las iglesias deben saber que los miembros de la población latina son un enorme potencial que puede traer nueva vida y vitalidad a sus congregaciones y comunidades particulares. Lo que pueden hacer las iglesias existentes es reinventar sus formas de acercarse a los hispanos para integrarlos en sus comunidades. Las congregaciones ya establecidas tienen que darse cuenta de que los recién llegados, especialmente, están

---

[267] Hudson M. Jill, When better isn't enough, evaluation tools for the 21st. century church (Herndon, Virginia: Alban Institute, 2004). 4

[268] Ibid 5

ansiosos/as por encontrar una comunidad de fe donde sean bienvenidos e invitados a quedarse. Las iglesias, tanto latinas como no latinas, necesitan entender que para invitar a estos recién llegados a una relación con Cristo y la congregación, ellos (las congregaciones) no pueden esperar que los nuevos miembros potenciales se conviertan en una copia de sí mismos. Los hispanos, como cualquier otro grupo de inmigrantes, tienen su propia singularidad. Las congregaciones existentes deben entonces tratar de entender y aprender acerca de las diferencias de estas nuevas comunidades en términos de su fe, cultura y tradiciones. O nos abrazamos a nosotros mismos contra las fuerzas del cambio o abrazamos las oportunidades que el cambio proporciona.[269] En las diferentes ciudades de los Estados Unidos, hay iglesias que ya abrieron sus puertas a nuevas comunidades-iglesias de inmigrantes. Los líderes de esas iglesias se enorgullecen de informar a otras comunidades sobre su apertura, inclusión y relevancia del ministerio. Desafortunadamente, cuando usted visita esas instalaciones de la iglesia no hay evidencia de que otros grupos estén usando esos lugares. Las personas de las comunidades de inmigrantes pueden usar esas instalaciones incluso para adorar a Dios, pero sus símbolos culturales y de tradición religiosa no están permitidos en el espacio que está diseñado exclusivamente para los propietarios del edificio. Con esa actitud, es imposible hacer ministerio con aquellos que, a pesar de su estatus legal, merecen un lugar para adorar y, sobre todo, una comunidad para interactuar como hijos del Dios vivo. Las iglesias tradicionales necesitan remodelar sus formas de ser y hacer iglesia, y las nuevas iglesias de inmigrantes necesitan recordarles que su fe se basa en un Dios vivo y poderoso que aparece y realiza milagros entre el pueblo de Dios.

Las iglesias cristianas de los Estados Unidos, independientemente del nombre de la denominación, necesitan entender que el tiempo en que fueron a América Latina para cristianizar a la gente ha pasado. Las comunidades latinas también tienen que entender que ya no están en América Latina, y que Dios los trajo sanos y salvos a este país y sigue viviendo entre ellos. Es necesario un compromiso mutuo de aceptación y contribución. Hay un campo misionero fértil entre estas comunidades, y como cristianos, nuestra responsabilidad es responder

---

[269] Ibid 13

a esa realidad. Nuestro tiempo se parece más a la era apostólica en el sentido de que el campo misionero está justo frente a nosotros. Los hispanos tienen mucho que ofrecer a la misión de la iglesia en los Estados Unidos. Su variedad de culturas, música, comidas, costumbres, rituales, tradiciones de fe, idioma y formas de adoración, pueden ser una tremenda contribución a la reinvención de la misión de la iglesia en los Estados Unidos. La falta de oportunidades para practicar sus tradiciones y culturas está contribuyendo a que los latinos se conviertan también en personas sin iglesia en este país. Aparte de la gran cantidad de latinos que ya van a la iglesia solo los domingos, y en algunos casos solo ocasionalmente, hay otros que dicen: "Todavía creemos en Dios, pero no creemos que sea importante ir a la iglesia". Entre el 70 y el 85 por ciento de las personas que no asisten a la iglesia afirman que la espiritualidad es importante o muy importante para sus vidas. Eso significa que todavía creen en una realidad divina, pero la iglesia institucional no les está proporcionando oportunidades reales para practicar su fe y crecer espiritualmente. El clero y el liderazgo en general necesitan abrir una conversación más amplia sobre la misión de sus iglesias particulares y la necesidad de aplicar la inclusión como un hecho, no solo como un concepto teórico. Esto es esencial para construir comunidades eclesiales sanas y relevantes, de interacción y participación mutua. Obviamente, uno tiene que creer que, para crear ese tipo de comunidades, debe ocurrir un cambio radical en los diferentes órdenes de organización de la iglesia. Una congregación renovada es buena, pero una congregación reinventada es mejor. La reinvención significa una verdadera transformación, no solo una reurbanización.[270] Este desafío de inclusión y participación como comunidades de fe es posible solo cuando todos los miembros de una comunidad en particular aceptan que el intelecto es bueno, pero no suficiente, para crear comunidades reales. También tienen que reconocer y aceptar que el crecimiento espiritual es esencial, especialmente para los hispanos. Una comunidad eclesial que quiera contribuir con sus dones necesita depender de la acción y el poder del Espíritu Santo. El poderoso amor divino de Dios necesita ser parte de nuestras agendas personales y colectivas para planificar e implementar nuestros programas misioneros. Los latinos no tienen que

---

[270] Ibid 19

permitir que otros subestimen sus dones y, al final, los subestimen como seres humanos. Su espiritualidad, sus emociones, sus formas de adorar y compartir su fe son su fortaleza y no su debilidad.

Una fe que puede mover montañas

Si los millones de inmigrantes, mujeres, hombres e incluso niños tuvieron la fe suficiente para cruzar ríos, países y desiertos, también tienen la fe para convertirse en una bendición y agentes de cambio en las comunidades de las que forman parte en los Estados Unidos hoy. Las comunidades de fe hispana no son meros grupos en proceso, nuevas personas que tratan de convertirse en miembros de la iglesia, nuevos desarrollos de la iglesia, o un pequeño estudio bíblico en hogares; ellos/as son la iglesia con la doble experiencia del éxodo y que ahora viven fielmente en la diáspora. David A. Anderson, autor de Multicultural Ministry, basado en la exitosa película The Matrix, hace un paralelo sobre Neo que se tragó la píldora roja y entró en un proceso de conversión que lo cambió para siempre, y la transformación espiritual que acompaña a Neo al convertirse en cristiano. Al igual que Neo, nosotros, como seguidores/as de Cristo, comenzamos a vivir en la matriz que cruza el mundo natural y el mundo espiritual.[271] Los latinos poseen, por la gracia de Dios, una fe que les permite abrir nuevos caminos en el desierto. Esa es una fe que mueve montañas de obstáculos. Pero una vez que estos hermanos y hermanas llegan a su destino, que es la nueva realidad de la "abundancia" en los Estados Unidos, muchos de repente olvidan de dónde vienen, en términos de su trasfondo de fe. Se ven obligados/as por la necesidad de sobrevivir comprometiéndose a trabajar todos los días si es posible; entonces dejan de practicar su fe en la forma en que lo hicieron cuando aún vivían en sus países de origen. La fe que les permitió alcanzar sus metas en muchos casos es absorbida por la necesidad de ganar dinero para cumplir con sus presupuestos familiares. Uno de los factores que empujan a estas personas a cambiar la forma de practicar su fe, es la falta de verdaderas

---

[271] Anderson A. David, Multicultural Ministry (Michigan: Zondervan Grand Rapids, 2004). 74

comunidades que los abracen y los hagan sentir incluidos en familia, como solían ser en sus lugares de origen. Tenemos que aprender a vivir bien en el mundo sin ser del mundo. Estados Unidos es un nuevo mundo impactante para los nuevos inmigrantes. Es un mundo que les ofrece algunas buenas oportunidades para mejorar sus finanzas y también muchas oportunidades para consumir, es decir, gastar el dinero que ganan. Otro factor negativo es el deseo extremo de entretenerse. Esa es una fuerza que los atrae a un mundo donde su fe no tiene lugar. Si los latinos no están bien orientados por líderes dedicados y bien capacitados, pueden perder su identidad como personas de fe. Como cuerpo de Cristo, las comunidades cristianas hispanas deben seguir dependiendo del poder de Cristo para sobrevivir y crecer. Un factor importante para entender su identidad cristiana es recordar que han sido resucitados/as con Cristo.[272]–Para construir comunidades en las que todos los pueblos se sientan bienvenidos a compartir y quedarse, sin duda necesitamos la reconciliación entre las partes en conflicto. ¿Quién va a dar el primer paso? Esa es la pregunta. Aquellos que tienen los recursos y las estructuras tienen la responsabilidad de renunciar más y crear un entorno físico y espiritual de apertura e inclusión para todos/as. Para que una congregación logre ese objetivo, los miembros, junto con los líderes, deben actuar como reconciliadores/as. El reconciliador/a es una persona totalmente dedicada a ser un agente de cambio.[273] Con respecto a las comunidades eclesiásticas inmigrantes y las congregaciones establecidas en esta sociedad, es necesario crear puentes de reconciliación que permitan, por un lado, que los inmigrantes se integren y, por otro, que las congregaciones existentes abran sus puertas y sus corazones, para abrazar los diversos dones de estos seres humanos. Para que eso suceda, los cristianos en los Estados Unidos deben reconocer que la reconciliación requiere una comprensión y claridad de intenciones. Si Dios no hubiera sido intencional, Jesús nunca habría venido a la tierra para ser nuestro puente de reconciliación. La reconciliación es un hecho, no un mero concepto teológico o retórico.

La fe que se deposita en el corazón de los latinos, en virtud de su encuentro personal con Dios, es la misma fe que les permitió superar

---

[272] Ibid 77

[273] Ibid 98

el impacto de la miseria y la pobreza. Es la misma fe que les permitió dejar atrás su tierra natal, sus iglesias y su familia para emigrar al norte; la misma fe que les permitirá desafiar las estructuras que los mantendrían fuera de la participación real en las iglesias particulares. Las estructuras eclesiásticas deben ser rediseñadas si no son relevantes ni útiles para proporcionar funcionalidad y vida a la iglesia y a la sociedad. Las congregaciones son parte de la infraestructura institucional de una comunidad, una parte de las estructuras y conexiones que hacen posible la vida social.[274] Las comunidades eclesiásticas latinas pueden desempeñar un papel decisivo en la reorganización de la vida de la congregación si mantienen vivas sus tradiciones de fe y viven en codependencia con el Espíritu Santo. Tienen que creer que son personas guiadas y empoderadas por la presencia del Espíritu de Dios. En términos de hacer el ministerio de la iglesia, en muchos casos los latinos/hispanos son personas muy hábiles. Muchos de ellos han dirigido grupos e incluso congregaciones en sus ciudades natales con inspiración y pasión. Han adquirido experiencia practicando en el campo del ministerio, no necesariamente yendo a seminarios. Aquellos que están a cargo de plantar iglesias o de proveer liderazgo a las iglesias de inmigrantes, tienen que mirar de nuevo a estas comunidades de fe para encontrar personas que ya tienen un llamado a servir. De hecho, para comprender lo que está sucediendo en una comunidad, puede ser más útil observar el acervo de habilidades y conexiones que existen en lugar de hacer un inventario de las propias organizaciones.[275] Si las comunidades hispanas se integran en las iglesias particulares-locales, ambas deben ser conscientes de que ese proceso implica un cambio. Ese cambio que puede no ser totalmente aceptado por aquellos que controlan los programas institucionales de la iglesia. El cambio tiene que ocurrir no sólo a nivel estructural, sino también en la membresía. A medida que las congregaciones cambien en sus dinámicas y programa, su red de conexiones cambiará. Para las personas inmigrantes latinas de fe, es muy importante que perciban un deseo real de las iglesias establecidas de ser parte de ellas, no solo como

---

[274] Ammerman Nancy Tatom, Congregation and Community (New Brunswick, NJ: Rutgers University Press, 1997).346

[275] Ibid 347

observadores, sino como participantes reales. Necesitan no solo ver, sino sentir que las instalaciones donde adoran son para ellos lugares de amor y de respeto. Debe ser un verdadero ambiente familiar. Las congregaciones no se describen como el mero producto de elecciones individuales. Las congregaciones son o deben ser, organizaciones o comunidades que representan a Cristo en este mundo. A través de la fe, pueden desafiar las estructuras que no permiten que los hijos de Dios vivan en armonía y paz. Motivadas por la fe en Cristo resucitado, las congregaciones existen no sólo en las comunidades, sino con ellas para ser parte de la solución de los problemas de esas comunidades. Las congregaciones, especialmente las latinas inmigrantes, no pueden considerarse a sí mismas como clubes privados, o como segmentos exclusivos de personas privilegiadas. Si las congregaciones no están involucradas en proyectos públicos como la organización política o la prestación de servicios sociales, se convierten en instituciones privadas irrelevantes. Las congregaciones latinas, especialmente las que pertenecen a la Iglesia Presbiteriana, deben practicar el principio de ser una "iglesia conexional." Tenemos que buscar intencionalmente cómo mantener las conexiones entre nuestros diferentes tipos de membresía, y también con otras congregaciones, ya sean hispanas o no hispanas. Nuestro llamado es a marcar la diferencia aquí y ahora en esta tierra extranjera. Los inmigrantes no pueden esperar a regresar a sus países para continuar practicando su fe en Cristo. Dios, en su misericordia, les permitió venir aquí y tienen que entender mejor que no son solo observadores/as de lo que otros dicen y hacen, sino agentes de cambio. Como tales, no pueden existir de forma aislada. Las conexiones no solo evitan el aislamiento congregacional, sino que también son la red de relaciones a partir de la cual se crea y mantiene la estructura comunitaria.[276] Ya sea que otros crean o no que la fe de la iglesia latina/hispana es una bendición y que las congregaciones son un agente de cambio, ellos mismos deben creer que su fe es un regalo de Dios basado en el poder del Cristo resucitado, y que pueden lograr el cambio concreto que están buscando. Como dice el eslogan del movimiento de César Chávez: "Sí se puede". ¡En Cristo todo es posible!

---

[276] Ibid 362

PREGUNTAS DE ANALISIS:

1. ¿Es posible que las iglesias tradicionales estén dispuestas a iniciar un proceso de reconstrucción teológica para incorporar a otras culturas con sus propias formas de entender y practicar la fe?
2. ¿Qué acciones son necesarias para que la iglesia pueda crear espacios físicos y mentales para que las comunidades inmigrantes hispanas puedan practicar su fe sin ningún tipo de restricción?
3. ¿Como puede la iglesia establecida crear una estrategia de inclusión que le permita crecer juntamente con las comunidades inmigrantes?
4. ¿Que nos dice la Biblia en cuanto a la realidad multicultural como parte del proyecto de Dios para establecer su reino?
5. ¿Qué significado teológico tiene el hecho de incluir las fortalezas espirituales y culturales inmigrantes dentro de nuestro que hacer como iglesia?

CAPÍTULO 12

Teoría y aplicación del modelo de descentralización

Las definiciones y tipos de conceptos de descentralización que se presentan a continuación apoyan la idea del modelo de descentralización que, en mi opinión, se puede aplicar a las estructuras religiosas, y en particular, a la Primera Iglesia Presbiteriana Hispana, congregación miembro de la Iglesia Presbiteriana (EE.UU.) Es esencial descentralizar las formas en que solemos hacer la misión, si las comunidades inmigrantes hispanas/latinas van a ser abordadas e invitadas para convertirse en parte de nuestras iglesias particulares. Nosotros/as, como congregación latina, necesitamos estar menos orientados al templo y estar más orientados al contexto de la comunidad.

¿Qué es la descentralización?

El término *"descentralización"* abarca una variedad de conceptos. La descentralización, es decir, la transferencia de autoridad y responsabilidad de las funciones públicas del gobierno central a organizaciones gubernamentales subordinadas o cuasi independientes y/o al sector privado, es un concepto complejo y multifacético. Deben distinguirse los varios tipos de descentralización porque tienen diferentes características, implicaciones políticas y condiciones para el éxito.

Tipos de descentralización

Los tipos de descentralización incluyen la política, administrativa, fiscal y de mercado. Establecer distinciones entre estos diversos conceptos es útil para poner de relieve las numerosas dimensiones necesarias para el éxito de la descentralización y la necesidad de coordinación entre ellas. Sin embargo, existe una clara superposición en la definición de cualquiera de estos términos y las definiciones precisas no son tan importantes como la necesidad de un enfoque integral. La descentralización política, administrativa, fiscal y de mercado también puede manifestarse de diferentes formas y combinaciones entre países, dentro de los países e incluso dentro de los sectores.

Descentralización política

La descentralización política tiene como objetivo dar a los ciudadanos o a sus representantes electos más poder en la toma de decisiones públicas. A menudo se asocia con la política pluralista y el gobierno representativo, pero también puede apoyar la democratización al dar a los ciudadanos, o a sus representantes, más influencia en la formulación y aplicación de las políticas. El concepto implica que la selección de representantes de las jurisdicciones electorales locales permite a los ciudadanos conocer mejor a sus representantes políticos y permite a los funcionarios electos conocer mejor las necesidades y deseos de sus electores.[277]

Un número significativo de inmigrantes hispanos en Oakland, California, no se sienten atraídos a asistir o unirse a las congregaciones presbiterianas y otras pertenecientes a la cultura dominante. El problema

---

[277] Para obtener más detalles sobre las definiciones de descentralización, visite: http://www1.worldbank.org/publicsector/decentralization/what.htm

básico es el hecho de que la mayoría de las congregaciones tienden a mantener las mismas estructuras, modelos y teología misionera de las iglesias occidentales tradicionales, que históricamente mantienen a los hispanos/latinos afuera en lugar de darles la bienvenida a la comunión de la iglesia. La teología y las estructuras actuales en el modelo occidental de la iglesia todavía enfatizan los modos predominantemente eurocéntricos de liturgia, organización y modelos de alcance que no son necesariamente aplicables a la cultura de los inmigrantes hispanos/latinos. Esta realidad es evidente en el mismo Presbiterio de San Francisco, donde la única persona hispana/latina que trabajaba años atrás en la oficina es o solía ser el conserje. Sin un modelo redefinido de hacer un ministerio contextual e integrar la cultura para convertirse en una congregación hispana/latina inclusiva, los nuevos inmigrantes continuarán viviendo fuera del alcance de las congregaciones tradicionales que tratan de hacer un ministerio de alcance. Por esa razón, como pastor presbiteriano de habla hispana en Oakland, quise utilizar a los miembros de la Primera Iglesia Presbiteriana Hispana, la iglesia a la que sirvo actualmente, como un modelo para descentralizar la misión de la iglesia. La idea es mover la misión de la congregación de estar orientada a los templos tradicionales a un ejercicio orientado a la comunidad circundante. Dado el hecho de que muchos de los líderes y miembros de PIPH han sido influenciados por el modelo tradicional occidental, quiero crear puentes efectivos de integración basados en una teología relevante de discipulado, adoración y cuidado pastoral y con el fin de involucrar a la congregación local con las comunidades hispanas inmigrantes y, por ese medio, permitir que especialmente los recién llegados/as se conviertan en parte de un ambiente de amistad, de una Iglesia armoniosa y afectuosa.

Muchos miembros de PIPH, especialmente aquellos que fueron formados como cristianos protestantes en América Latina, fueron tremendamente influenciados por la Teología Misionera, que está relacionada con las interpretaciones, doctrinas y prácticas sobre el evangelio que los misioneros del siglo XIX trajeron a América Latina para construir las Iglesias Protestantes/Evangélicas. Esta teología contribuyó a la creación de congregaciones orientadas al templo que se separaron del llamado "mundo pecador." En esta nación, la iglesia dominante se inclina a continuar aplicando el mismo concepto de ministerio con los latinos/as. En contraste, mi intención es implementar una Teología relevante que busque interpretar las experiencias y luchas de la población hispana/latina a la luz del amor sufriente de Dios revelado en Cristo, el amor que es afirmado por la acción histórica del Espíritu Santo. Esta teología debe ser inclusiva para todos/as, independientemente de su país de origen, cultura y tradición de fe. Para aplicar esta teología a través del modelo de descentralización, la idea principal es crear puentes efectivos de integración, para proporcionar a la congregación y a la comunidad formas de interpretación bíblica mutua de acuerdo con la identidad hispana/latina, una comprensión teológica relevante basada en las realidades cotidianas (no en tradiciones impuestas) y la sensibilidad cultural.

Dada la experiencia actual de PIPH, haciendo ministerio durante años en High Street en la ciudad de Oakland, y teniendo en cuenta los cambios demográficos en el barrio, el modelo de descentralización se centrará en las áreas de discipulado, liturgia y cuidado pastoral. Para la iglesia es esencial adquirir una mejor comprensión de su misión. Esto se aplica especialmente a las congregaciones inmigrantes hispanas/latinas. A la luz de las luchas actuales que enfrenta cada comunidad en particular, el liderazgo y los miembros deben revisar lo que la iglesia está llamada a hacer en cada contexto particular. Parte de esta tarea tiene que ver con la comprensión de lo que significa llevar a cabo un programa de discipulado relevante, basado en una conversación abierta, lo que significa adorar a Dios desde la experiencia de la cultura de los pueblos, y brindar atención pastoral tomando como punto de partida el sufrimiento, las necesidades y las experiencias de los inmigrantes. El Modelo de Descentralización responderá entonces a las necesidades de las comunidades inmigrantes mediante la aplicación de un plan de acción pertinente centrado en estas áreas específicas del ministerio.

Discipulado: La definición común es alguien que aprende de otro/a. Proviene del término griego *Mathetes*, alumno/estudiante, en contraste con *didaskalos* que es un maestro. En el sentido más amplio de la palabra, discípulo no es sólo aquel que aprende, sino aquel que está a favor de la enseñanza del maestro. En Mateo 28:18b-20 algunas de las implicaciones para el discipulado son:

- *Ir a las naciones, pueblos y comunidades*
- *Hacer o formar nuevos discípulos o seguidores de la doctrina de Cristo.*

El mandamiento es ir y cumplir la tarea de discipulado en nombre de la Trinidad Divina. Siguiendo ese principio, sugiere que los cristianos/as vayan al mundo para compartir el evangelio del amor que proviene de un Dios amoroso, no para imponer la propia cultura y tradiciones. La Iglesia de Cristo es por naturaleza un cuerpo de creyentes que están llamados esencialmente a formar discípulos. Con respecto a la naturaleza de la iglesia, J. Robert Nelson declara: "Para los cristianos fieles, la iglesia es la esfera en la que Dios se da a conocer a sí mismo y les da propósito y dirección para vivir".[278] En este sentido, el discipulado no es necesariamente un concepto que se enseña por medio de programas bien diseñados y siguiendo ciertas reglas estrictas. El discipulado, en cambio, tiene como punto de partida un llamado divino. Este llamado se manifiesta en el ámbito de la comunidad de fe. Tiene que ver con el hecho de que Dios se da a conocer a nosotros/as y, a partir de esa experiencia, las personas obtienen dirección y propósito para vivir y compartir con los demás. La iglesia, entonces, no es un espacio exclusivo donde unos pocos orquestan un espectáculo para entretener a una audiencia selecta, sino que es la esfera donde el Espíritu de Dios enseña a los hijos de Dios cómo vivir en comunidad. El discipulado tiene que ver con amar al prójimo y compartir con él/ella al mismo nivel, que Jesús nos ama. Tiene que ver con un amor que muestra la voluntad de morir por el bien de los demás. Nelson argumenta que la tarea de los pueblos es vivir en el nivel de la promesa de Dios. Y en la medida en que su vida real está de acuerdo con el principio de amor radical de Jesús, demuestran al mundo que el poder del pueblo de Dios está allí, en

---

[278] Nelson Roberts J., *El reino de la redención, estudios sobre la doctrina de la naturaleza de la iglesia en la teología protestante contemporánea* (Greenwich, Connecticut: Seabury Press, 1951).1

el don divino del amor.[279] Los medios de comunicación y la tecnología pueden atraer a la gente a los lugares de culto, pero no necesariamente hacen nuevos discípulos. La tarea del discipulado es eficaz sólo cuando los cristianos son capaces de ejercer libremente el don del amor a los demás. Hacer nuevos discípulos sigue siendo la misión de la iglesia, como se encuentra en la Gran Comisión del Evangelio de Mateo, pero la iglesia no puede olvidar que es una tarea cumplida por el pueblo de Dios solo bajo el poder del Espíritu de Dios. En verdad, la Iglesia sin la presencia y la obra del Espíritu Santo es inconcebible, afirma Nelson.[280] Hay muchos libros sobre cómo llevar a cabo la obra de discipulado, pero por lo general los autores se olvidan de enfatizar el elemento más importante sobre este tema, que es el hecho de que Jesús prometió estar con nosotros/as todo el tiempo. La tarea de discipulado, en medio de las comunidades latinas, no puede depender de programas ya diseñados solo para ese propósito. Necesitamos poner nuestra fe en la acción de la Trinidad Divina, como la comunidad perfecta que entiende que los inmigrantes son personas con experiencias diferentes, que aman a Dios y necesitan ser comprendidas y aceptadas en lugar de haberles impuesto una cultura y tradiciones que no les son familiares. El Espíritu no es sólo el comunicador del poder divino, sino también, como Cristo, el medio de la autorrevelación de Dios.[281] El discipulado es aprender de nosotros/as mismos/as y guiar a otros a vivir y actuar de acuerdo con la revelación de Dios en Cristo, a través de la acción del Espíritu Santo. En el modelo de descentralización, el discipulado no es una cuestión de un experto que enseña el evangelio a una persona ignorante y mundana; más bien es una conversación mutua, con la intención de guiar a la persona que no es de la iglesia a una relación con Cristo y, finalmente, con la congregación en particular. Esa conversación se lleva a cabo bajo la realidad de la cultura y el trasfondo religioso de esa persona. Parte del entrenamiento para cumplir con un proceso de discipulado relevante debe incluir:

1. *Conocer y comprender a los demás antes de tratar de imponer nuestras propias creencias y valores.*

---

[279] Ibíd. 19

[280] Ibíd., 39

[281] Ibíd., 40

2. *Incluir un encuentro etnográfico en el que cada persona pueda compartir sus experiencias personales.*
3. *No asumir que somos los únicos cristianos en la comunidad.*
4. *Reconocer quién domina en la actualidad el movimiento cristiano en América Latina, y por qué.*
5. *Reconocer que, en las comunidades hispanas en los Estados Unidos, más latinos se están uniendo a aquellas iglesias que ofrecen alternativas para su restauración física y espiritual.*

Adoración/Culto/liturgia: La definición proviene del gr. *Leitourgia*, que significa servicio y obra pública. Se utiliza en referencia a la adoración pública en general. El *Directorio para la Adoración* de la Iglesia Presbiteriana (EE.UU.) declara: "Un Directorio para la adoración no es un libro de servicio con órdenes fijas de adoración, una colección de oraciones y rituales, o una guía de programas".[282] Está claro que este directorio es flexible y debe aplicarse a diferentes contextos y circunstancias. Desafortunadamente, la falta de imaginación y creatividad ha impedido que muchos líderes proporcionen a sus congregantes un orden de adoración relevante para su propio contexto cultural. John Drane, autor de *The MacDonaldization of the Church (La MacDonaldización de la Iglesia)* ofrece un análisis sobre lo que está sucediendo hoy en día con las denominaciones principales en el mundo, y la irrelevancia del servicio de adoración. "El culto es el centro de la fe Cristina. De hecho, es como el centro de toda espiritualidad auténtica, en todo el mundo y en todas las tradiciones religiosas".[283] Drane argumenta que una de las razones por las que las iglesias no proporcionan una celebración relevante y espiritual tiene que ver con el hecho de que muchos clérigos son víctimas de la educación teológica en este sentido, y nunca se les ha mostrado cómo ser líderes efectivos de las personas.[284] El servicio de adoración necesita recuperar el componente espiritual, especialmente si queremos abrazar a las comunidades

---

[282] *Libro de Orden, la constitución de la Iglesia Presbiteriana (EE.UU.), Parte II, Directorio para el Culto (*Louisville, KY: Oficinas de GA, 2005) Prefacio

[283] Drane John, McDonaldización *de la Iglesia, espiritualidad, creatividad y el futuro de la Iglesia* (Londres: D.L.T., 2005).85

[284] Ibídem

de inmigrantes para que adoren con nosotros/as. La experiencia de adoración para los inmigrantes latinos tiene que ser más espontánea en lugar de ser una repetición de segmentos ya escritos. Al menos en la experiencia latina, la forma tradicional de desarrollar la adoración mata la inspiración de adorar a Dios con libre expresión. Drane afirma que el entrenamiento en el seminario de nuestros aspirantes a líderes de adoración hoy en día está más en sintonía con la inercia que con la creación del espíritu, para memorizar oraciones en lugar de orar desde el corazón, para leer textos en lugar de celebrar el poder de la Palabra.[285] Las iglesias tradicionales en los Estados Unidos tienen que darse cuenta que los cristianos en otros lugares de este mundo tienen diferentes maneras de adorar, y que esas maneras todavía están con ellos cuando vienen a esta nación. La gente en América Latina, especialmente la mayoría que pertenece a comunidades reales no está acostumbrada a adorar solo con el intelecto. En el proceso del servicio de adoración, el concepto de tiempo no importa, no tiene consecuencia. Adoran a Dios con el corazón, que involucra todo el cuerpo. Drane argumenta que en las iglesias de Europa y Estados Unidos no hay lugar en la liturgia para mover el cuerpo, no hay danza y no hay sudor.[286] El modelo de descentralización tiende a crear un espacio, tanto físico como espiritual, para que la gente pueda adorar libremente. Si la liturgia (gr. *Leitourgia*) es el trabajo de la gente, entonces las iglesias deben proporcionar oportunidades plenas a los adoradores para adorar como ellos sienten y creen que es apropiado. La importancia del espacio en relación con el culto ha sido bien discutida entre los liturgistas durante gran parte del siglo veinte, pero con algunas excepciones notables, generalmente no hemos podido o no hemos querido hacer mucho al respecto.[287] El modelo de descentralización tiene como objetivo hacer que la liturgia sea flexible y relevante para la mayoría y, al mismo tiempo, mantener los principios del culto reformado. Quienes se comprometan a formar parte del Modelo Descentralizado deberán tener en cuenta lo siguiente:

---

[285] Ibíd., 88

[286] Ibídem

[287] Ibíd., 89

1. *Conocer la cultura de la persona inmigrante hispana. Los mestizos e indígenas han sufrido por más de 500 años.*
2. *Conocer el trasfondo religioso de los inmigrantes. Muchas de estas personas se han visto obligadas a practicar una "fe" impuesta.*
3. *Conocer los antecedentes socioeconómicos-educativos.*
4. *Comprender que la hospitalidad es un elemento esencial del servicio de adoración.*
5. *El servicio de adoración es una celebración espontánea ante Dios.*

Cuidado pastoral: La definición es cuidar, prevenir, ungir y sanar los corazones de las personas que puedan estar heridas por experiencias físicas, emocionales, religiosas, sociales y político-económicas. Las iglesias, en particular aquellas que tienen como objetivo hacer ministerio entre los inmigrantes latinos, deben reconocer que la tarea del cuidado pastoral es una demanda esencial crítica. Los inmigrantes son personas heridas que necesitan ser acogidas en un ambiente de cuidado amoroso. Como miembros de una iglesia en particular, sabemos que hay muchas fuentes en nuestras comunidades para brindar ayuda profesional a la gente. Sin embargo, varias investigaciones indican que es más probable que las personas discutan sus problemas con el clero que con cualquier otro profesional.[288] El clero (liderazgo pastoral ordenado) y los miembros de las iglesias en general, deben ser conscientes de la necesidad de proporcionar a las personas inmigrantes oportunidades para sanar de sus heridas. Para que eso suceda, la congregación en particular necesita establecer e implementar verdaderos puentes de entendimiento y compromiso con la comunidad que la rodea. Para proporcionar a los inmigrantes, oportunidades para ser sanados/as, las iglesias deben llevar el ministerio más allá de los muros de los santuarios. Las congregaciones deben crear relaciones de integridad. Una relación se define como "la reciprocidad espontánea y ganada de actitudes efectivas que las personas tienen entre sí".[289] Para llevar a cabo

---

[288] Dayringer Richard, *El Corazón de la Consejería Pastoral, sanación a través de la relación, Edición Revisada* (Binghamton, NY: The Haworth Press, 1998).1

[289] Ibíd. 3

un proceso efectivo de cuidado pastoral entre los inmigrantes latinos, las congregaciones deben aprender a vivir en relación tanto entre sus miembros como con la comunidad en general. El cuidado pastoral es un ministerio que debe realizarse en el contexto de una relación sana con el individuo o el grupo. La relación es la esencia de la consejería que realiza el clero. Los inmigrantes que han tenido la amarga experiencia del éxodo hacia el norte han sido objeto de impactos físicos, emocionales y espirituales. La mayoría de las veces estos hermanos y hermanas llevan sobre sus hombros una carga que crea tristeza, aislamiento y desesperación. Las dificultades emocionales suelen tener su origen en problemas surgidos de las relaciones interpersonales.[290] Nuestras iglesias particulares deben ser conscientes de la dinámica que implica el éxodo del inmigrante. El clero, el liderazgo y la congregación no pueden proporcionar un cuidado pastoral efectivo y significativo, sin un discernimiento y comprensión de las experiencias emocionales que marcan la vida de estos seres humanos. Asumir que los inmigrantes, especialmente los recién llegados, solo necesitan un trabajo, comida y alojamiento lleva a las congregaciones a planificar un buen programa, pero que puede ser irrelevante para las comunidades hispanas/latinas. Aquellos de nosotros/as que queremos brindar atención pastoral a los recién llegados debemos tener en cuenta el ejemplo de Jesús y seguirlo. Jesús comenzó a hacer su ministerio exactamente donde la persona se encontraba junto con sus necesidades. Los consejeros/as pastorales naturalmente acuden a las enseñanzas de Jesucristo para comprender a las personas.[291] La atención pastoral, en el modelo de descentralización, es distinta de los modelos tradicionales que típicamente tienen como objetivo llevar a las personas a una oficina, o al propio lugar del consejero/a. El modelo de descentralización está orientado a crear una relación de confianza entre el consejero/a y la persona necesitada. Por otro lado, es una acción de encarnación, en la que el consejero/a es capaz de mostrar empatía hacia su cliente. En este sentido, el consejero/a se traslada a al propio espacio del cliente. Jesús es la encarnación del ideal del ministro como consejero. Jesús sabía lo que había en cada

---

[290] Ibíd. 7

[291] Ibíd. 8

uno.[292] Los consejeros/as cristianos necesitan llegar a un punto en el que puedan saber lo que hay en el corazón de las personas. Como parte de las habilidades para proporcionar atención pastoral contextual, el liderazgo debe tener una comprensión de lo siguiente:

1. *El ministerio de Jesús se llevó a cabo fuera del templo.*
2. *Los latinos/hispanos pueden tener imágenes de ser rechazados hasta por Dios.*
3. *Hay muchos inmigrantes que sufren estrés o depresión debido al éxodo a los Estados Unidos.*
4. *La atención pastoral se basa en una verdadera relación de confianza,*
5. *Es esencial desarrollar una teología adecuada de la esperanza y del sufrimiento.*
6. *La pastoral debe responder a la psicosis de las personas inmigrantes* (**Ver Apéndice B** para más detalles)

PREGUNTAS DE ANALISIS:

1. ¿Qué estrategias efectivas puede implementar la iglesia para poder integrar a las comunidades inmigrantes hacia una vida de participación real?
2. ¿Qué están haciendo las iglesias actuales para descentralizar sus programas orientados a servir a los inmigrantes?
3. ¿Como pueden las congregaciones hacer posible la aplicación del modelo descentralizado para llevar a cabo la misión del discipulado?
4. ¿De qué maneras la iglesia puede reflejar su intención de alcance mediante la liturgia?
5. Bíblica y teológicamente, ¿Por qué el cuidado pastoral debe ser una experiencia de encarnación?

---

[292] Ibíd. 17

EL MODELO DE DESCENTRALIZACIÓN/ INTEGRACIÓN DE LA COMUNIDAD

Este modelo tiende a revisar los patrones tradicionales de hacer ministerio, a la luz de las experiencias de muchos latinos/as. Ellos/as se enfrentan a una variedad de luchas como resultado de vivir como extranjeros/as en este país (USA). Para integrar el mayor número de inmigrantes hispanos a la congregación, y para identificar e involucrar a la congregación con la comunidad circundante, PIPH capacitará e implementará el modelo de descentralización en la comunidad, enfocando su misión principalmente en las áreas de Discipulado, Liturgia y Cuidado Pastoral. La PIPH ha estado haciendo programas que incluyen estas áreas, pero se han llevado a cabo de acuerdo con los modelos tradicionales europeo-anglosajones en general. La teología y el contenido del modelo descentralizado se han desarrollado sobre la base de la comprensión bíblica de la Trinidad Divina y las experiencias de la partida, el éxodo y la diáspora de los inmigrantes en los Estados Unidos. La capacitación del esquema del modelo de descentralización está diseñada para capacitar y equipar a los líderes para llevar a cabo la misión de la iglesia de manera efectiva y aplicar una teología relevante a las necesidades de la gente (ver Apéndice A).

El modelo de Descentralizacion y el discipulado

Para desarrollar un programa de discipulado relevante y efectivo, el clero en particular, y el liderazgo en general, deben tener en cuenta lo siguiente: El modelo tradicional, desde el punto de vista europeo-anglosajón, es enseñar e imponer la fe cristiana, sin tener en cuenta el trasfondo cultural y religioso de las comunidades conquistadas/ invadidas. Un ejemplo de esta situación es América Latina, tanto en el contexto católico romano como en el evangélico/protestante. Tradicionalmente, los dos lados se han definido de la siguiente manera: Para los católicos romanos, ser cristiano es seguir las tradiciones religiosas impuestas por los españoles durante la conquista. Para el evangélico-protestante, es seguir las tradiciones impuestas por los misioneros de Estados Unidos. Ser evangélico/protestante es ser anticatólico y viceversa. Para llevar a cabo un programa de discipulado contextualizado, en medio de una comunidad inmigrante hispana/ latina, esto debe incluir: (1) *Conocimiento de la cultura.* Dios nos ha dado una misión evangelística y cultural. El interés para la persona es esencial porque cumple el mandamiento "amarás a tu prójimo." Además, lo que nos permite conocer mejor a la persona es identificarla entendiendo quién es esa persona y aprender a ignorar-evitar el uso de estereotipos. (2) *Conocimiento de los antecedentes religiosos.* La experiencia religiosa de la mayoría de los latinoamericanos está ligada a una cultura o subcultura. El fervor religioso crece cuando la persona lleva a cabo el éxodo hacia el norte. Nuestro aprecio por los inmigrantes puede aumentar si prestamos atención a las heridas, así como a las aspiraciones de cómo su espiritualidad puede sanarlos y transformarlos. (3) *Conocimiento de los antecedentes socioeconómicos-educativos.* Un gran porcentaje de inmigrantes provienen de una situación de miseria (al menos en Centroamérica el 80% de la población es pobre). El nivel de analfabetismo es alarmante. Las congregaciones se ven afectadas por el contexto socioeconómico-político de la globalización que ha desplazado a los pueblos de sus lugares de origen. El clero, el liderazgo y los miembros de PIPH en general, así como otras iglesias, necesitan desarrollar una amplia comprensión del contexto en el que viven los latinos. Esa comprensión implica la capacidad de reconocer que los latinoamericanos hablan el mismo idioma, pero poseen culturas y tradiciones diferentes. En virtud de vivir en esta nación, ellos (los inmigrantes latinos) pueden ser clasificados en las siguientes categorías:

1. Los pobres en la desesperación: ha habido un aumento dramático de la pobreza en el mundo, que se refleja en los Estados Unidos como producto de la globalización.
2. Los hedonistas: son personas que prefieren vivir para sí mismos. Hacen sus propias elecciones sobre cuáles son sus derechos individuales.
3. Los tradicionalistas: son personas que fundamentalmente están contentas con la posición/situación en la que se encuentran en este momento, incluyendo su estatus religioso.
4. Los buscadores de espiritualidad: están motivados por un deseo o autorrealización. Son agitadores/as en sus propias comunidades.
5. Los triunfadores corporativos: son personas cuyas vidas están dominadas por sus carreras.
6. Los laicos: es un grupo relativamente pequeño, pero no por ello menos importante. Son culturalmente una élite globalizada con un alto nivel educativo, carreras profesionales e influenciados por las ideas de la filosofía ilustrada (un porcentaje interesante de hispanos/latinos (as) están empezando a entrar dentro de esa categoría).
7. Los apáticos: personas que no dan ninguna importancia a las cuestiones relacionadas con el significado y la identidad. No muestran ningún interés en la iglesia, aunque tienen interés en Dios.[293]

Para aplicar contextualmente el modelo de discipulado-descentralizado, los líderes de PIPH necesitan tener en cuenta que la misión debe consistir en conocer y comprender a las personas antes de intentar imponer sus propias creencias y valores. La tarea de discipulado debe incluir como primer paso una reunión etnográfica. Al hacerlo, cada persona puede tener la oportunidad y la libertad de compartir su propia experiencia de éxodo. No vamos a asumir que somos los únicos cristianos en la comunidad, ni asumir que las personas que viven en la comunidad no son cristianas. Además de eso, necesitamos

---

[293] Drane John, *McDonaldización de la Iglesia, espiritualidad, creatividad y el futuro de la iglesia* (Londres: D.L.T., 2005).60-78

reconocer quién domina el movimiento cristiano en América Latina y por qué. La mayoría de los analistas coinciden en que, en este momento, el 75% (sino más) de los evangélicos-protestantes en América Latina pertenece al movimiento pentecostal (para algunos, los grupos católicos carismáticos están incluidos en esta categoría). Esa va a seguir siendo la norma en los próximos años. En nuestras comunidades hispanas/latinas, en los Estados Unidos, las personas se están uniendo a las iglesias que ofrecen alternativas para su restauración física y espiritual (servicios de sanidad). Estas iglesias están suministrando lo que las personas necesitadas no pueden obtener para sanar su ser en las organizaciones públicas de servicios sociales. Dado que, en muchos casos, el estatus legal de los inmigrantes no está claro, estas personas se enfrentan a la falta de acceso a los servicios médicos. Hay algunas organizaciones sociales que brindan servicios para todos, incluidas las personas indocumentadas, pero muchos inmigrantes no se sienten cómodos/as para visitar esos lugares. Tienen miedo de ser denunciados a los servicios de inmigración.

El modelo de descentralización y la liturgia

El clero, el equipo de adoración y los feligreses en general, deben adquirir y mantener una comprensión clara de las diferencias entre el modelo tradicional europeo-anglosajón y los modelos contextuales latinoamericanos. En el modelo clásico-tradicional, el proceso del culto es más racional, se basa en el intelecto. En el modelo latinoamericano contemporáneo-cultural-contextual, el culto es más emocional, espontaneo y ligado al corazón de la persona. Por esa razón, los medios para desarrollar una liturgia adecuada y contextual deben incluir: (1) *Conocimiento de la cultura*. Los *mestizos* pobres y la población indígena han sufrido más de 500 años de opresión política y religiosa. Sus medios de liberación y expresión emocional han sido las tabernas, los deportes, las peleas y la violencia. Sus expectativas son ser liberados del yugo de la miseria, la pobreza y la explotación. España, a través de la conquista, unió el poder religioso y el político. La prueba de esa situación es que las iglesias y edificios municipales se construyeron uno al lado del otro en la mayoría de los pueblos de América Latina. (2) *Conocimiento de los antecedentes religiosos.* La Iglesia Católica Romana llegó a nuestro continente con la cruz y la espada. La Iglesia Evangélico-Protestante llegó con el libre comercio y el capitalismo. Durante el período de la Ilustración, el cristianismo occidental en general se convirtió en una cultura imperialista. El cristianismo en América Latina comenzó a ser un movimiento de religión contextualmente espiritual para la gente del campo, dando lugar a los grupos pentecostales y carismáticos. Estos grupos, durante varias décadas, han impactado a la mayoría de la población de América Latina. Sus formas agresivas de proselitismo y sus formas emocionales de adoración se aplican mejor a la personalidad de la mayoría de las personas que viven en comunidades de provincia y pobres. (3) *Conocimiento de los antecedentes socioeconómicos-educativos.* En América Latina ha desaparecido la famosa clase media y ahora sólo existen dos clases. Estas son la clase pobre (la mayoría) y la clase privilegiada (a esta clase se suman casi todos los nuevos políticos de cada país). El movimiento de globalización ha desplazado y obligado a la población rural a emigrar. Primero emigran a las grandes ciudades locales y luego al norte. Otro aspecto que anima a los pobres a convertirse en pentecostales-protestantes es el fenómeno de las mega iglesias. Promueven lo siguiente: La teología de la prosperidad que alberga a los ricos y a los políticos con la creación de sueños utópicos. Muchas personas, que nunca han tenido nada, se sienten atraídas por ese tipo de predicación irrelevante. (4) *Conocimiento de* la *congregación local/particular (PIPH).* Esta congregación está compuesta por las siguientes representaciones: Católicos Romanos Nominales (50%), Presbiterianos (5%), otras denominaciones históricas (10%), Pentecostales (30%), otros (5%). Dado que el movimiento pentecostal está dominando entre la iglesia evangélica-protestante en América Latina, los nuevos miembros potenciales, aparte de los católicos romanos nominales que adoran en esta iglesia en el futuro cercano, pueden ser en su mayoría personas con antecedentes pentecostales o carismáticos. También hay otro grupo étnico en la comunidad, los descendientes mayas, a quienes la iglesia necesita alcanzar con una teología contextualmente relevante.

Para aplicar la liturgia basada en el modelo descentralizado, contextualmente, los líderes del PIPH deben tener en cuenta que deben tomar como punto de partida que la esencia del servicio de adoración es la hospitalidad. Practicar la hospitalidad nos da la confianza de invitar a otras personas, para que puedan adorar con nosotros/as en una comunidad que refleje la intimidad de la Trinidad Divina. La liturgia debe ser inclusiva y contextual. La inclusión debe enfatizar la cofraternidad de los cristianos cuando se reúnen para adorar y ordenar sus vidas. Desplegará una rica variedad de formas, prácticas, lenguajes, programas, educación y servicio que deben adaptarse a la cultura y las necesidades de los congregantes.[294] El servicio debe dar la sensación y seguridad de que somos residentes extranjeros/as que pertenecemos al Reino de los Cielos. El servicio de adoración es la celebración en la presencia y dentro del Reino de los Cielos. La liturgia debe tener como objetivo satisfacer las necesidades y expectativas de los miembros de la congregación. Invitamos a familiares y amigos al servicio de adoración porque esperamos que algo emocionante y edificante suceda. El servicio debe ser una oportunidad para promover la restauración (sanación), tanto física como emocional. La liturgia, en todo su contexto, debe ser una expresión de una verdadera celebración a Dios. Debe ser la oportunidad de hacer la transición entre los visitantes y los miembros de la comunidad de fe para que se conviertan en uno.

El modelo de descentralización y el cuidado pastoral

El clero y el equipo de liderazgo comprometidos a brindar atención pastoral deben poseer un amplio conocimiento de las dinámicas que acompañan a los inmigrantes hispanos/latinos antes y después del éxodo hacia el norte. También deben poseer una comprensión cultural de la diáspora hispana en los Estados Unidos. Para que el liderazgo de la iglesia sea relevante en su ministerio, debe tener un discernimiento claro tanto del modelo tradicional como del descentralizado. El modelo tradicional consiste en brindar atención pastoral en las instalaciones del templo, o en la oficina de los pastores, y las personas necesitadas deben acudir a ellos si quieren obtener ayuda. Mediante el uso de la tecnología, pretendemos

---

[294] *Libro de Orden, la constitución de la Iglesia Presbiteriana (EE.UU.), Parte II.* (Louisville, KY: Oficinas de GA, 2005). G-4.0401

cuidar a las personas a control remoto. Usamos Internet, teléfono, envío de notas especiales y oraciones. También pretendemos brindar atención pastoral a través de carteles, folletos y todo tipo de información escrita que carezca de atención personalizada. Al citar pasajes bíblicos fuera de contexto, asumimos que las personas aman las Escrituras y prestan atención a los sermones y las enseñanzas. Las formas tradicionales de brindar cuidado pastoral apelan más al intelecto como base del comportamiento, que al corazón. El modelo de descentralización, en cambio, sigue el ejemplo divino trinitario manifestado en la encarnación de Jesús. Dios se encarna en la raza humana para compartir con ellos el amor y la gracia de Dios. El ministerio de Jesús hacia los necesitados se llevó a cabo fuera del ambiente del templo. En las comunidades hispanas siempre hay personas con una imagen de rechazo por parte de Dios. Los creyentes con corazón pastoral tienen el llamado de ayudar a los afectados/as por imágenes negativas a cambiarlas por positivas. Hay muchas personas que viven con estrés o depresión. Esa condición de vida lleva a las personas a perder el interés en todo lo que puede proporcionarles felicidad. Las personas con depresión en general juzgan mal o malinterpretan las situaciones normales (incluso las experiencias de fe). El modelo descentralizado tiene como base prestar atención pastoral a través de verdaderas relaciones. El término terapia presupone un proceso de curación. Una verdadera relación también presupone reciprocidad. En el contexto latino, todo el proceso de cuidado pastoral y sanación apela más al corazón de la persona como base de las emociones, sentimientos y experiencia espiritual (muy apegado a la cultura de los latinos). Aquellos que brindarán cuidado pastoral, no pueden olvidar que los inmigrantes hirieron sus corazones desde el mismo momento en que dijeron "adiós" y dejaron atrás a sus familiares y a su patria, si no antes.

Para aplicar el modelo de cuidado pastoral descentralizado, el clero de PIPH y el equipo de liderazgo, necesitan desarrollar una comprensión y un conocimiento adecuado de la personalidad humana. ¿Cómo terminamos desarrollando la personalidad que tenemos? Es una pregunta para tener en cuenta. También necesitan desarrollar una teología apropiada de la esperanza y del sufrimiento humano. El sufrimiento y el dolor son parte de la condición humana. El proceso de curación, por supuesto, incluye las siguientes preguntas: ¿Cuáles son las causas del dolor/sufrimiento? ¿Es ese dolor un sufrimiento natural? ¿Es ese dolor/sufrimiento responsabilidad de otra persona? La fe cristiana es tal que, incluso cuando no podemos ver con nuestros ojos naturales, la evidencia de los cambios, seguimos creyendo y esperando una respuesta divina. Como cristianos que queremos apoyar a nuestros hermanos y hermanas, tenemos un llamado a desarrollar una comprensión adecuada del éxodo latinoamericano hacia el Norte. ¿Cuáles son las principales causas? ¿Es natural que una persona tenga que emigrar? ¿Cuáles son las marcas del éxodo? La desconfianza hacia otros inmigrantes, incluso hacia los de su propio país, es un fenómeno muy lamentable dentro de las congregaciones, que puede ser en parte el resultado del proceso de éxodo. Este modelo de cuidado pastoral responde a dos aspectos: primero, quién lo lleva a cabo, y segundo, a quién debe aplicare. Este ministerio debe ser llevado a cabo principalmente por los líderes calificados de la iglesia debidamente equipados para ese propósito. Para llevar a cabo el ministerio, es necesario tener un verdadero corazón pastoral que aprenda y practique el arte esencial de saber escuchar. Esta oportunidad de sanación debe ser otorgada a todos los inmigrantes, independientemente de su país de origen, antecedentes religiosos, raza y cultura.

El modelo de descentralización de cuidado pastoral debe responder a: (1) *la psicosis de la comunidad latina inmigrante*. El modelo tiene como objetivo restaurar la confianza que muchos inmigrantes latinos han perdido de los líderes y congregaciones. Sería apropiado realizar servicios mensuales de sanación como respuesta para curar las heridas de las personas. Los grupos de Sanidad de las Heridas del Corazón con base bíblica son necesarios. La acción pastoral debe ser bíblica, tomando como punto de partida el hecho de que el ser humano ha sido creado a imagen de Dios. La historia del "Buen Samaritano" es un buen modelo para seguir (Lucas 10:20-37). Reflexionando sobre ese texto, podemos ver que el sacerdote y Levita sabían qué hacer dentro del templo, pero no sabían qué hacer afuera, en el camino. El samaritano, en cambio, sabía exactamente qué hacer con la gente del camino. Los hispanos/latinos, como el Buen Samaritano, deben saber qué hacer con la gente necesitada de los caminos(eso significa descentralizar). (2) *El cuidado pastoral debe ser culturalmente contextual.* Los hispanos/latinos/as en sus lugares de origen están muy apegados a la iglesia como a Dios. En los Estados Unidos, los inmigrantes continúan creyendo en Dios, pero no necesariamente están apegados a la iglesia. Sus experiencias de conversión son espirituales, no necesariamente intelectuales. Los hispanos/latinos/as prefieren (en general) poner sus problemas en manos de una persona con antecedentes religiosos en lugar de un profesional solamente. Los inmigrantes hispanos mantienen una lucha por la supervivencia, un estado de insatisfacción y un sentimiento de culpa. Sus problemas no son solo espirituales. La acción pastoral debe ser dirigida a las diferentes áreas de conflicto en ellos como seres humanos.

El cambio del modelo tradicional al modelo descentralizado desafía el estatus quo de muchas Iglesias Presbiterianas y otras, incluyendo PIPH. Una prueba de esta realidad se muestra en la evaluación realizada a los líderes después de la capacitación especializada. En la respuesta a la pregunta relacionada con a la liturgia respondieron: ¿Qué desafíos enfrentarías como líder, si pusieras en práctica en tu propio contexto cultural-religioso el modelo descentralizado? (**Ver Apéndice C**) Algunos de los participantes respondieron: "Tal vez no todos los miembros estén de acuerdo con este método, la inconformidad de la congregación, tal vez tome tiempo implementarlo y ser adoptado por la gente, tal vez el adulto no se adapte, o acepte las canciones con un nuevo ritmo musical." Estos líderes saben que, para implementar este modelo, tienen que, continuar haciendo cambios en sus propias formas de hacer el ministerio, y desarrollar un plan de educación para instruir a la congregación a convertirse en agentes efectivos para compartir la gracia de Dios con todos, independientemente de su cultura y antecedentes de fe.

CONCLUSIONES TEOLÓGICAS

Es imperativo aplicar este modelo como parte de la misión de Primera Igelsia Presbiteriana Hispana. En una congregación diversa como PIPH, dada la composición multinacional-cultural-religiosa de sus constituyentes, no hay lugar para pensar en una misión relevante y eficaz que no esté en el contexto de una verdadera familia-comunidad. A través del poder transformador del amor de Dios, cada líder y cada miembro de esta comunidad de fe deben aprender y desarrollar habilidades para cuidarse unos a otros. Cuidar como parte de la compasión y la preocupación de una persona por otra, es tanto el propósito como el pegamento ético que mantiene unida a una familia.[295] La relación, el ministerio y la estructura de la congregación deben ser un reflejo del amor de Cristo. El ministerio de Cristo es relevante porque Cristo no busca a los que ya tienen poder y control, sino a los que no tienen poder y no tienen control. Jesús el Cristo llama a sus discípulos al arrepentimiento y a ser miembros del Reino de Dios. Ser fieles seguidores de la filosofía misionera de Cristo, exige una actitud de compartir como hermanos y hermanas en igualdad de condiciones. Descentralizar la misión de la iglesia es compartir el poder y la autoridad, no acumularlo en manos de unos pocos. El acaparamiento de poder produce una organización impotente.[296] PIPH como otras congregaciones existentes tienen un llamado a dar el primer paso en el desarrollo de un ministerio relevante que pueda buscar invitar y abrazar a los inmigrantes latinos/as, independientemente de su estatus legal y antecedentes religiosos.

---

[295] Bolman G. Lee, Deal E., Terrence. *Reframing Organizations, Artistry, Choice, and Leadership, Segunda Edición* (San Francisco: Jossey-Bass Publishers, 1997).346

[296] Ibíd., 348

Este no es un trabajo fácil de hacer. Los obstáculos pueden ser muchos. Esos obstáculos pueden ser reflejados especialmente por aquellos a quienes les encantaría mantener las estructuras y tradiciones como están ahora. Ser parte del modelo de descentralización requiere cambiar y transformar nuestras vidas a imagen de Jesucristo que, vino a servir y no para ser servido. A la luz de la fobia a los inmigrantes creada por el Servicio de Inmigración y Control de Aduanas (ICE, por sus siglas en inglés), la desconfianza creada por el éxodo, el rechazo creado por la incapacidad (de las congregaciones establecidas) de aceptar su cultura y tradición de fe como dignas, los líderes y miembros de PIPH en general deben ser fieles al llamado de Dios a para cuidar de los hermanos/as inmigrantes. La fidelidad al llamado de Dios es esencial si quieren hacer un ministerio relevante y efectivo en medio de la comunidad que los rodea. Ser fiel es más importante que tener éxito.[297]

El modelo de descentralización de la misión de la iglesia para la integración de los inmigrantes hispanos/latinos en comunidades reales de participación tiene su fundamento teológico en la Trinidad Divina. Dios se encarnó en Jesucristo. Dios decidió sufrir y habitó entre nosotras y con nosotros en la persona del Espíritu Santo. Dios es una comunidad de Padre, Hijo y Espíritu Santo, cuya unidad está constituida por la morada mutua y la integración recíproca. El pensamiento en las relaciones como comunidades se desarrolla a partir de esta doctrina que se aplica a la relación de los hombres y las mujeres con Dios, con otras personas y con la humanidad en su conjunto. La encarnación del Hijo en Jesús no lo separó de su divinidad. Es una extensión del amor de Dios que es gratuito para su creación. En ese sentido, la divinidad de Dios no está separada de su humanidad y su humanidad no está separada de su divinidad.[298] La razón bíblica y teológica para sacudir las estructuras tradicionales de la iglesia, y descentralizarlas para que sean verdaderamente inclusivas, tiene como fundamento la relación divina entre Dios y toda su creación. La división de la iglesia entre las denominaciones, y el descuido de hacer ministerio hacia aquellos que son definidos como otros, o extranjeros, es una indicación del malentendido acerca de la gracia de Dios para redimir a toda la humanidad. Una

---

[297] Ibíd., 352

[298] Ibíd. 33

teología contextual tiene que surgir del corazón de las necesidades reales de los pueblos, y, debe tener como punto de partida el principio de la creación, que refleja que Dios creó a los seres humanos a su imagen y semejanza. Esta comprensión elimina la idea de superioridad versus inferioridad. Según Moltmann, la Trinidad Divina es una unidad abierta para la unificación de los creyentes que implica espacio para nosotros/as en esa unidad.[299]

La Santísima Trinidad es la comunidad más maravillosa, afirma Leonardo Boff [300] Si nosotros, como presbiterianos, queremos ser coherentes con nuestros principios de inclusión y unidad, entonces tenemos que redefinir nuestro concepto de teología reformada y convertirnos nosotros/as mismos/as en discípulos prácticos de Cristo en lugar de teóricos. El modelo de descentralización tiene como objetivo hacer ministerio en y con las comunidades inmigrantes latinas/hispanas, respetando sus diferencias y promoviendo la igualdad entre todos/as. Los verdaderos discípulos de Cristo son aquellos que están dispuestos a compartir las buenas nuevas de la gracia con los demás sin imponer sus propias experiencias y cultura. Los discípulos genuinos son aquellos que buscan comprender a los demás, basados en el amor de Cristo que abraza a todos los seres humanos en una comunidad de compartir recíprocamente. Los latinos necesitan saber que son personas bendecidas, dotadas por el Dios Vivo para interactuar como comunidad de intereses mutuos. A este respecto, Boff afirma: "Pero debemos saber que en realidad ninguno es inferior o superior, sino que los Tres son co-iguales, co-eternos y co-amorosos" [301] Las congregaciones presbiterianas hispanas como otras, a la luz de sus experiencias de sufrimiento como resultado de su éxodo a los Estados Unidos, pueden tomar la iniciativa y seguir el ejemplo de la Trinidad Divina. Están llamados a poner en práctica la creación de comunidades donde se pueda manifestar el amor eterno de Dios, reflejado en la interacción de la Trinidad. Si el liderazgo hispano no da el primer paso para convertirse en congregaciones inclusivas en la practica, nadie más

---

[299] Ibíd. 95

[300] Boff Leonardo, *Santísima Trinidad, Comunidad Perfecta* (Maryknoll, NY: Orbis Books, 1988). 64

[301] Ibíd., 75

parece estar listo para hacerlo. El Dios que sufrió en Jesús es un Dios dispuesto a sufrir y a proveer liberación a las comunidades latinas en este país. La Trinidad en la tierra corresponde a la Trinidad en el cielo, afirma Boff.[302] Por lo tanto, la relación perfecta de la Trinidad Divina debe ser exhibida por la iglesia en la tierra. Tiene mucho sentido porque Cristo es la extensión del amor de Dios en la Tierra, y la Iglesia es la continuación del ministerio de Cristo, y también el cuerpo de Cristo.

A través de la implementación del modelo de descentralización, la Iglesia puede aprovechar la riqueza de los dones y habilidades de sus feligreses/miembros. Su variedad de música y tradiciones de fe pueden convertirse en el servicio de adoración en una verdadera celebración ante Dios. En la adoración, los latinos deben recordar que Cristo vino en carne a este mundo como salvador y redentor de toda la humanidad, no solo de un grupo o raza exclusiva. La forma más rápida de que la adoración degenere en una actividad meramente humana es eliminar a Cristo del coro.[303] A las congregaciones hispanas se les debe recordar que su propia constitución les permite incluir todos aquellos elementos de su propia cultura y tradiciones de fe, durante el servicio de adoración. Las congregaciones necesitan crear un ambiente de verdadera celebración el domingo y cada vez que se reúnan para adorar a Dios. Los latinos/as deben recordar que el servicio de adoración completo es un ensayo general para el banquete de bodas al final de los tiempos.[304] El servicio de adoración no puede ser un evento aislado y aburrido. Debe ser un evento donde toda la comunidad se sienta invitada a venir. Uno de los pastores de mi infancia dijo: "La iglesia debe dejarse ver y oír". La iglesia latina tiene el derecho y la responsabilidad de celebrar una *fiesta* para sus miembros. El servicio de adoración hispano no es solo una expresión individual de gratitud. Es un culto corporativo. Es un evento espiritual comunitario. Para ser realistas, el cristianismo del lado protestante se está volviendo pentecostal en forma de adorar, al menos en América Latina. Y las denominaciones históricas tienen algo que aprender de las formas en que estas hermanas y hermanos adoran.

---

[302] Ibíd. 100

[303] Navarro J. Kevin, *El servicio de adoración completo, creando un sabor del cielo en la tierra* (Grand Rapids, MI: Baker Books, 2005).37

[304] Ibíd., 42

Durante el servicio de adoración, este movimiento (pentecostalismo) responde a las tradiciones y necesidades de aquellos cuyos corazones tienen la necesidad de expresar sus sentimientos y emociones. Y en las comunidades en los Estados Unidos, debido a la falta de recursos médicos, ponen su última esperanza en el poder sanador de Dios. Necesitamos adorar expresivamente sin preocuparnos por lo que los demás pensarán de nosotros/as.[305] Los latinos, como cualquier otro grupo, necesitan que se les permita adorar a Dios con amor y gratitud, utilizando toda su música, símbolos y formas de expresar su espiritualidad. Es a través de este medio que se les puede permitir experimentar su propia catarsis (desahogo).

En términos de cuidado pastoral, si la Iglesia hispana quiere ser relevante y efectiva hacia las necesidades de los latinos/as, esta tarea debe cumplirse en base a relaciones verdaderas. Para comprender y proporcionar a los inmigrantes oportunidades reales de restauración y sanación, es necesario desarrollar una teología de la compasión práctica. El aislamiento, la distancia de sus familiares, la falta de comunidades reales, el estatus legal no resuelto y la falta de empleos permanentes, hace que muchos latinos experimenten el impacto de la depresión. Esto es evidente, incluso con aquellos que son miembros de la iglesia. De acuerdo con Gordon Moriarty en *Pastoral Care of Depression, Helping Clients Healing their Relationship with God*, la depresión impide que las personas experimenten las verdades liberadoras del cristianismo al distorsionar su comprensión emocional de la fe.[306] Una teología de la compasión relevante y contextualizada permite que los pastores/as y líderes, así como los congregantes, se identifiquen con las luchas de los inmigrantes latinos/as. Muchos de estos hermanos y hermanas desarrollan un sentimiento de culpa porque no pueden sostener económicamente a sus cónyuges e hijos en sus ciudades natales. Por esa razón, en las iglesias podemos encontrar tanto hombres como mujeres que se sienten tan tensas y estresadas porque no pueden estar con su familia y apoyarlos directamente. Las personas que están deprimidas también experimentan una notable cantidad de culpa. La culpa ocurre

---

[305] Ibíd., 44

[306] Moriarty Glendon, *Pastoral Care of Depression, helping clients health health its relationship with God* (Binghamton, NY: The Haworth Pastoral Press, 2006).18

cuando sientes que has hecho algo mal.[307] Aquellos que están equipados y capacitadas para brindar atención pastoral a los inmigrantes hispanos, tienen que proporcionar a las personas necesitadas oportunidades para cambiar las imágenes negativas que a menudo tienen sobre Dios. Para muchos latinos, Dios no es un Dios amoroso que cuida de ellos, sino uno que busca oportunidades para castigarlos. Cuando las personas con imágenes negativas acerca de Dios participan del servicio de adoración, no lo disfrutan; en cambio, se sienten oprimidos e inútiles. El Dios que adoran es notablemente similar al Dios de los fariseos. Este no es un Dios que han elegido, sino uno que les ha sido impuesto por una infancia plagada de declaraciones duras, altas expectativas y rechazo constante.[308] Las comunidades latinas/hispanas pueden experimentar el poder divino de la liberación y la transformación si son comprendidas y aceptadas como seres humanos dignas en las iglesias establecidas. El clero, los líderes y los miembros de las Iglesias, y particularmente los de PIPH, tienen que dejar de ignorar el hecho de que estos hijos de Dios están aquí en nuestra ciudad, si realmente quieren ser relevantes y efectivos para ministrar sus necesidades. Los inmigrantes están en todas partes. Las comunidades cristianas necesitan que se les recuerde que la capacidad de escuchar, cuidar y apreciar a los demás, incluso cuando son diferentes, a veces va en contra de una perspectiva religiosa tradicional.[309] La Iglesia necesita pasar de estar orientada al templo solamente a ser orientada al contexto de la comunidad, bajo el poder del Espíritu Santo. Hay una mayor probabilidad de que esto suceda si el clero, el liderazgo laico y todos los constituyentes en general, se comprometen a entrar en un proceso de oración, arrepentimiento y acción. Este proceso de cambio y transformación debe ser el resultado de un verdadero encuentro divino-humano. El encuentro entre lo divino y los seres humanos ocurre en todas partes, en las comunidades donde viven, no solo en los lujosos lugares diseñados para el culto/adoracion.

---

[307] Ibíd. 19

[308] Ibíd. 20

[309] Ibíd., 89

APÉNDICE A

MODELO DE DESCENTRALIZACIÓN-ESQUEMA DE ENTRENAMIENTO DE LIDERAZGO

Áreas de Entrenamiento: Discipulado, Liturgia y Cuidado Pastoral

Discipulado:

1. Definición
2. Naturaleza
3. Discipulado contextual
4. Aplicación al contexto cultural

Liturgia:

1. Definición
2. Contenido
3. Liturgia reformada
4. Aplicación al contexto cultural

Cuidado Pastoral:

1. Definición
2. Naturaleza
3. Tradición religiosa
4. Aplicación al contexto cultural

Conclusiones

Evaluación

DESCRIPCIÓN:
Esta formación se esfuerza por alcanzar los siguientes propósitos:

1. *Equipar a los líderes de la iglesia, tomando como dirección base el modelo de descentralización que consiste en transformar la misión de la iglesia en un ministerio guiado hacia la comunidad circundante (el modelo tradicional siempre ha sido guiado hacia el templo).*
2. *Ampliar el conocimiento y desarrollar las habilidades apropiadas para llevar a cabo el ministerio de <u>discipulado, la liturgia y el cuidado pastoral, de</u> una manera relevante y contextual.*
3. *Compartir los conceptos teológicos teórico-prácticos, basados en la Trinidad Divina, que puedan apoyar la idea de vivir y actuar como una verdadera comunidad de compartir y reciprocidad.*

GOL:
Que los participantes evalúen el modelo de descentralización de la misión de la iglesia, a la luz del modelo tradicional, que está orientado al templo.

INDICADORES: Al finalizar la capacitación, los participantes demostrarán capacidad para evaluar y aplicar lo siguiente:

1. Cómo desarrollar un discipulado contextualizado dentro de la comunidad inmigrante hispana/latina
2. Cómo implementar y desarrollar una liturgia que responda a las necesidades de una comunidad multicultural hispana/latina
3. Cómo implementar y desarrollar un modelo de atención pastoral relevante para satisfacer las necesidades de los inmigrantes hispanos/latinos.

APÉNDICE B

GUÍAS PARA BRINDAR CUIDADO PASTORAL

INTRODUCCIÓN:

1. Establecer con claridad por qué se va a llevar a cabo la tarea de la atención pastoral con una persona o grupo en particular
2. Establecer cuántas reuniones planeas llevar a cabo y la duración de esas reuniones (recuerda que en la cultura latina la flexibilidad se maneja con frecuencia).
3. Qué recursos piensas utilizar sin olvidar que el recurso principal para las reuniones/sesiones, es la persona o el grupo
4. Cómo y dónde planea archivar la información obtenida de las reuniones con la persona o grupo

PRIMER PASO: Crear una atmósfera de confianza permitiendo que la persona comparta su propia etnografía. Mostrar empatía por la persona y desarrollar el arte divino de escuchar (Santiago 1:19). Seguir el ejemplo del Buen Samaritano que mostró misericordia en el camino. Mostrar desde un principio, la intención de brindar una consideración positiva e incondicional todo el tiempo, en lugar de juzgar las acciones de la persona.

SEGUNDO PASO (Historia Religiosa). La idea es ayudar a la persona/ cliente a compartir cuáles son las imágenes que tiene de Dios. Si es una persona con depresión, puede tener muchas imágenes negativas sobre Dios y la iglesia. No intentes borrar las imágenes con comentarios personales. Trata de descubrir las causas, y ayuda a la persona a cambiar las imágenes negativas por las positivas que manejas como líder cristiano.

TERCER PASO: Ayudar a la persona a elaborar su propio *genograma* familiar. Las pautas para este proceso son:

1. Para empezar con el problema por el cual la persona está buscando ayuda
2. Preguntas sobre el hogar (Quién vive en casa, datos generales)
3. Información sobre los padres (datos generales)
4. Información sobre otras generaciones familiares (datos generales)
5. Valores, creencias, rituales, secretos, actitudes, adicciones familiares-culturales
6. Actitudes hacia el sexo opuesto.
7. Acontecimientos que han marcado la vida de la persona teniendo en cuenta las diferentes generaciones
8. Relaciones familiares (separaciones, divorcios, matrimonios, abusos, trato a los hijos, sumisión)
9. Los roles tradicionales de la familia (cuidadoso, bueno, exitoso, etc.)
10. Las zonas fuertes de la familia
11. Preguntas sobre las funciones individuales (trabajo, escuela, problemas médicos, problemas físicos, adicciones, problemas legales)
12. Preguntas sobre la causa de su éxodo hacia Estados Unidos

CUARTO PASO: Desarrollo del sistema familiar. ¿Cómo describe la vida de esta persona en relación con su historia familiar? ¿Cómo describe los sentimientos, las expresiones y el comportamiento de la persona a la luz de su experiencia familiar? ¿De qué manera la experiencia familiar contribuyó a la formación de esta persona? ¿Qué miembros de la familia son de suma importancia para esta persona? ¿Qué relaciones en su familia están dañadas? ¿Cómo le han afectado y siguen afectando las relaciones rotas a esta persona como inmigrante?

QUINTO PASO: Permitir que la persona elabore y comparta su propio éxodo hacia los Estados Unidos. Cómo esa experiencia fortaleció o debilitó sus conexiones familiares, sus nexos religiosos y su fe personal en Dios. ¿Están sus metas diseñadas en relación con sus principios familiares y con su propia fe? ¿Dónde estaba Dios durante su éxodo hacia el Norte?

SEXTO PASO: Evaluación, de la cual es su propia evaluación como consultor, líder o pastor

1. ¿Cómo define el problema ahora en comparación con cómo lo definió la persona al principio?
2. ¿Cómo comenzó su relación con la persona y cómo se desarrolló? ¿Cómo la viste su historia personal-religiosa y su peregrinación (éxodo) para brindar atención pastoral? ¿Qué tipo de problemas concluyes que tiene esta persona, espirituales, emocionales y físicos?
3. Si continúas apoyando a esta persona, ¿qué tipo de atención pastoral le ofrecerías? ¿Consideraría derivar a esta persona a un centro de atención profesional? ¿Ve la posibilidad de seguir apoyándolo incluso cuando la persona es derivada a un profesional?
4. *Aprendizaje*: ¿Qué aprendió sobre su tarea de cuidado pastoral? ¿De qué manera esta experiencia da forma a su propia teología del sufrimiento y de la esperanza cristiano-humana? ¿Dónde ha estado Dios en este proceso?

APÉNDICE C

FORMULARIOS DE EVALUACIÓN DE CAPACITACIÓN DEL LIDERAZGO

Nombre de la formación: _____ Date: _____
Instructor: _____

Un. **Calidad de la instrucción**	Alta			por debajo de	
1. El contenido se explicó con claridad	5	4	3	2	1
2. El instructor utilizó métodos efectivos de enseñanza	5	4	3	2	1
3. El instructor utilizó la clase de tiempo de manera apropiada	5	4	3	2	1
4. El instructor fue sensible a las preguntas y comentarios	5	4	3	2	1
5. ¿Es el instructor un buen profesor?	5	4	3	2	1

B. **Efectividad de la Clase**	Alta			Por debajo de	
1. Se lograron los objetivos de la clase	5	4	3	2	1
2. ¿Se establecieron con claridad las metas/expectativas	5	4	3	2	1
3. El diseño de la clase en sí fue apropiado	5	4	3	2	1
4. ¿Es pertinente y apropiada la formación	5	4	3	2	1

C. La mejor parte de esta capacitación fue:

D. La parte más difícil del entrenamiento fue:

F. ¿En qué medida fue total su participación en esta capacitación?

G. Se podría decir que aprendiste:

1. Menos de lo que esperabas
2. Más o menos lo que esperabas
3. Más de lo que esperabas

H. Otros comentarios

EVALUACIÓN DEL MODELO DE DESCENTRALIZACIÓN

Nombre: _____ Date:_____

DISCIPULADO:

1. ¿Cuáles son los valores que definitivamente no cambiaría del modelo tradicional?
2. ¿Cuáles son los valores que modificaría del modelo tradicional?
3. ¿Qué principios del modelo de descentralización cree que son aplicables a su cultura personal y a la cultura de la congregación y la comunidad?
4. ¿Qué modificaciones harías al modelo de descentralización, para que sea relevante para tu propio contexto?
5. ¿Qué elementos culturales y religiosos tendrías en cuenta para aplicar el modelo descentralizado?
6. ¿Qué desafíos cree que enfrentaría al aplicar el modelo de descentralización en su propio contexto?
7. ¿Hasta qué punto cree que la cultura de su iglesia le permitiría aplicar el modelo descentralizado? ¿Por qué?

LITURGIA:

1. ¿Cuáles son los valores que definitivamente no cambiaría del modelo tradicional?
2. ¿Qué ceremonias/rituales son centrales en la cultura de su propia congregación?
3. ¿Cuáles son los valores que modificaría del modelo tradicional?

4. ¿Qué elementos del modelo de descentralización son aplicables a su propia cultura y a la cultura de la congregación-comunidad?
5. ¿Qué prácticas/ceremonias/rituales deben incluirse como parte de la cultura de su congregación y comunidad?
6. ¿Qué modificaciones harías al modelo de descentralización, para que sea relevante para el contexto cultural-religioso de tu ciudad?
7. ¿Qué desafíos tendrías que enfrentar como líder si aplicas el modelo de descentralización en tu propio contexto cultural-religioso?
8. ¿Crees que la cultura de tu iglesia te permitiría aplicar el modelo descentralizado?

CUIDADO PASTORAL:

1. ¿Qué principios de la forma tradicional de brindar atención pastoral mantendría como parte de su ministerio y por qué?
2. ¿Qué principios modificarías para que sean más relevantes?
3. ¿Cuál ha sido, hasta ahora, su comprensión bíblica y teológica del dolor, el sufrimiento y la esperanza?
4. ¿Qué elementos del modelo de descentralización aplican a su propio entorno cultural-religioso y por qué?
5. ¿Por qué crees que el inmigrante promedio sigue creyendo en Dios, pero no en la iglesia? ¿Por qué desarrollan una actitud de desconfianza? Y, ¿por qué son fácilmente asimilables por la cultura dominante?
6. ¿Por qué crees que la modalidad terapéutica <u>centrada en el cliente</u>, puede ser efectiva en tu propia cultura inmigrante?
7. ¿Por qué cree que en muchos casos el texto bíblico es irrelevante cuando se utiliza para brindar atención pastoral? Y, ¿qué harías para remediar ese problema?

BIBLIOGRAFIA

Anderson A. David. *Multicultural Ministry.* Michigan: Zondervan Grand Rapids, 2004. (personal library)
Ammerman T. Nancy, Carroll W. Jackson, Dudley S. Carl and Mckinney William, eds. *Studying Congregations, a New Handbook.* Nashville, TN: Abingdon Press, 1998. (personal library)
_____*Congregation and Community.* New Brunswick, NJ: Rutgers University Press, 1997.
Abalos David T. *Latinos in the United States, the Sacred and the Political, Second Edition.* Notre Dame, Indiana: Notre Dame, Indiana, 2007.
Aviv Caryn and Shneer David. *New Jews, the end of the Jewish Diaspora.* New York and London: New York University Press, 2005.
Andersen Margaret L. and Collins Hill Patricia. *Race, Class, and Gender, an Anthology, Sixth Edition.* Belmont, CA: Thomson Wadsworth, 2007.
Birch C. Bruce & Rasmussen L. Larry. *Bible and Ethics in the Christian Life, Revised and Expanded Edition.* Minneapolis MN: Augsburg Fortress, 1989.
Boff Leonardo. *Holy Trinity, Perfect Community.* Maryknoll, NY: Orbis Books, 1988.
Book of Order, the constitution of the Presbyterian Church (USA), Part II. Louisville, KY: Offices of GA, 2005.
Bolman G. Lee, Deal E. Terrence. *Reframing Organizations, Artistry, Choice, and Leadership, Second Edition.* San Francisco: Jossey-Bass Publishers, 1997.
Chang, Edward T. and Russell C. Leong, eds. *Los Angeles—Struggles toward*

Multiethnic Community: Asian American, African American, and Latino Perspectives. Seattle: University of Washington Press, 1993.

Cummings, George C. L. *A Common Journey: Black Theology (USA) and Latin American Liberation Theology.* The Bishop Henry McNeal Turner/Sojourner Truth series in Black Religion, v. 6. Maryknoll, N.Y.: Orbis Books, 2001.

Drane John. *McDonaldization of the Church, spirituality, creativity, and the future of the church.* London: D.L.T., 2005.

Diaz-Isasi Ada María. *Mujerista Theology, a theology for the twenty-first century.* NY: Orbis Books, 2004.

De la Torre Miguel A. ed. *Handbook of U.S. Theologies of liberation.* Danvers, MA: Chalice Press, 2004.

Dayringer Richard. *The Heart of Pastoral Counseling, healing through relationship, Revised Edition.* Binghamton, NY: The Haworth Press, 1998.

Del Rio García, Eduardo (Rius). *500 años fregados pero cristianos.* México, D.F.: Randoim House Mondarori, 2005.

Espinoza-Herold, Mariella. *Issues in Latino Education: Race, School Culture, and the Politics of Academic Success.* Boston: Pearson Education Group, Inc., 2003.

Elizondo Virgilo. *Galilean Journey, The Mexican American Promise, Revised and Expanded Edition.* Maryknol, NY: Orbis Books, 2000.

_____*The future is Mestizo, Life where cultures meet, Revised Edition.* Boulder, Colorado: University Press of Colorado, 2000.

Flores, Juan. *From Bomba to Hip-Hop: Puerto Rican Culture and Latino Identity.* New York: Columbia University Press, 2000.

Fernandez S. Eleazar and Segovia F. Fernando, eds. *A Dream Unfinished.* Maryknol, NY: Orbis, 2001.

Freire Paulo. *Teachers as cultural workers, letters to those who dare teach, Expanded Edition.* Boulder Colorado: Westview Press, 2005.

Gutiérrez Gustavo. *The God of Life.* Marynknoll, NY: Orbis Books, 1991.

Galeano Eduardo. *Open Vains of Latin America, five centuries of the pillage of a continent.* NY: Monthly review Press, 1997.

García Chris F. *Latinos and the Political System.* Notre Dame, Indiana: University of Notre Dame Press, 1988.

Groody G. Daniel. *Border of Death, Valley of Life: An immigrant journey of heart and Spirit.* Lanham, Maryland: Rowman & Littlefield Publishers, 2002.

Hopkins N. Dwight. *Being Human, Race, Culture and Religion.* Minneapolis: Augsburg Fortress Press, 2005.

Hudson M. Jill. *When better isn't enough, evaluation tools for the 21st. century church.* Herndon, Virginia: Alban Institute, 2004.

Hanson Davis Victor. *Mexifornia, a state of becoming.* San Francisco, CA: Encounter Books, 2003.

Harvey Jennifer, Case A. Karin, Gorsoline Hawley Rodin, eds. *Disrupting White Supremacy from within, White People on what We need to do.* Cleveland, OH: The Pilgrim Press, 2004.

Jonson A. Elizabeth. *She Who is, the Mystery of God in Feminist Theological Discourse.* New York, NY: Crossroad Publishing Company, 2001.

Lightstone N. Jack. *The Commerce of the Sacred. Mediation of the divine among Jews in the Greco-Roman World.* New York: Columbia University Press, 2006.

Livezey Lowell W. ed. *Public Religion, Faith in the City and Urban Transformation.* New York and London: New York University Press, 2000.

Nelson Roberts J. *The realm of redemption, studies in the doctrine of nature of the church in contemporary protestant theology.* Greenwich, Connecticut: Seabury Press, 1951.

Navarro J. Kevin. *The complete worship service, creating a taste of heaven on earth.* Grand Rapids, MI: Baker Books, 2005.

Nelson Ellis C. *Congregations, their power to form and transform.* Atlanta, Georgia: John Knox Press, 1988.

Moriarty Glendon. *Pastoral Care of Depression, helping clients heal their relationship with God.* Binghamton, NY: The Haworth Pastoral Press, 2006.

Moltmann Jurgen. *The Trinity and the Kingdom.* Minneapolis, MN: Fortress Press, 1993.

Moe-Lobeda Cynthia D. *Healing a broken world.* Minneapolis, MN: Augsburg Fortress, 2002.

Matta Ampuero Victor E. (traductor). *Comentario Biblico Adeventisat del Septimo Día, Tomo I.* Mountain View, CA: Pacifc Press Publishing associations, 1981.

Polin Newton James. *Deliver us from evil, resisting racial and gender Oppression.* Minneapolis, MN: Augsburg Fortress, 1996.

Proctor D. Samuel, Taylor C. Gardner. *We have this Ministry.* Valley Forge, PA: Judson Press, 1996.

Pfeiffer Charles F. *An outline of Old Testament History.* Chicago: The Moody Bible Institute, 1974.

Segovia Fernando, ed. *Interpreting beyond Borders.* Sheffield: Sheffield University Press, 2000.

Suro Roberto. *Strangers among US, Latino lives in a changing America.* New York: Vintage Books, 1999.

Suárez-Orozco, Marcelo M. and Mariela M. Páez, eds. *Latinos: Remaking America.* Berkeley: University of California Press, 2002.

Tanner Kathryn, ed. *Spirit in the Cities, searching for soul in the urban landscape.* Minneapolis: Fortress Press, 2004.

Tobar Hector. *Translation Nation, Defining a new America Identity in the Spanish Speaking United States.* NY: Riverhead books, 2005.

Teubal J. Savina. *Ancient Sisterhood, the lost traditions of Hagar and Sarah.* Athens, Ohio: Swallow Press, 1997.

Trible Phyllis and Russel M. Letty, ed. *Hagar, Sarah, and their Children, Jewish, Christian, and Muslim Perspectives.* Louisville, KY: Westminster John Knox Press, 2006.

The Interpreters Bible, General articles, Volume I. Nashville: TN, 1978.

Wagner Peter C. *Guiando a la Iglesia al Crecimiento.* Miami, FL: Unilit, 1984.

Whitehead D. James and Whitehead Eaton Evelyn. *Method in ministry, theological reflection and Christian ministry.* Kansas City, MO: Sheed and Ward, 1995.

Walters Kerry. *Jacob's Hip, finding God in an anxious age.* Maryknoll, NY: Orbis Books, 2003.

Warner Stephen R. and Wittner G. Judith, eds. *Gathering in Diaspora, religious communities and the new immigration.* Philadelphia: Temple University Press, 1998.

INTERNET

http://www.thefreedictionary.com/assimilation

http://www.nytimes.com/2007/04/15/us/15hispanic.html, By Laurie Goodstein Published: April 15, 2007

http://www.wcc-coe.org/wcc/what/interreligious/cd34-13.html

www.matthiasmedia.com.au published in TEAR Target, 2002

http://www.hup.harvard.edu/features/kugbib/preface.html-1997

Online Dictionary, http://www.tehfreedictinary.com/diaspora

http://news.monstersandcritics.com/americas/features/article

http://www.politicalaffairs.net/article/articleview/712/1/78

http:// www.prensalibre.com

http://www.euroamerican.org/library/Racismdf.asp

http://www.unlearningracism.org/writings/definition.htm

http://www. Pcusa.org/

http://pewhispanic.org/reports/report.php?ReportID=70

http://hjb.sagepub.com/cgi/content/abstract/15/2/188

http://www.usatoday.com/news/politics/2007-06-27-hispanics-dems-cover_N.htm

http://www.economist.com/opinion/displaystory.cfm?story_id=8527427

http://www.sfgate.com/cgi-bin/article.cgi?f=/c/a/2008/06/26/MN2R11EUAU.DTL